ECONOMIA POLÍTICA:
uma introdução crítica

Coordenação Editorial da
Biblioteca Básica de Serviço Social
Elisabete Borgianni

Conselho editorial
da Área de Serviço Social
Ademir Alves da Silva
Dilséa Adeodata Bonetti
Elaine Rossetti Behring
Ivete Simionatto
Maria Lúcia Carvalho da Silva
Maria Lúcia Silva Barroco

Dados Internacionais de Catalogação na Publicação (CIP)
(Câmara Brasileira do Livro, SP, Brasil)

Netto, José Paulo
    Economia política : uma introdução crítica / José Paulo Netto e
Marcelo Braz. – 8. ed. – São Paulo : Cortez, 2012. – (Biblioteca básica
de serviços social ; v. 1)

    Bibliografia.
    ISBN 978-85-249-1979-4

    1. Economia I. Braz, Marcelo. II. Título. III. Série.

12-10618   CDD-330

Índices para catálogo sistemático:
1. Ciências econômicas 330
2. Economia   330
3. Economia política   330

José Paulo Netto
Marcelo Braz

ECONOMIA POLÍTICA:
uma introdução crítica

BIBLIOTECA BÁSICA DE SERVIÇO SOCIAL

VOLUME 1

8ª edição
7ª reimpressão

ECONOMIA POLÍTICA: uma introdução crítica
José Paulo Netto • Marcelo Braz

Capa: aeroestúdio
Preparação dos originais: Silvana Cobucci Leite
Revisão: Maria de Lourdes de Almeida
Composição: Linea Editora Ltda.
Coordenação editorial: Danilo A. Q. Morales
Secretária editorial: Priscila F. Augusto

Direitos para esta edição
CORTEZ EDITORA
Rua Monte Alegre, 1074 — Perdizes
05014-001 — São Paulo-SP
Tel.: (11) 3864-0111   Fax: (11) 3864-4290
E-mail: cortez@cortezeditora.com.br
www.cortezeditora.com.br

Impresso no Brasil — maio de 2023

Para
Leila
e para
Helcir e Jumília
e à
memória de Maria Augusta Negreiros,
assistente social portuguesa.

Sumário

Apresentação da Biblioteca Básica de Serviço Social

A Coleção **Biblioteca Básica de Serviço Social**, que se inicia com o volume *Economia Política: uma introdução crítica*, de autoria dos Professores José Paulo Netto e Marcelo Braz, está sendo desenvolvida pela Cortez Editora, sob a Direção da Assessora Editorial Elisabete Borgianni, e Consultoria Técnica do Conselho Editorial de Livros da Área de Serviço Social, composto pelos(as) Professor(as): Ademir Alves da Silva; Dilséa Adeodata Bonetti, Maria Lúcia Barroco, Maria Rosângela Batistoni e Maria Lúcia Carvalho da Silva.

A Coleção foi pensada a partir de um projeto original, apresentado à Cortez Editora no final dos anos 1990, pelo Professor José Paulo Netto, intitulado *Manuais Críticos de Serviço Social*, e que por diversas razões, que não cabem detalhar aqui, não pôde ter prosseguimento naquela ocasião.

Desde então, já se apontava, em muitos dos fóruns de debates do Serviço Social brasileiro, para a necessidade de "traduzir" os avanços contidos no projeto ético-político desenvolvido por essa profissão (e que se expressam nas Diretrizes Curriculares, no Código de Ética Profissional e em outros marcos normativos do Serviço Social), em livros de conteúdo crítico, mas com linguagem mais acessível e que trouxessem exemplos de práticas bem-sucedidas baseadas nos princípios e fundamentos que a área acumulou nos últimos anos.

Para corresponder a essas expectativas é que o projeto dos *Manuais* do Professor José Paulo Netto já delineava lúcida e acertadamente o que seriam os livros com as características que marcam os volumes da presente coleção: textos cuja leitura e compreensão são facilitadas por uma exposição didática das ideias, com o uso de termos acessíveis ao universo vocabular médio dos estudantes de graduação, e compostos em diagramação que possibilite leitura confortável e arejada.

Tendo como público-alvo prioritário os alunos de 1º ao 4º ano do Curso de Serviço Social, os conteúdos dos vários volumes da **Biblioteca Básica de Serviço Social** fornecerão as bases para a compreensão do Serviço Social, como profissão inscrita da divisão social e técnica do trabalho, nos marcos da sociedade capitalista.

Tais conteúdos serão norteados por três eixos fundamentais:

* O eixo dos fundamentos teórico-metodológicos da vida social;
* O eixo dos fundamentos sócio-históricos da sociedade brasileira e
* O eixo dos fundamentos do trabalho profissional.

Esses eixos permitem a organização dos conteúdos dos livros da coleção, de forma a oferecer aos leitores uma compreensão da complexidade do trabalho do assistente social na atualidade, bem como poderão contribuir com a reflexão de profissionais das ciências sociais e humanas de maneira geral.

Pretende-se que os conteúdos dos livros da **Biblioteca** expressem o que já vem sendo oferecido nos melhores cursos de Serviço Social do país, e os autores estão sendo escolhidos entre os quadros docentes, pesquisadores e profissionais que tenham significativa proximidade com o tema e que, quando possível, já disponham de textos, apostilas e outros materiais produzidos e/ou testados em sala de aula, mesmo que ainda não editados.

Os livros que vão compor a **Biblioteca Básica** poderão trazer, ainda, uma bibliografia comentada, indicações de filmes, peças de teatro, obras literárias, musicais e de artes plásticas em geral, que expressem a realidade ali tratada e analisada.

Cada volume será composto no formato 16 x 23 cm, podendo determinado tema ser abordado em dois ou mais tomos, quando for o caso. Poderão conter também, quando o autor entender ser necessário, Anexos de Aplicação em Situações de Aula, Quadros Sinóticos e/ou Quadros Cronológicos.

A **Biblioteca Básica** será composta inicialmente por 15 volumes, que no decorrer dos anos poderão ter suas reedições revistas e/ou até ampliadas, de acordo com a necessidade de atualização e complementação da matéria tratada. Poderá, também, no futuro, contar com mais títulos, a depender de novos campos de interesse e atuação que se coloquem para o Serviço Social no decorrer dos próximos anos.

Os quatro volumes iniciais serão:

— *Economia Política: uma introdução crítica* — José Paulo Netto e Marcelo Braz

— *Política Social* — Elaine Behring e Ivanete Boschetti

— *Ética e Direitos Humanos* — Maria Lúcia Barroco;

— *Introdução à Filosofia* — Marildo Menegat

Além desses quatro volumes iniciais, estão sendo projetados os seguintes temas, não necessariamente nessa ordem:

- Revoluções burguesas e a constituição do Estado e da Razão Moderna
- Teoria Social Crítica
- Economia capitalista no Brasil
- Classes e Movimentos Sociais
- Direitos e Legislação Social
- Introdução ao Serviço Social
- História do Serviço Social no Brasil
- Reprodução Social, fundamentos e competências do trabalho profissional do assistente social na atualidade
- Planejamento, avaliação e indicadores econômicos e sociais
- Pesquisa e produção do conhecimento no Serviço Social
- Formação Profissional em questão.

Com esses temas, a **Biblioteca Básica** deverá cobrir os conteúdos fundamentais para o Serviço Social e para as ciências sociais e humanas na atualidade, valorizando desde aqueles que dizem respeito à constituição do ser social no mundo burguês, até os que tratam das várias expressões do exercício profissional hoje.

Assim, por exemplo, no volume dedicado às competências do trabalho profissional na atualidade, serão enfocados os espaços sócio-ocupacionais do assistente social, bem como as determinações fundamentais e diferenciadas de seu exercício profissional, seja na esfera estatal, nas instâncias públicas de controle democrático, nas empresas capitalistas ou nas organizações privadas.

Esse projeto de largo fôlego, e bastante trabalhoso no que concerne à produção editorial, está sendo abraçado pela Cortez Editora, coerentemente com sua política editorial de valorização das produções da área de Serviço Social. Tal política vem sendo desenvolvida há mais de vinte e cinco anos, tendo sido iniciada com a *Revista Serviço Social & Sociedade*, em 1979, e na atualidade se desdobrando em uma profícua produção de livros da área, bem como na importante *Biblioteca Latinoamericana de Servicio Social*, coleção que vem apoiando o debate latino-americano desde 1992, ano da edição de seu primeiro volume.

Finalizando essa breve apresentação, é preciso demarcar que, acima de tudo, a **Biblioteca Básica de Serviço Social** pretende ser mais um dos suportes do fundamental projeto ético-político e profissional que vem sendo desenvolvido pelo Serviço Social brasileiro e que tantos avanços ideopolíticos e crítico-analíticos vem possibilitando à profissão nas últimas décadas.

Elisabete Borgianni
Agosto de 2006

Apresentação

O livro que agora publicamos tem um propósito específico: servir como um texto introdutório à abordagem crítica da Economia Política, com fins didáticos. Com esta caracterização, desejamos precisar a natureza do nosso trabalho: trata-se de

a) *uma introdução à Economia Política*: limitamo-nos ao enfoque das questões que, a nosso juízo, são centrais na Economia Política; temas e problemáticas que, num livro destinado a especialistas ou a leitores com formação mais apurada, deveriam ser objeto de cuidados, foram aqui deliberadamente postos à margem ou apenas aludidos;

b) *uma abordagem crítica*: nossa perspectiva de análise filia-se à tradição da "crítica da Economia Política" (Marx), como esclarecemos suficientemente na Introdução;

c) *um texto com finalidades didáticas*: conduzimos a nossa argumentação do modo mais simples e direto que nos foi possível, porém mantendo as devidas cautelas para evitar simplismos e esquematismos.

Não há, neste livro, nenhuma aspiração à originalidade. Nosso trabalho é uma síntese — como obviamente notará qualquer conhecedor da tradição da crítica da Economia Política — de leituras acumuladas em anos de pesquisa e magistério e é tributário de inúmeras fontes (todas devidamente indicadas), seja de obras maiores, seja de manuais que consideramos credibilizados. Temos, porém, a pretensão de apresentar um **livro útil** para os estudantes de nível universitário que precisam tomar um *primeiro contato* com a Economia Política.

É desnecessário sublinhar, logo à partida, que nossa preocupação em oferecer um livro voltado para a abordagem inicial da Economia Política não deve ser confundida com qualquer intenção *facilitista*, que poupe ao estudante reflexão, empenho e esforço. Supomos um estudante interessado, disposto a aprender, a se apropriar de informações e de concepções teóricas; um estudante que não tenha medo da crítica e, municiado de conhecimentos, se proponha exercitar a *sua própria crítica*. Também julgamos supérfluo dizer que não nos pretendemos substituir ao professor: este livro é somente *um instrumento* para otimizar o processo de formação, instrumento que será tanto melhor utilizado quanto mais *ativo* for o protagonismo docente.

Escrevemos este livro para estudantes universitários, ainda que tenhamos a esperança de que contribua para estimular a reflexão de profissionais vinculados às ciências sociais e humanas. E embora estejamos convencidos de que ele terá utilidade nos diversos cursos de graduação dessas áreas, assinalamos que foi preparado tendo em vista, especialmente, a formação intelectual e profissional de assistentes sociais. E recebemos, para esta tarefa, o estímulo de José Xavier Cortez, a quem tanto deve o Serviço Social, bem como de sua assessora, Elisabete Borgianni, que agora lançam a **Biblioteca Básica de Serviço Social**, de que este livro — a que se seguirão vários outros, voltados para a formação profissional em Serviço Social (graduação) — é o título inaugural.

Essa formação foi objeto de amplo debate durante a década passada, sobretudo a partir da XXIII Convenção Nacional da *Associação Brasileira de Ensino de Serviço Social* (a ABESS, que posteriormente tornou-se a *Associação Brasileira de Ensino e Pesquisa em Serviço Social*/ABEPSS), realizada em outubro de 1993 (Londrina/PR). Desse debate, respaldado organizadamente por estudantes (através da Executiva Nacional dos Estudantes de Serviço Social/ ENESSO) e profissionais (através do Conselho Federal de Serviço Social/ CFESS), resultaram ideias e proposições que, depuradas por uma comissão de especialistas (Maria Bernardete M. P. Rodrigo, Marilda Villela Iamamoto e Mariângela Belfiori Wanderley), derivaram no documento, de inícios de 1999, *Diretrizes curriculares para o curso de Serviço Social* (cf. Conselho Regional de Serviço Social/7ª Região/RJ, 2001, p. 331-344). A revisão curricular que, na entrada da presente década, foi implementada nos cursos de Serviço Social vinculados às instituições de ensino superior mais sérias teve tais *Diretrizes* como parâmetro. E, nelas, a Economia Política foi contemplada, numa *nova lógica curricular* que a situa como *matéria básica* do núcleo de conhecimentos relativo aos *fundamentos da vida social* — e, por isso mesmo, deve articular-se, no caso da formação profissional, aos conteúdos dos dois outros núcleos: *fundamentos da formação sócio-histórica da sociedade brasileira* e *fundamentos do trabalho profissional.*

Desde a revisão mencionada, coube-nos ministrar *Economia Política e Serviço Social* na Escola de Serviço Social da Universidade Federal do Rio de Janeiro. Este livro é basicamente fruto dessa experiência, que constitui uma das mais ricas na nossa trajetória (juntos, os autores somam quase quatro décadas de trabalho na docência) e que viemos discutindo com nossos estudantes e com estudantes e professores de outras unidades.

O texto foi estruturado de modo a atender prioritariamente às exigências postas no *núcleo de fundamentos da vida social*; mas procuramos, sem desbordar do trato da Economia Política, fornecer elementos para o *conjunto* da formação intelectual e profissional — muito particularmente, quisemos que esta aproximação à (crítica da) Economia Política fosse formulada em plena sintonia com o que atualmente se denomina *projeto ético-político do Serviço Social no Brasil.* Por isto mesmo, o primeiro capítulo, cuja formulação mais complexa destoa do caráter didático e simples de todos os outros, fornece o que nos parece ser o conjunto de pressupostos daquele projeto — *e o leitor que não estiver interessado no "projeto ético-político" pode até saltar a sua leitura sem grande prejuízo da compreensão dos capítulos seguintes.*

As leituras sugeridas ao final de cada capítulo só abrigam textos em português e castelhano, uma vez que conhecemos (mas queremos ver superados!) os diminutos recursos idiomáticos dos estudantes de graduação. Nessas indicações, não fizemos quaisquer concessões ao modismo de só citar títulos publicados no último verão, modismo que identifica qualidade teórica com data recente ("atual"); pelo contrário, empenhamo-nos em recuperar e resgatar uma literatura que tem história, fez história e que, possuindo enorme potencial para explicar o tempo presente e suas perspectivas, continuará a fazer história.

De fato, não fizemos concessão a *qualquer* modismo. Em tempos de ideologia e mistificação pós-modernas, continuamos coerente, rigorosa e apaixonadamente modernos — inclusive no modo de apreciar este trabalho, como já dissemos tão-somente um *instrumento* dentre os muitos que estudantes e professores podem utilizar e que, certamente, na dependência da sua crítica, virá a ser melhorado no futuro. Aliás, para auxiliar os professores que se valem de debates organizados entre os estudantes como recurso didático, apresentamos, no final de cada capítulo, uma sugestão de filmes — *Filmografia* — que podem propiciar discussões muito ricas acerca de aspectos que abordamos ao longo do texto (vários dos quais podem servir para subsidiar discussões de muitos capítulos).

Enfim, só nos resta acrescentar, como de praxe, que somos, naturalmente, os únicos responsáveis por este livro. Mas queremos ressaltar que nos beneficiamos da apreciação que, a nosso pedido, foi feita prévia e generosamente por alguns amigos e companheiros, professores e estudantes, dos quais merecem agradecimentos especiais Carlos Nelson Coutinho, Ronaldo Coutinho, Cristina Maria N. P. Dias, Fernando Leitão e Raphael Capaz; e Sérgio Lessa foi nosso interlocutor privilegiado no objeto do primeiro capítulo. As nossas convicções (ou teimosias) teóricas com certeza impediram um inteiro aproveitamento do muito que nos ofereceram.

José Paulo Netto e Marcelo Braz
Rio de Janeiro, outono de 2006

Nota à 8ª edição

Chega este livro, lançado em 2006, à sua oitava edição (a bem dizer, nona, já que se tenha feito, da sétima, uma reimpressão). Mais uma vez, cabe-nos, a nós, autores, agradecer o favor do público e a eficiência de que a Cortez Editora vem dando provas na distribuição deste trabalho.

Como fizemos na abertura da sétima edição (maio de 2011), introduzimos aqui um pequeno rol de textos que certamente enriquecerão as reflexões e os debates que, esperamos, o nosso texto — dirigido a estudantes de nível universitário, mas que ainda pretendemos seja inteiramente acessível ao (mal) chamado "leitor comum" — certamente provoca.[1]

Mantivemos integralmente, pelas razões indicadas na "nota à sétima edição", o corpo teórico do texto. E temos mais razões que há um ano para

---

1. No que tange à discussão das *crises econômicas*, sugerimos: Chris Freeman e Francisco Louçã, *Ciclos e crises no capitalismo global. Das revoluções industriais à revolução da informação*. Porto: Afrontamento, 2004; Daniel Romero (org.), *Marx. Sobre as crises econômicas*. São Paulo: Sundermann, 2009. Ainda acerca de textos marxianos, representativos do inteiro espectro das suas teses, vale a consulta ao volume *O leitor de Marx*, organizado por José Paulo Netto (Rio de Janeiro: Civilização Brasileira, 2012). Sobre a crise econômica contemporânea, cf. Edmilson Costa, *A globalização e o capitalismo contemporâneo*. São Paulo: Expressão Popular, 2008; Plínio de A. Sampaio Jr. (org.), *Capitalismo em crise. A natureza e dinâmica da crise econômica mundial*. São Paulo: Sundermann, 2009; vale também recorrer a um autor que, sem questionar o regime capitalista, antes querendo bem administrá-lo (não por acaso, Prêmio Nobel de Economia/2008), admite que a anarquia do sistema engendra a crise — Paul Krugman, *A crise de 2008 e a economia da depressão*. Rio de Janeiro: Campus, 2009. Importante é o volume organizado por Ivanete Boschetti et al., *Capitalismo em crise. Política social e direitos*. São Paulo: Cortez, 2011. O livro organizado por Rodrigo Castelo, *Encruzilhadas da América Latina no século XXI* (Rio de Janeiro: Pão e Rosas, 2010), contém preciosos materiais sobre a batalha das ideias no continente, especialmente acerca do chamado "novo desenvolvimentismo". Para o debate do trabalho, indicamos Sadi Dal Rosso, *Mais trabalho!*. São Paulo: Boitempo, 2008 e Ricardo Antunes e Ruy Braga, (orgs.) *Infoproletários*. São Paulo: Boitempo, 2009.

justificá-lo: o desdobramento da crise na "zona do euro", que não é um mero episódio — antes, mais um sintoma do ingresso do capitalismo numa *crise sistêmica* (a terceira, se contarmos as duas anteriores, de 1873 e de 1929) —, demonstra cabalmente que a manutenção da ordem do capital é uma ameaça concreta às conquistas civilizacionais. E a "produção destrutiva" de que fala o prof. I. Mészáros, conjugada ao belicismo desenvolvido pelo imperialismo contemporâneo — de que as tragédias na Europa Oriental, na África e no Oriente Médio deram e prometem mais provas —, aponta inequivocamente que, hoje, a manutenção da ordem capitalista é um efetivo risco à sobrevivência da humanidade.

Permanecemos, pois, firmemente convencidos de que a orientação geral deste livro introdutório à problemática da (crítica) da Economia Política é correta.

J.P.N. e M.B.
Rio de Janeiro, julho de 2012.

Nota à 7ª edição

Novamente, devem os autores agradecer o favor do público, mencionado na nótula à segunda edição deste livro (março de 2007). Devem fazê-lo porque, corridos menos de cinco anos do lançamento do livro (novembro de 2006), sai agora à luz mais esta edição, a sétima, de *Economia política. Uma introdução crítica* — fato que atesta, claramente, a continuidade do favor do público em face deste trabalho.

Os autores, quando prepararam este texto, visavam a um segmento universitário específico, pertinente, aliás, à coleção de que o livro faz parte: estudantes, profissionais e docentes da área de Serviço Social. Contudo, animava-os também a esperança de que ele pudesse ser útil a estudantes universitários de outras áreas — e esta esperança mostrou-se fundada, uma vez que temos notícia de sua expressiva circulação entre estudantes, por exemplo, de Economia e Educação. Por outra parte, também sabemos que o livro — seguramente em função do seu caráter didático e propedêutico — tornou-se material utilizado em inúmeros e qualificados cursos de formação teórico-política de militantes sociais. Verifica-se, pois, que o nosso agradecimento à generosidade do público não é uma simples fórmula diplomática.

Os autores estão convencidos de que, em um livro com as características próprias da coleção "Biblioteca Básica de Serviço Social", alterações de conteúdo justificam-se quando os seus fundamentos se tornam superados ou neles se apontem equívocos substantivos. As observações que recolhemos nas resenhas dedicadas a este *Economia política. Uma introdução crítica*, bem como nos incontáveis colóquios e encontros acadêmicos de que participamos nos últimos cinco anos, não indicaram — afora, naturalmente, questões de natureza interpretativa, que configuram diferenças de avaliação absolutamente naturais em campos tão polêmicos como o da crítica da Economia Política —, a nosso juízo, a necessidade de rever o conteúdo deste livro. E, especialmente, também a dinâmica do capitalismo contemporâneo, no último lustro, não nos pareceu infirmar nenhuma das teses centrais que se contêm em nosso trabalho, antes as confirmaram.[1] Assim, a presente edição (salvo três pequeníssimas correções de gralhas) é idêntica às anteriores. Questão de outro nível é a que diz respeito à atualização bibliográfica, que não pudemos avançar nesta oportunidade,[2] mas de que nos ocuparemos em edições futuras.

J. P. N. e M. B.
Rio de Janeiro, maio de 2011.

---

1. Dois exemplos: a continuidade da crise capitalista contemporânea, tipificada sobejamente na *débacle* financeira de 2008/2009 e na problemática da Europa Unida "semiperiférica" nos dias correntes (a condição da Grécia, da Irlanda, de Portugal e, certamente, da Espanha); o papel da agressividade belicista do imperialismo atual, cujo principal componente operacional — mas não o único — é a OTAN.

2. Mas podemos adiantar, para esta atualização e atendendo às características das indicações bibliográficas dos livros da "Biblioteca Básica de Serviço Social", uns poucos textos que desde já devem ser incorporados às nossas "sugestões bibliográficas" e que não comparecem na listagem que fecha o presente volume. O primeiro título é *Uma introdução à Economia Política*, de A. J. Avelãs Nunes (São Paulo: Quartier Latin, 2007) — obra cuja erudição, profundidade e amplitude constitui uma excelente abordagem global da matéria, sendo, por isto mesmo, um texto indispensável para o leitor de nosso livro que queira continuar seus estudos. No debate do trabalho como fundamento do ser social (cap. 1 deste livro), cumpre citar Marilda V. Iamamoto, *Serviço Social em tempo de capital fetiche* (São Paulo: Cortez, 2007) — obra que envolve contribuições que incidem ainda sobre o capital financeiro e a "questão social", além de oferecer um mapeamento da elaboração teórica recente do Serviço Social brasileiro; no mesmo campo do trabalho e da sociabilidade, vale recorrer ao polêmico ensaio de Sérgio Lessa, *Trabalho e proletariado no capitalismo contemporâneo* (São Paulo: Cortez, 2007); os textos de Ricardo Antunes, Giovanni Alves (autores citados desde a primeira edição de nosso livro) e Mauro Iasi, recolhidos em E. Lourenço et al. (Orgs.), *O avesso do trabalho II* (São Paulo: Expressão Popular, 2010) focam o mesmo universo temático. O livro didático de Vânia M. Cury, *História da industrialização no século XIX* (Rio de Janeiro: Ed. UFRJ, 2006) é um bom suporte adicional a temas do nosso cap. 4. A problemática do capitalismo contemporâneo, que tratamos nos capítulos 8 e 9 deste livro, é objeto de interessantes reflexões de Virgínia Fontes em *O Brasil e o capital-imperialismo* (Rio de Janeiro: Fundação Oswaldo Cruz/E. P. S. Joaquim Venâncio/UFRJ, 2010); também para estes dois capítulos, os concisos e diretos textos de E. Costa, *A globalização e o capitalismo contemporâneo* (São Paulo: Expressão Popular, 2008) e de R. M. Marques e P. Nakatami, *O que é capital fictício e sua*

---

crise (São Paulo: Brasiliense, 2009) são valiosos e didáticos. Elementos pertinentes e substantivos referidos àqueles capítulos de nosso livro se encontram, no nível teórico-conceitual complexo e sofisticado que peculiariza a obra do autor, em I. Mészáros, *O desafio e o fardo do tempo histórico* (São Paulo: Boitempo, 2007) e *A crise estrutural do capital* (São Paulo: Boitempo, 2009). E a discussão da política social, também ligada aos temas daqueles capítulos, recebeu aportes interessantes em *Política social. Temas & questões*, de Potyara A. P. Pereira (São Paulo: Cortez, 2008) e no volume, organizado por Ivanete Boschetti et al., *Política social no capitalismo. Tendências contemporâneas* (São Paulo: Cortez, 2008).

Nótula à 2ª edição

Lançada em finais de novembro de 2006, a primeira edição deste livro esgotou-se em março do corrente ano. O favor do público surpreendeu os autores que, para esta segunda edição, não fizeram mais que expurgar umas poucas gralhas e reposicionar outras tantas notas de pé de página.

Esperam os autores que a generosidade do público expresse de fato, em alguma medida, a *utilidade real* que este livro possa ter para estudantes, profissionais e professores.

J. P. N. e *M. B.*
Rio de Janeiro, março de 2007

Introdução

Economia Política: da origem à crítica marxiana

No estudo introdutório de qualquer corpo teórico voltado para a explicação e a compreensão da vida social — como é a Economia Política —, uma breve referência à sua história e a controvérsias que atravessam a sua evolução é indispensável.

Nas teorias que se voltam para a vida social, muito mais que naquelas que têm por objeto a análise das realidades da natureza, as controvérsias extrapolam as diferenças relativas a métodos, hipóteses e procedimentos de pesquisa; além de divergências nesses domínios, nas teorias e ciências sociais as polêmicas e mesmo as oposições frontais devem-se ao fato de elas lidarem com interesses muito determinados de classes e grupos sociais. Nessas teorias e ciências, nunca existem formulações neutras, assépticas ou desinteressadas — é o que reconhecem os pensadores mais qualificados: em meados do século passado, o economista sueco Gunnar Myrdal (1898-1987), Prêmio Nobel de Economia/1974, observava que "uma 'ciência social desinteressada' constitui [...] um puro contra-senso. Tal ciência jamais existiu e jamais existirá" (Myrdal, 1965, p. 104); e, cem anos antes, Marx já aludira com ironia ao peso dos interesses que constrangem a teoria de que nos ocupamos:

A natureza peculiar do material [que a Economia Política] aborda chama ao campo de batalha as paixões mais violentas, mesquinhas e odiosas do coração humano, as fúrias do interesse privado. A Igreja Anglicana da Inglaterra, por exemplo, perdoaria antes o ataque a 38 de seus 39 artigos de fé do que a 1/39 de suas rendas monetárias. (Marx, 1983, I, 1, p. 13)

A Economia Política aborda questões ligadas diretamente a interesses materiais (econômicos e sociais) e, em face deles, não há nem pode haver "neutralidade": suas teses e conclusões estão sempre conectadas a interesses de grupos e classes sociais. É por isso que, nesta Introdução, situando historicamente e de modo rápido a Economia Política, vamos também explicitar a perspectiva teórico-política que orienta a argumentação que sustentamos neste livro.

A Economia Política clássica

A expressão *Economia Política*, que tem origem no grego *politeia* e *oikonomika*, aparece, pela primeira vez, em 1615, quando Antoine Montchrétien (1575-1621) publica a obra *Traité de l'Économie Politique* [Tratado de Economia Política]. E embora surja em textos de François Quesnay (1694-1774), James Steuart (1712-1780) e Adam Smith (1723-1790), é apenas nos primeiros vinte anos do século XIX que passa a designar um determinado corpo teórico. Mas isso não significa que a Economia Política só se constituiu e sistematizou como campo teórico na entrada do século XIX — significa apenas que nesses anos ela passou a ser reconhecida como tal.

Com efeito, ao longo dos séculos XVII e XVIII, desenvolveu-se e acumulou-se o estoque de conhecimentos que haveria de estruturar a Economia Política, resultante da contribuição, nesse decurso temporal, de um largo rol de pensadores, dentre os quais caberia lembrar William Petty (1623-1687), na Inglaterra, e Pierre de Boisguillebert (1646-1714), na França. No entanto, o que se pode denominar de *período clássico* da Economia Política (ou, ainda, *Economia Política clássica*) vai de meados do século XVIII aos inícios do século XIX; mais precisamente, a Economia Política clássica "começa na Inglaterra, com Petty, e na França, com Boisguillebert" e "termina com [David] Ricardo

[1772-1823] na Inglaterra e [Jean-Charles-Leonard Simonde de] Sismondi [1773-1842] na França" (Marx, 1982, p. 47).[1]

Nos maiores representantes da Economia Política clássica, Smith e Ricardo, a despeito das diferenças entre suas concepções teóricas,[2] encontram-se nitidamente duas características centrais da teoria que vinha se elaborando há quase duzentos anos.

A primeira delas refere-se à natureza mesma dessa teoria: não se tratava de uma disciplina particular, especializada, que procurava "recortar" da realidade social um "objeto" específico (o "econômico") e analisá-lo de forma autônoma. Para os dois autores mencionados, como para vários daqueles que os precederam, centrando a sua atenção nas questões relativas ao *trabalho*, ao *valor* e ao *dinheiro*, **à Economia Política interessava compreender o conjunto das relações sociais que estava surgindo na crise do** *Antigo Regime*[3] — e naquelas questões "se explicitavam, de forma irrecusável, as transformações em curso na sociedade, a partir da generalização das relações mercantis e de sua extensão ao mundo do trabalho" (Teixeira, 2000, p. 100). Os *clássicos* da Economia Política não desejavam, com seus estudos, constituir simplesmente *uma* disciplina científica entre outras: almejavam compreender o modo de funcionamento da sociedade que estava nascendo das entranhas do mundo feudal; por isso, nas suas mãos, a Economia Política se erguia como fundante de uma *teoria social, um elenco articulado de ideias que buscava oferecer uma visão do conjunto da vida social*. E mais: os *clássicos* não se colocavam como "cientistas puros", mas tinham claros objetivos de intervenção política e social.[4]

---

1. Ou, diversamente, nas palavras de Schumpeter (1968, p. 75): "[...] O nome de economistas clássicos é geralmente dado aos economistas de primeira categoria, durante o período que vai da publicação da *Riqueza das nações* até à dos *Princípios* de J. S. Mill, em 1848". As referências são à obra, publicada em 1776, de Adam Smith, *Inquérito sobre a natureza e as causas da riqueza das nações* e à de John Stuart Mill (1806-1873), publicada em 1848, *Princípios de Economia Política*.

2. Diferenças que se prendem, inclusive, às conjunturas históricas em que os dois pensadores trabalharam — diversamente de Smith, Ricardo elabora suas concepções quando a Revolução Industrial já se consolida na Inglaterra e surgem as primeiras grandes manifestações do protesto e da rebeldia operários (o movimento *ludista*).

3. Por *Antigo Regime* (em francês, *Ancien Régime*) designa-se o conjunto de instituições da feudalidade ocidental.

4. Aloisio Teixeira verificou que o compromisso dos *clássicos* com os problemas próprios da ascensão burguesa era igualmente *prático*, dados os vínculos que estabeleciam entre a Economia Política e

A segunda característica da Economia Política clássica relaciona-se ao modo como seus autores mais significativos trataram as principais categorias e instituições econômicas (dinheiro, capital, lucro, salário, mercado, propriedade privada etc.): **eles as entenderam como categorias e instituições *naturais* que, uma vez descobertas pela razão humana e instauradas na vida social, permaneceriam eternas e invariáveis na sua estrutura fundamental**. Esse entendimento, os *clássicos* deviam-no à inspiração das concepções próprias do *jusnaturalismo moderno*, extremamente influente na Europa Ocidental dos séculos XVII e XVIII e que marcou vigorosamente a *teoria política liberal* (ou o *liberalismo clássico*), cujo grande representante foi o inglês John Locke (1632-1704).

Essa característica, assim como a anterior, é indicativa do compromisso sociopolítico da Economia Política clássica — sabe-se que o liberalismo clássico constituiu uma arma ideológica da luta da burguesia contra o Estado absolutista e contra as instituições do *Antigo Regime*. Nos seus teóricos mais importantes (e, de novo, deve-se lembrar aqui Smith e Ricardo), ela condensou os interesses da burguesia revolucionária, que se confrontava com os beneficiários da feudalidade (a nobreza fundiária e a Igreja). Naqueles teóricos, as influências jusnaturalistas e liberais não são um acaso, mas sinalizam que suas realizações intelectuais inserem-se no quadro maior da *Ilustração* que, como é notório, configura um importante capítulo no processo pelo qual a burguesia avança para a construção do seu domínio de classe, que assinalou, em face da feudalidade, um gigantesco progresso histórico. Em resumidas contas, **a Economia Política clássica expressou o ideário da burguesia no período em que esta classe estava na vanguarda das lutas sociais, conduzindo o processo revolucionário que destruiu o *Antigo***

---

as medidas de *política econômica*: "O momento histórico em que o interesse por assuntos econômicos vai atraindo um número crescente de pensadores, não só provenientes do campo da filosofia política, mas também homens com formação voltada para problemas práticos, é exatamente o momento da formação dos Estados nacionais e da generalização das relações mercantis. Tais processos [fizeram] com que atividades como as relacionadas com finanças e tesouraria adquirissem nova importância. [...] O objetivo dos autores que escreveram sobre problemas econômicos, nos séculos XVII e XVIII, não era a teoria de *per se*, muito menos a construção de modelos abstratos de análise, mas a discussão e a formulação de políticas concretas, envolvendo tributos, moeda, comércio, preços etc." (Teixeira, 2000, p. 93-94). Quanto à diversidade de pensadores que se dedicaram à Economia Política, tal como referida por Teixeira, recorde-se que, se Adam Smith foi professor de Filosofia Moral na Universidade de Glasgow, David Ricardo foi um bem-sucedido operador da Bolsa de Valores de Londres.

Regime — e não foi por outra razão, aliás, que o filósofo húngaro Georg Lukács (1885-1971) considerou-a a "maior e mais típica ciência nova da sociedade burguesa".

Porém, esse claro compromisso da Economia Política clássica com o programa da Revolução Burguesa não converteu os seus grandes representantes, como os citados Smith e Ricardo, em defensores cegos e acríticos da nova ordem social que surgia. Na própria medida em que a Revolução Burguesa, à época, expressava os anseios emancipadores da humanidade, os *clássicos* dispunham de uma amplidão de horizontes que lhes permitia elaborar com profunda objetividade a problemática posta pelo surgimento da nova sociedade. No seu exemplo, pois, constata-se que a *objetividade*, em matéria de teoria social, não é o mesmo que "neutralidade": precisamente por não serem "neutros", defendiam uma ordem social mais livre e avançada que a da feudalidade — por isso, os *clássicos* puderam enfrentar sem constrangimentos as novas questões econômico-sociais.

A crise da Economia Política clássica

Entre os anos vinte e quarenta do século XIX — ou, com mais exatidão, entre 1825/1830 e 1848[5] — desenha-se a crise e a dissolução da Economia Política clássica. Essa crise insere-se num contexto bem determinado: nessas décadas, altera-se profundamente a relação da burguesia com a *cultura ilustrada* de que se valera no seu período revolucionário, cultura que configura, no plano das ideias, o chamado *Programa da Modernidade*.

A cultura ilustrada condensa um projeto de emancipação humana que foi conduzido pela burguesia revolucionária, resumido na célebre consigna *liberdade, igualdade, fraternidade*. Entretanto, a emancipação possível sob o regime burguês, que se consolida nos principais países da Europa Ocidental na primeira metade do século XIX, não é a *emancipação humana*, mas somente a *emancipação política*. Com efeito, o regime burguês emancipou os homens das relações de dependência pessoal, vigentes na feudalidade; mas a liberdade política, ela mesma essencial, esbarrou sempre num limite absoluto,

---

5. Por volta de 1825, manifestou-se a primeira *crise econômica* do capitalismo; em 1848, explodiram revoluções democrático-populares na Europa Ocidental e Central.

que é próprio do regime burguês: nele, a igualdade *jurídica* (*todos são iguais perante a lei*) nunca pode se traduzir em igualdade *econômico-social* — e, sem esta, a emancipação *humana* é impossível.

Portanto, a Revolução Burguesa, realizada, não conduziu ao prometido *reino da liberdade*: conduziu a uma ordem social sem dúvida muito mais livre que a anterior, mas que continha limites insuperáveis à emancipação da humanidade. Tais limites deviam-se ao fato de a revolução resultar numa nova dominação de classe — *o domínio de classe da burguesia*. E não é preciso dizer que a existência daqueles limites contradizia as promessas emancipadoras contidas na cultura ilustrada.

Instaurando o seu domínio de classe, a burguesia experimenta uma profunda mudança: renuncia aos seus ideais emancipadores e converte-se numa classe cujo interesse central é a conservação do regime que estabeleceu. Convertendo-se em classe *conservadora*, a burguesia cuida de neutralizar e/ ou abandonar os conteúdos mais avançados da cultura ilustrada. Por seu turno, as classes e camadas sociais que, ao lado da burguesia revolucionária, articularam o bloco social do *Terceiro Estado* e agora viam-se objeto da dominação burguesa trataram de retomar aqueles conteúdos e adequá-los a seus interesses.

O movimento das classes sociais, naqueles anos — entre as décadas de vinte e quarenta do século XIX —, mostra inequivocamente que estava montado um novo cenário de confrontos: não mais entre a burguesia (que, antes, liderara o *Terceiro Estado*) e a nobreza, mas entre a burguesia e segmentos trabalhadores, com destaque para o jovem proletariado. Se o *movimento ludista* inglês fora derrotado pouco antes, a ele substituiu-se o *movimento cartista*; e, no continente, avolumam-se as rebeliões e insurreições. Todo esse processo vai explodir nas revoluções de 1848: nas convulsões que abalam a Europa, um novo antagonismo social central está agora na ordem do dia — dois protagonistas começam a se enfrentar diretamente, a burguesia conservadora e o proletariado revolucionário.

No plano das ideias, 1848 assinala uma inflexão de significado histórico-universal: a burguesia abandona os principais valores da cultura ilustrada e ingressa no ciclo da sua *decadência ideológica*, caracterizado por sua incapacidade de classe para propor alternativas emancipadoras; a herança ilustrada passa às mãos do proletariado, que se situa, então, como sujeito revolucionário.

É nesse contexto que se compreende a crise da Economia Política clássica — sua crise é parte daquela inflexão, ocasionada pela conversão da burguesia em classe conservadora. Na medida em que expressa os ideais da burguesia *revolucionária*, a Economia Política clássica torna-se incompatível com os interesses da burguesia *conservadora*. Não é casual, portanto, que o pensamento burguês pós-1848 abandone as conquistas teóricas da Economia Política clássica — como também não é casual que tais conquistas se transformem num legado a ser assumido pelos pensadores vinculados ao proletariado.

Uma observação é suficiente para indicar a incompatibilidade da Economia Política clássica com os interesses da burguesia convertida em classe dominante e conservadora. Trata-se do modo como aquela enfrentou o problema da riqueza social (ou, mais exatamente, da *criação de valores*): para os *clássicos*, **o valor é produto do trabalho**. Se essa concepção era útil à burguesia que se confrontava com o parasitismo da nobreza, deixou de sê-lo quando pensadores ligados ao proletariado começaram a extrair dela consequências socialistas. A teoria clássica do *valor-trabalho* (cf. adiante, no Capítulo 1, o item 1.4), que fora uma arma da burguesia na crítica ao *Antigo Regime*, torna-se agora uma crítica ao regime burguês: nas mãos de pensadores vinculados ao proletariado, a teoria do *valor-trabalho* serve para investigar e demonstrar o **caráter explorador** do capital (representado pela burguesia) em face do trabalho (representado pelo proletariado). Os *clássicos* puderam desenvolver a teoria do *valor-trabalho* porque pesquisavam a vida social e econômica **a partir da *produção* dos bens materiais, e não da sua *distribuição***; por isso, não só a teoria do valor-trabalho era incompatível com os interesses da burguesia conservadora: também o era a pesquisa da vida social fundada no estudo da produção econômica.

Compreende-se, assim, que, após 1848, tanto a teoria do valor-trabalho quanto a investigação social e econômica a partir da análise da produção tenham sido abandonadas pelo pensamento burguês conservador; mais do que isso: foram consideradas "extracientíficas" pela *Economia* que, a partir da segunda metade do século XIX, substituiu — na cultura burguesa e especialmente nos meios acadêmicos — a Economia Política clássica. E se compreende também que ambas, a teoria do valor-trabalho e a análise social e econômica a partir da produção, tenham sido recuperadas pelos pensadores vinculados aos interesses das massas trabalhadoras.

Se, entre 1825/1830 e 1848, a Economia Política clássica experimenta a sua crise, na segunda metade do século a sua inteira dissolução está consumada — e isso se verifica até mesmo pelo desuso da expressão *Economia Política*. De fato, o que resulta da dissolução da Economia Política clássica são duas linhas de desenvolvimento teórico mutuamente excludentes: a investigação conduzida pelos pensadores vinculados à ordem burguesa e a investigação realizada pelos intelectuais vinculados ao proletariado (com Karl Marx à frente). Nos dois casos, a antiga expressão é deslocada: no primeiro, é abandonada e substituída pela nominação mais simples de *Economia*;[6] quanto a Marx, ele sempre se refere à sua pesquisa como *crítica da Economia Política*. E, em ambos os casos, a mudança de nomenclatura sinaliza alterações substantivas na concepção teórica, relativas aos valores, ao objeto, ao objetivo e ao método de pesquisa.

A *Economia* vai se desenvolver no sentido de uma disciplina científica estritamente especializada, depurando-se de preocupações históricas, sociais e políticas. Tais preocupações serão postas à conta das outras *ciências sociais* que se articulam na sequência de 1848: a História, a Sociologia e a Teoria (ou Ciência) Política. No marco dessa "divisão intelectual do trabalho científico", a Economia se especializa, institucionaliza-se como disciplina particular, específica, marcadamente técnica, que ganha estatuto científico-acadêmico. Adequada à ordem social da burguesia conservadora, torna-se basicamente instrumental e desenvolve um enorme arsenal técnico (valendo-se intensivamente de modelos matemáticos). Ela renuncia a qualquer pretensão de fornecer as bases para a compreensão do conjunto da vida social e, principalmente, deixa de lado procedimentos analíticos que partem da produção — analisa preferencialmente a superfície imediata da vida econômica (os fenômenos da *circulação*), privilegiando o estudo da *distribuição* dos bens produzidos entre os agentes econômicos e quando, excepcionalmente, atenta para a produção, aborda-a de modo a ladear a teoria do valor-trabalho.

Tal Economia, cujos esboços aparecem nos textos de autores que Marx qualificou como *economistas vulgares*,[7] tem as suas primeiras formulações mais

---

6. Esta substituição — *Political Economy* por *Economics* — foi consagrada com a publicação, em 1890, dos influentes *Principles of Economics* [Princípios de Economia], de Alfred Marshall (1842-1924).

7. Para Marx, entre outros, eram típicos representantes da "economia vulgar" William Nassau Senior (1790-1864), Frédéric Bastiat (1801-1850) e John Stuart Mill (1806-1873).

acabadas nas obras de William S. Jevons (1835-1882), Carl Menger (1840-1921) e Léon Walras (1834-1910). No curso do seu desenvolvimento, do fim do século XIX até os dias atuais, ela evoluiu no sentido de inúmeras especialidades e se diferenciou numa diversidade de "escolas", lideradas, em alguns casos, por intelectuais muito qualificados.[8] Perfeitamente integrada nos circuitos universitários, legitimou-se produzindo um corpo de profissionais credenciados para atuar como gestores nas empresas capitalistas e na administração pública.

A constituição dessa "ciência econômica" marca uma verdadeira *ruptura* em face da Economia Política clássica. Desta, ela herdou uma característica: a consideração das categorias econômicas próprias do regime burguês como realidades supra-históricas, eternas, que não devem ser objeto de transformação estrutural, senão ao preço da destruição da "ordem social"; assim, para essa "ciência econômica", *propriedade privada, capital, salário, lucro* etc. fazem parte, natural e necessariamente, de qualquer forma de organização social "normal", "civilizada", e devem sempre ser preservados. Mas a "ciência econômica" abandonou resolutamente as ideias que, formuladas pela Economia Política clássica, poderiam constituir elementos de crítica ao regime burguês (por exemplo, a teoria do valor-trabalho, que foi substituída pela teoria da "utilidade marginal") e, com esse procedimento de princípio, tornou-se um importante instrumento de administração, manipulação e legitimação da ordem comandada pela burguesia.

Não é a essa tradição teórica e política que se vincula a argumentação que desenvolveremos nas páginas subsequentes. A opção teórico-política que sustenta as ideias apresentadas neste livro remete à crítica da Economia Política elaborada por Marx.

A crítica da Economia Política

Karl Marx (1818-1883) aproximou-se das ideias revolucionárias que germinavam no movimento operário europeu pouco depois de haver concluído o seu curso de Filosofia (1841) — e, de 1844 até sua morte, todos os

---

8. Entre os quais cabe destaque para o austríaco Joseph A. Schumpeter (1883-1950) e o inglês John Maynard Keynes (1883-1946).

seus esforços foram dirigidos para contribuir na organização do proletariado para que este, rompendo com a dominação de classe da burguesia, realizasse a emancipação humana.

Para Marx, o êxito do protagonismo revolucionário do proletariado dependia, em larga medida, do *conhecimento rigoroso* da realidade social. Ele considerava que a *ação revolucionária* seria tanto mais eficaz quanto mais estivesse fundada não em concepções utópicas, mas numa *teoria social* que reproduzisse idealmente (ou seja, no plano das ideias) o movimento real e objetivo da sociedade capitalista. Por isso, na perspectiva de Marx, a *verdade* e a *objetividade* do conhecimento teórico não são perturbadas ou prejudicadas pelos *interesses de classe* do proletariado; ao contrário: na medida em que o sucesso da ação revolucionária da classe operária depende do conhecimento verdadeiro da realidade social, o ponto de vista (ou a perspectiva) que se vincula aos interesses do proletariado é exatamente aquele que favorece a elaboração de uma teoria social que dá conta do efetivo movimento da sociedade.

É assim que, ligado à classe operária e sob o estímulo de Friedrich Engels (1820-1895), seu camarada de ideias e de lutas, Marx articulou, numa pesquisa que cobriu quase quarenta anos de trabalho intelectual, a teoria social que esclarece o surgimento, o processo de consolidação e desenvolvimento e as condições de crise da sociedade burguesa (capitalista). Das pesquisas de Marx resultou que a sociedade burguesa não é uma organização social "natural", destinada a constituir o ponto final da evolução humana; resultou, antes, que é uma forma de organização social *histórica, transitória*, que contém no seu próprio interior contradições e tendências que possibilitam a sua superação, dando lugar a outro tipo de sociedade — precisamente a *sociedade comunista*, que também não marca o "fim da história", mas apenas o ponto inicial de uma nova história, aquela a ser construída pela humanidade *emancipada*.

A teoria social de Marx foi elaborada a partir da *cultura ilustrada* a que já fizemos referência. Herdeiro intelectual da Ilustração, Marx beneficiou-se de seus principais frutos: a filosofia clássica alemã (notadamente o *método dialético* de Georg W. F. Hegel [1770-1831]), a *crítica social* dos pensadores utópicos (especialmente Charles Fourier [1772-1837] e Robert Owen [1771-1858]) e a *Economia Política clássica*. Esta última, com efeito, está na base da teoria social de Marx: a sua crítica é um dos suportes da teoria social marxiana e não é por acaso que a principal obra de Marx, *O capital*, tenha por subtítulo a expressão *crítica da economia política*.[9]

A crítica marxiana à Economia Política não significou a negação teórica dos *clássicos*; significou a sua **superação**, incorporando as suas conquistas, mostrando os seus limites e desconstruindo os seus equívocos. Antes de mais, Marx *historicizou* as categorias manejadas pelos *clássicos*, rompendo com a naturalização que as pressupunha como eternas; e pôde fazê-lo porque empregou na sua análise um *método novo* (o método *crítico-dialético*, conhecido como *materialismo histórico*). Realizando uma autêntica revolução teórica, Marx jogou toda a força da sua preparação científica, da sua cultura e das suas energias intelectuais numa pesquisa determinada: a análise das leis do movimento do capital; essa análise constitui a base para apreender a dinâmica da sociedade burguesa (capitalista), já que, nessa sociedade, o conjunto das relações sociais está subordinado ao comando do capital. Por isso, a própria obra marxiana só foi possível pela existência prévia da Economia Política clássica, uma vez que nesta se encontravam elementos que, submetidos a um tratamento historicizante e considerados sob nova perspectiva metodológica, sinalizavam o movimento e o comando do capital.

A Economia Política marxista

A crítica da Economia Política clássica realizada por Marx possibilitou o conhecimento teórico da estrutura e da dinâmica econômicas da sociedade burguesa. A análise das leis de movimento do capital e as descobertas marxianas operadas na segunda metade do século XIX continuam válidas até hoje porquanto, corridos cento e cinquenta anos, a nossa sociedade permanece subordinada aos ditames do capital. Nesse lapso temporal, porém e compreensivelmente, a sociedade burguesa experimentou transformações muito profundas e emergiram fenômenos e processos que não foram estudados por Marx.

---

9. *O capital. Crítica da economia política* compreende três livros em seis volumes; só o primeiro livro foi publicado por Marx (1867); o segundo e o terceiro foram editados por Engels (respectivamente em 1885 e 1894); um quarto livro d'*O capital*, que compreende três volumes, foi publicado (por Karl Kautsky, entre 1905 e 1910) e editado no Brasil sob o título *Teorias da mais-valia*. Recorde-se que, em 1859, Marx já publicara uma obra intitulada *Para a crítica da economia política*.

Ao longo do século XX, esses fenômenos e processos foram o alvo da pesquisa de analistas que, inspirados por Marx (especialmente incorporando o seu método crítico-dialético), procuraram esclarecê-los e integrá-los ao corpo teórico instaurado pelo autor d'*O capital*, construindo o que se pode designar como Economia Política marxista.[10] Nesse esforço para ampliar o estoque de conhecimentos, realizaram-se muitos avanços e novas descobertas se efetivaram — mas o campo da Economia Política marxista registra no seu interior inúmeras polêmicas, confrontos de ideias e de posições. Se há consenso sobre várias questões e problemas novos, também há discrepâncias e dissensos e, curiosamente, o debate envolve até mesmo o próprio objeto da Economia Política marxista.

Neste livro, partiremos da concepção geral que foi enunciada por Engels, segundo a qual a Economia Política, "no sentido mais amplo, é a ciência das leis que regem a produção e a troca dos meios materiais de subsistência na sociedade humana" (Engels, 1972, p. 158); contudo, essa concepção será considerada com a ênfase posta por Lênin: "o objeto da Economia Política não é simplesmente a 'produção', mas as relações sociais que existem entre os homens na produção, a estrutura social da produção" (Lênin, 1982, p. 29).

Desenvolvendo e sistematizando tal concepção, o professor Oskar Lange afirma que o objeto da Economia Política é a *atividade econômica*, ou seja, a produção e a distribuição dos bens com os quais os homens satisfazem as suas necessidades individuais ou coletivas; essa produção e distribuição constituem o *processo econômico*, e "o objetivo da Economia Política [...] é estudar as leis sociais que regulam o processo econômico". Em suma, "a Economia Política é a ciência das leis sociais da atividade econômica" (Lange, 1963, p. 19).

No presente texto, nosso objeto é a atividade econômica sobre a qual se estrutura a nossa sociedade, a sociedade burguesa. O leitor terá aqui, numa exposição panorâmica, uma síntese das análises desenvolvidas pela Economia Política marxista e, com ela, pretendemos oferecer elementos que julgamos fundamentais para a formação universitária de estudantes das ciências sociais e humanas e, especialmente, para a formação profissional dos assistentes sociais.

---

10. Nos limites deste livro é impossível consignar o conjunto desses autores; indiquemos apenas, quase aleatoriamente e tão-somente, os nomes de R. Luxemburgo (1871-1919), V. I. Lênin (1870-1924), N. I. Bukharin (1888-1938), R. Hilferding (1877-1941), E. Varga (1879-1964), O. Lange (1904-1965), M. Dobb (1900-1976), P. A. Baran (1910-1964), P. M. Sweezy (1910-2004), U. Kozo (1897-1977), E. Mandel (1923-1995), I. Mészáros (1930) e F. Chesnais (1934).

Sugestões bibliográficas

O contexto histórico em que se dá a afirmação e a crise da Economia Política clássica é adequadamente reconstruído em dois livros de E. J. Hobsbawm, *A era das revoluções. 1789-1848* e *A era do capital. 1848-1875* (Rio de Janeiro: Paz e Terra, 1988 e 1982). Acerca do *ludismo* e do *cartismo*, tratados sinteticamente por W. Abendroth (*A história social do movimento trabalhista europeu*. Rio de Janeiro: Paz e Terra, 1977), há análises detalhadas em E. P. Thompson (*A formação da classe operária inglesa*. Rio de Janeiro: Paz e Terra, 1987. 3 v.).

O processo revolucionário de 1848 pode ser apreciado na leitura de Fernando Claudín, *Marx, Engels y la revolución del 1848* (México: Siglo XXI, 1975); suas implicações culturais são exploradas no ensaio de Georg Lukács sobre "Marx e o problema da decadência ideológica" (*Marxismo e teoria da literatura*. Rio de Janeiro: Civilização Brasileira, 1968) e no capítulo I do livro de Carlos Nelson Coutinho, *O estruturalismo e a miséria da razão* (Rio de Janeiro: Paz e Terra, 1972).

A discussão sobre a objetividade nas teorias e ciências sociais é bem conduzida por Michael Löwy: *As aventuras de Karl Marx contra o Barão de Münchhausen* (São Paulo: Cortez, 1994). Num registro mais polêmico e contundente, essa discussão encontra-se nas partes I, II e III de *Filosofia, ideologia e ciência social: ensaios de negação e afirmação*, de István Mészáros (São Paulo: Ensaio, 1993).

Para uma aproximação à história da Economia Política, são proveitosas as páginas de Joseph A. Schumpeter, *Teorias econômicas — de Marx a Keynes* (Rio de Janeiro: Zahar, 1970), de Claudio Napoleoni, *Smith, Ricardo e Marx. Considerações sobre a história do pensamento econômico* (Rio de Janeiro: Graal, 1983) e de Francisco J. S. Teixeira, *Trabalho e valor. Contribuição para a crítica da razão econômica* (São Paulo: Cortez, 2004).

Uma erudita análise do jusnaturalismo encontra-se na primeira parte da obra de Norberto Bobbio e Michelangelo Bovero, *Sociedade e Estado na filosofia política moderna* (São Paulo: Brasiliense, 1986); um tratamento didático do liberalismo é oferecido por Andrew Vincent no segundo capítulo de *Ideologias políticas modernas* (Rio de Janeiro: Jorge Zahar,

1995). Quanto à relação Ilustração/Modernidade, vale a consulta ao quarto ensaio do livro de Sérgio Paulo Rouanet, *Mal-estar na modernidade* (São Paulo: Companhia das Letras, 1993).

A problemática da emancipação humana foi classicamente formulada por Marx em *Para a questão judaica* (Lisboa: Avante!, 1997). No que tange ao método de Marx, sua análise rigorosa deve-se a Georg Lukács: *Ontologia do ser social. Os princípios ontológicos fundamentais de Marx* (São Paulo: Ciências Humanas, 1979); aproximações sucintas, referenciadas à Economia Política, encontram-se na abertura da parte I de Paul M. Sweezy, *Teoria do desenvolvimento capitalista* (Rio de Janeiro: Zahar, 1962) e no ensaio de Aloisio Teixeira, "Marx e a economia política: a crítica como conceito", publicado na revista *Econômica* (Niterói: Programa de Pós-Graduação em Economia da Universidade Federal Fluminense, v. II, n. 4, dez. 2000).

Capítulo 1

Trabalho, sociedade e valor

Já vimos, na Introdução, que o objetivo da Economia Política é o estudo das leis sociais que regulam a produção e a distribuição dos meios que permitem a satisfação das necessidades dos homens, historicamente determinadas. Tais meios — que, em seu conjunto, representam a *riqueza social* — asseguram aquela satisfação, sem a qual a sociedade não pode manter-se e reproduzir-se. Assim, pois, o objeto da Economia Política são as relações sociais próprias à *atividade econômica*, que é o processo que envolve a produção e a distribuição dos bens que satisfazem as necessidades individuais ou coletivas dos membros de uma sociedade.

Na base da atividade econômica está o *trabalho* — é ele que torna possível a produção de qualquer bem, criando os *valores* que constituem a riqueza social. Por isso, os economistas políticos sempre concederam ao trabalho uma importância especial em seus estudos.

Entretanto, o trabalho é muito mais que um tema ou um elemento teórico da Economia Política. De fato, trata-se de uma categoria que, além de indispensável para a compreensão da atividade econômica, faz referência ao próprio modo de ser dos homens e da sociedade. Por essa razão, neste capítulo não trataremos o trabalho apenas como pertinente à Economia Política, mas indicaremos sobretudo algumas das determinações que fazem dele uma categoria central para a compreensão do próprio fenômeno humano-social. Só ao final deste capítulo, depois dessas considerações mais abrangentes, é que retomaremos a argumentação mais pertinente à Economia Política.

1.1. Trabalho: transformação da natureza e constituição do ser social

Como observaremos mais adiante, as condições materiais de existência e reprodução da sociedade — vale dizer, a satisfação material das necessidades dos homens e mulheres que constituem a sociedade — obtêm-se numa interação com a natureza: a sociedade, através dos seus membros (homens e mulheres),[1] transforma matérias naturais em produtos que atendem às suas necessidades. Essa transformação é realizada através da atividade a que denominamos *trabalho*.

Sabe-se que atividades que atendem a necessidades de sobrevivência são generalizadas entre espécies animais — pense-se, por exemplo, no ciclo de vida de alguns pássaros, de alguns roedores e de certas colônias de insetos (estas, aliás, podem apresentar complexa organização gregária). Tais atividades, contudo, processam-se no interior de circuitos estritamente naturais: realizam-se no marco de uma herança *determinada geneticamente* (o joão-de-barro nasce "programado" para construir sua casa, as abelhas nascem "programadas" para construir colmeias e recolher pólen etc.), numa *relação imediata* entre o animal e o seu meio ambiente (os animais atuam diretamente sobre a matéria natural) e satisfazem, sob formas em geral fixas, necessidades *biologicamente estabelecidas* (necessidades praticamente invariáveis).

O que chamamos *trabalho* é algo substantivamente diverso dessas atividades. Na medida em que foi se estruturando e desenvolvendo ao longo de um larguíssimo decurso temporal, o trabalho *rompeu* com o padrão *natural* daquelas atividades:

- em primeiro lugar, porque *o trabalho não se opera com uma atuação imediata sobre a matéria natural*; diferentemente, ele exige *instrumentos* que, no seu desenvolvimento, vão cada vez mais se interpondo entre aqueles que o executam e a matéria;

---

1. Ao longo deste livro, a partir de agora, quando nos referimos apenas a *homem/homens* para não repetir *homem e mulher/homens e mulheres*, estamos remetendo aos membros do *gênero humano*, constituído necessária e concretamente por homens e mulheres.

- em segundo lugar, porque *o trabalho não se realiza cumprindo determinações genéticas*; bem ao contrário, passa a exigir *habilidades e conhecimentos* que se adquirem inicialmente por repetição e experimentação e que se transmitem mediante *aprendizado*;

- em terceiro lugar, porque *o trabalho não atende a um elenco limitado e praticamente invariável de necessidades*, nem as satisfaz sob *formas fixas*; se é verdade que há um conjunto de necessidades que sempre deve ser atendido (alimentação, proteção contra intempéries, reprodução biológica etc.), as *formas* desse atendimento variam muitíssimo e, sobretudo, implicam o desenvolvimento, quase sem limites, de *novas necessidades.*

Essas características do trabalho *não* são próprias das atividades determinadas pela natureza; elas configuram, em relação à vida natural, um *tipo novo de atividade*, exclusivo de uma espécie animal, só por ela praticado — espécie que, precisamente por essa prática, *diferencia-se e distancia-se da natureza*. Essa atividade, quando inteiramente desenvolvida, é o trabalho. Antes de prosseguir com a nossa argumentação, é preciso aprofundar as anotações anteriores, que permitem distinguir o trabalho de qualquer outra atividade *natural*. Para fazê-lo, vale a pena tomar como referência algumas reflexões de Marx:

> [...] O trabalho é um processo entre o homem e a natureza, um processo em que o homem, por sua própria ação, media, regula e controla seu metabolismo com a natureza. [...] Não se trata aqui das primeiras formas instintivas, animais, de trabalho. [...] Pressupomos o trabalho numa forma em que pertence exclusivamente ao homem. Uma aranha executa operações semelhantes às do tecelão e a abelha envergonha mais de um arquiteto humano com a construção dos favos de suas colmeias. Mas o que distingue, de antemão, o pior arquiteto da melhor abelha é que ele construiu o favo em sua cabeça, antes de construí-lo em cera. No fim do processo de trabalho obtém-se um resultado que já no início deste existiu na imaginação do trabalhador, e portanto idealmente. Ele não apenas efetua uma transformação da forma da matéria natural; realiza, ao mesmo tempo, na matéria natural, o seu objetivo. [...] Os elementos simples do processo de trabalho são a atividade orientada a um fim ou o trabalho mesmo, seu objeto e seus meios. [...] O processo de trabalho [...] é a atividade orientada a um fim para produzir valores de uso, apropriação do natural para satisfazer a necessidades humanas, condição universal

do metabolismo entre o homem e a natureza, condição natural eterna da vida humana e, portanto, [...] comum a todas as suas formas sociais (Marx, 1983, p. 149-150, 153).

À diferença das atividades naturais, o trabalho se especifica por uma *relação mediada* entre o seu sujeito (aqueles que o executam, homens em sociedade) e o seu objeto (as várias formas da natureza, orgânica e inorgânica). Seja um machado de pedra lascada ou uma perfuradora de poços de petróleo com comando eletrônico, entre o sujeito e a matéria natural há sempre um meio de trabalho, um *instrumento* (ou um conjunto de instrumentos) que torna *mediada* a relação entre ambos. E a natureza não cria instrumentos: estes são produtos, mais ou menos elaborados, do próprio sujeito que trabalha. A criação de instrumentos de trabalho, mesmo nos níveis mais elementares da história, coloca para o sujeito do trabalho o *problema dos meios e dos fins* (finalidades) e, com ele, o *problema das escolhas*: se um machado mais longo ou mais curto é ou não adequado (*útil, bom*) ao fim a que se destina (a caça, a autodefesa etc.).

Esses dois problemas, postos pelo trabalho, determinam, para a sua efetivação, componentes muito especiais. De uma parte, o *fim* (a finalidade) é como que *antecipado* nas representações do sujeito: idealmente (mentalmente, no seu cérebro), *antes* de efetivar a atividade do trabalho, o sujeito *prefigura* o resultado da sua ação. Não é importante saber em que medida o fim a ser alcançado corresponderá mais ou menos à idealização (prefiguração) do sujeito; importante é destacar que sua atividade parte de uma finalidade que é antecipada idealmente, é sublinhar que sua atividade tem como ponto de partida uma intencionalidade prévia — mais exatamente, é importante ressaltar que o trabalho é uma atividade projetada, *teleologicamente direcionada*, ou seja: conduzida a partir do fim proposto pelo sujeito. Entretanto, se essa prefiguração (ou, no dizer de Lukács, essa *prévia ideação*) é indispensável à efetivação do trabalho, ela em absoluto o realiza: *a realização do trabalho só se dá quando essa prefiguração ideal se* **objetiva**, *isto é, quando a matéria natural, pela* **ação material** *do sujeito, é* **transformada**. O trabalho implica, pois, um movimento indissociável em dois planos: num plano *subjetivo* (pois a prefiguração se processa no âmbito do sujeito) e num plano *objetivo* (que resulta na transformação material da natureza); assim, a realização do trabalho constitui uma **objetivação** do sujeito que o efetua.

De outra parte, tanto o fim quanto os meios do trabalho põem ao sujeito exigências e impõem a ele condições que vão além das determinações naturais. Em primeiro lugar, o sujeito deve fazer *escolhas* entre alternativas concretas; tais escolhas não se devem a pulsões naturais, mas a *avaliações* que envolvem elementos (*útil, inútil, bom, mau* etc.) pertinentes à obtenção dos resultados do trabalho. Em segundo lugar, as objetivações em que se realiza o trabalho (seus produtos), tendo por matéria a natureza, enquanto efetividades, *não se identificam com o sujeito*: elas e o sujeito têm existência autônoma (o machado de pedra passa a ter uma existência independente do seu criador, o refúgio construído existe independentemente do seu construtor) — é assim, pois, que, no trabalho, surge primariamente a distinção e a relação *entre sujeito* (aquele que realiza a ação) e *objeto* (a matéria, o instrumento e/ou o produto do trabalho). Em terceiro lugar, a questão dos meios e dos fins do trabalho põe duas ordens de exigências interligadas, sem a solução das quais o trabalho é inviável: o *conhecimento* sobre a natureza e a *coordenação múltipla* necessária ao sujeito.

Tanto a feitura de instrumentos quanto a de produtos (da produção de um machado até a confecção de um instrumento mais complexo, da construção de um abrigo de pedra ao erguimento de um arranha-céu) exige que o sujeito *conheça* as propriedades da natureza. Não basta prefigurar idealmente o fim da atividade para que o sujeito realize o trabalho; é preciso que ele reproduza, também idealmente, as *condições objetivas* em que atua (a dureza da pedra etc.) e possa *transmitir a outrem* essas representações. Estas, a pouco e pouco, tendem a se desprender da experiência empírica imediata — tendem a recobrir outras situações, projetadas para outros lugares e tempos; ou seja: a partir das experiências imediatas do trabalho, o sujeito se vê impulsado e estimulado a generalizar e a *universalizar* os saberes que detém. Ora, tudo isso requer um sistema de **comunicação** que não deriva de códigos genéticos, uma vez que se relaciona a fenômenos que não se configuram como processos naturais, mas a fenômenos surgidos no âmbito do ser que trabalha — por isso, o trabalho requer e propicia a constituição de um tipo de linguagem (a **linguagem articulada**) que, além de *aprendida*, é condição para o aprendizado. Através da linguagem articulada, o sujeito do trabalho expressa as suas representações sobre o mundo que o cerca.

Contudo, aqui, a comunicação é tanto mais necessária se se leva em conta que o trabalho jamais é um processo capaz de surgir, de se desenvolver ou, ainda, de se realizar, em qualquer tempo, como atividade isolada de um ou outro membro da espécie humana. **O trabalho é, sempre, atividade coletiva**: seu sujeito nunca é um sujeito isolado, mas sempre se insere num conjunto (maior ou menor, mais ou menos estruturado) de outros sujeitos. Essa inserção exige não só a coletivização de conhecimentos, mas sobretudo implica convencer ou obrigar outros à realização de atividades, organizar e distribuir tarefas, estabelecer ritmos e cadências etc. — e tudo isso, além de somente ser possível com a comunicação propiciada pela linguagem articulada, não está regido ou determinado por regularidades biológicas; consequentemente, o caráter coletivo do trabalho não se deve a um *gregarismo* que tenha raízes naturais, mas, antes, expressa um tipo específico de vinculação entre membros de uma espécie que já não obedece a puros determinismos orgânico-naturais. Esse caráter coletivo da atividade do trabalho é, substantivamente, aquilo que se denominará de **social**.

Como se pode observar, portanto, o trabalho não transforma apenas a matéria natural, pela ação dos seus sujeitos, numa interação que pode ser caracterizada como o *metabolismo entre sociedade e natureza*. O trabalho implica mais que a *relação* sociedade/natureza: implica uma *interação no marco da própria sociedade*, afetando os seus sujeitos e a sua organização. O trabalho, através do qual o sujeito transforma a natureza (e, na medida em que é uma transformação que se realiza *materialmente*, trata-se de uma transformação **prática**), transforma também o seu sujeito: foi através do trabalho que, de grupos de primatas, surgiram os primeiros grupos humanos — numa espécie de *salto* que fez emergir um novo tipo de ser, distinto do ser natural (orgânico e inorgânico): o **ser social**.

Nossa argumentação chega, agora, a um momento extremamente importante: estamos afirmando que o trabalho, tal como o viemos caracterizando até aqui, só deve ser pensado como a atividade exercida exclusivamente por homens, membros de uma sociedade, atividade através da qual — transformando formas naturais em produtos que satisfazem necessidades — se cria a riqueza social; estamos afirmando mais: que o trabalho não é apenas uma atividade específica de homens em sociedade, mas é, também e ainda, o processo histórico pelo qual surgiu o ser desses homens, o **ser social**. Em poucas palavras, *estamos afirmando que foi através do trabalho que a humanidade se constituiu como tal*. É preciso que nos detenhamos, mesmo que brevemente, nessa questão essencial.

1.2. Trabalho, natureza e ser social

A sociedade não pode existir sem a natureza — afinal, é a natureza, transformada pelo trabalho, que propicia as condições da manutenção da vida dos membros da sociedade. *Toda e qualquer sociedade humana tem sua existência hipotecada à existência da natureza* — o que varia historicamente é a *modalidade da relação* da sociedade com a natureza: variam, ao longo da história, os *tipos* de transformação que, através do trabalho, a sociedade opera nos elementos naturais para deles se servir, bem como os *meios* empregados nessa transformação. Vale dizer: modificam-se, ao longo da história da humanidade, as formas de produção material da vida social e, por conseguinte, as condições materiais de existência nas quais vivem os homens. Mas é *invariável* o fato de que a reprodução da sociedade depende da existência da natureza (a natureza, porém, pode existir e subsistir sem a sociedade).

Por *natureza* entendemos o conjunto dos seres que conhecemos no nosso universo, seres que precederam o surgimento dos primeiros grupos humanos e continuaram a existir e a se desenvolver depois desse surgimento. Ela se compõe de seres que podem ser agrupados em dois grandes níveis: aqueles que não dispõem da propriedade de se reproduzir (a natureza *inorgânica*) e aqueles que possuem essa propriedade, os seres vivos, vegetais e animais (a natureza *orgânica*). A distinção entre os níveis inorgânico e orgânico, contudo, não significa a existência de uma "dupla natureza" — de fato, a natureza é uma *unidade*, articulando seus diferentes níveis numa *totalidade complexa*.

Não há estudos científicos conclusivos que expliquem suficientemente como se deu a diversificação entre os níveis inorgânico e orgânico; sabe-se, apenas, que o surgimento da *vida*, ligado a complexos processos físico-químicos, foi produto de um longo caminho evolutivo, ao cabo do qual, sobre a base da matéria inorgânica, emergiu um **novo tipo de ser**, dotado da capacidade de se reproduzir: o *ser vivo, orgânico*. Esse surgimento configurou uma espécie de *salto qualitativo* na dinâmica da matéria inorgânica (até então, a única forma de existência da natureza), uma vez que a *passagem do inorgânico ao orgânico* fez aparecer na natureza um tipo de ser com uma estrutura de *complexidade diferente e maior*, cujas características não podem ser deduzidas das características da matéria inorgânica. As condições que propiciaram aquele *salto*, que inscreveu a *vida* no universo que conhecemos, ainda permanecem como objeto de pesquisa (e de polêmica) entre os especialistas e mesmo as hipóteses mais ousadas propostas pela ciência contemporânea carecem de plena comprovação e consensualidade.

As formas elementares desse novo ser vivo, capazes de se manter e reproduzir apenas no quadro de mútuas interações e de interações com a natureza inorgânica, também mediante processos evolutivos complicados e muitíssimo largos em termos temporais, diferenciaram-se enormemente e se desenvolveram a ponto de constituir organismos animais bastante complexos, verdadeiramente superiores na escala natural — os mamíferos *primatas*. As indicações científicas disponíveis mais seguras permitem afirmar que foi dos primatas, *através de outro salto qualitativo*, sobre o qual carecemos de conhecimentos detalhados (embora existam várias hipóteses), que surgiu a **espécie humana**.

Trata-se, mesmo, de um outro *salto* — o surgimento da espécie humana não configura uma necessidade da evolução biológica nem o desdobramento de uma programação genética: foi uma autêntica ruptura nos mecanismos e regularidades naturais, uma passagem casual como a da natureza inorgânica à orgânica e foi precedida, certamente, de modificações ocorrentes numa escala temporal de largo curso. A espécie humana desenvolve-se como um outro **novo tipo de ser**, até então inexistente, e cujas peculiaridades não se devem à herança biológica nem a condições geneticamente predeterminadas: um modo de ser radicalmente inédito, o **ser social**, dotado de uma complexidade de novo tipo e exponencialmente maior que a verificável na natureza (inorgânica e orgânica).

Na base desse *salto* está um fenômeno desconhecido no mundo natural: está uma atividade que grupos de primatas começaram a exercitar e que responde pelo desenvolvimento que os distinguiria e destacaria de todas as outras formas vivas. Uma atividade que se inscrevia no conjunto de esforços que os grupos tinham de efetivar para sobreviver — esforços voltados para extrair da natureza os meios de manter e reproduzir a sua vida, voltados para atender às necessidades elementares de manutenção e reprodução física dos grupos e seus membros. Essa atividade desencadeou *transformações substantivas* em tais grupos e seus membros: o seu exercício determinou o surgimento de relações e desdobramentos inexistentes na natureza. Essa atividade, num grau de desenvolvimento que certamente demandou um dilatadíssimo lapso de tempo,[2] adquiriu características especiais, configu-rando o que já denominamos *trabalho*. Noutras palavras: foi através do tra-balho — tal como o sinalizamos nas páginas precedentes — que grupos de primatas se transformaram em grupos humanos, *foi através do trabalho que a humanidade se constituiu como tal*. Ou, se se quiser: *o trabalho é fundante do ser social*, precisamente porque é de ser social que falamos quando falamos de humanidade (sociedade).

A sociedade não é simplesmente o agregado dos homens e mulheres que a constituem, não é um somatório deles, nem algo que paira acima deles; por outro lado, os membros da sociedade não são átomos, nem mônadas, que reproduziriam a sociedade em miniatura. Não se pode separar a socie-dade dos seus membros: *não há sociedade sem que estejam em interação os seus membros singulares, assim como não há seres sociais singulares (homens e mulheres) isolados, fora do sistema de relações que é a sociedade*. O que chamamos socieda-de são os modos de existir do ser social; é na sociedade e nos membros que a compõem que o ser social existe: *a sociedade, e seus membros, constitui o ser social e dele se constitui*.

O surgimento do ser social foi o resultado de um processo mensurável numa escala de milhares de anos. Através dele, uma espécie natural, sem deixar de participar da natureza, transformou-se, através do trabalho, em algo *diverso* da natureza — mas essa transformação deveu-se à sua própria atividade, o *trabalho*: foi mediante o trabalho que os membros dessa espécie se tornaram seres que, a partir de uma base natural (seu corpo, suas pulsões, seu metabolismo etc.), desenvolveram características e traços que os distin-guem da natureza. Trata-se do processo no qual, mediante o trabalho, os homens produziram-se a si mesmos (isto é, se *autoproduziram* como resulta-do de sua própria atividade), tornando-se — para além de seres naturais — seres sociais. Numa palavra, este é o processo da **história**: o processo pelo

---

2. Em todo este capítulo, menciona-se que os processos aqui relacionados implicaram longos períodos de tempo. Com efeito, pesquisas arqueológicas e antropológicas indicam que a primeira forma hominídea (*Australopithecus anamensis*) surgiu sobre a Terra há cerca de 4 milhões de anos e que a evolução que levou ao aparecimento da forma hominídea de que descendemos (*Homo sapiens sapiens*) culminou há cerca de cem mil anos. Até à invenção da escrita, o aparecimento do homem configura a chamada "Pré-história", que geralmente se divide em três períodos: o *paleolítico* ("idade da pedra lascada"), que se estendeu por mais de 2,5 milhões de anos; o *neolítico* ("idade da pedra polida"), ini-ciado há mais de 20 mil anos (a transição do paleolítico ao neolítico designa-se por *mesolítico*) e a *idade dos metais*, que começou por volta de 6.000 a.C.

qual, sem perder sua base orgânico-natural, uma espécie da natureza constituiu-se como espécie **humana** — assim, a história aparece como a história do desenvolvimento do ser social, como processo de **humanização**, como processo da produção da humanidade através da sua autoatividade; o desenvolvimento histórico é o desenvolvimento do ser social.

Esse desenvolvimento supõe as estruturas naturais, supõe a *naturalidade* do homem (seu corpo etc.). O desenvolvimento do ser social não a suprime — o homem terá, sempre, uma naturalidade que indica a sua condição originária de ser da natureza. Constituindo-se a partir dela, o desenvolvimento do ser social faz com que ela perca, cada vez mais, a força de determinar o comportamento humano: o que é próprio do desenvolvimento do ser social consiste, sem eliminar a naturalidade do homem, em *reduzir* o seu peso e a sua gravitação na vida humana — quanto mais o homem se humaniza, quanto mais se torna ser social, tanto menos o ser natural é determinante em sua vida. Dois exemplos podem ilustrar o que estamos afirmando.

O primeiro diz respeito à *fome*. A fome é a sinalização natural de que o organismo necessita de insumos (calóricos, protéicos) para a continuidade do seu funcionamento. Sob esse aspecto, a fome de um homem não se distingue da fome de um cão. Entretanto, a satisfação da fome *humana* é radicalmente distinta da satisfação da fome animal (natural): implica procedimentos de transformação do insumo (o alimento), implica valores e rituais. Um cão faminto recolherá seu alimento onde e sob a forma em que o encontrar; o comportamento do leitor deste livro, quando estiver com fome, será inteiramente diverso — certamente só a satisfará sob condições muito precisas, historicamente determinadas (alimento preparado, garantia de higiene, padrões de gosto e prazer etc.). Sem a satisfação da fome, ou seja: da necessidade *natural* de se alimentar, os homens e os animais não podem viver — mas o atendimento dessa necessidade, entre os homens, é rigorosamente *social*.

Um segundo exemplo pode ser referenciado à reprodução biológica. Nos homens e nos animais, ela está vinculada a pulsões que se diriam *instintivas*, pulsões sem as quais a reprodução seria impensável — há a necessidade de dar curso a essas pulsões, tanto nos animais quanto nos homens. Entre os animais, existindo as condições de fertilidade da fêmea, a sua cobertura pelo macho realiza-se como um dado imediato, mesmo que precedido, no caso de algumas espécies, de rodeios comandados por mecanismos reiterativos de seleção biológica. Entre os homens, as pulsões são largamente mediatizadas por escolhas, valores, normas e rituais — a pulsão natural é metamorfoseada por componentes que articulam um tipo de relação sexual que está muito distanciada do comando biológico: o leitor deste livro certamente exercita a sua pulsão sexual no marco de exigências que, muito para além da diferenciação biológica macho/fêmea, envolvem respeito para com o parceiro, jogos eróticos, comunicação, expressividade, confiança etc. Sem a pulsão biológica, sem o chamado "instinto sexual" *natural*, os homens não se reproduziriam; mas a modalidade de vazão desse "instinto" nada tem de natural, é substantivamente *social*.[3]

Retornemos à nossa argumentação: o desenvolvimento do ser social — ou a história mesma — pode ser descrito como o *processo de humanização* dos homens, processo através do qual as determinações naturais, sem deixar de existir, jogam um papel cada vez menos relevante na vida humana. O desenvolvimento do ser social significa, pois, que, embora se mantenham as determinações naturais, elas são progressivamente *afastadas, empurradas para trás, sofrendo um recuo*. As barreiras (ou limites) naturais em meio às quais se move a sociedade e a própria naturalidade dos homens são insuprimíveis, mas as suas implicações para a vida humana *decrescem* à medida que, pelo trabalho, os homens transformam a natureza e se transformam a si mesmos. O homem, portanto, é natureza **historicamente transformada** — mas o que é propriamente *humano* reside nessa transformação (*auto*transformação, já que propiciada pelo trabalho realizado pelos homens), que situa o homem *para além da natureza* e o caracteriza como ser social.

O processo de constituição do ser social tem seu ponto de arranque nas peculiaridades e exigências colocadas pelo trabalho; a partir dessas exigências (que já assinalamos no item 1.1.: a atividade teleologicamente orientada, a

---

3. Pode-se argumentar contrariamente a esses exemplos, recorrendo-se a situações nas quais homens satisfazem sua fome ou sua pulsão sexual quase sem mediações sociais (situações que podem muito bem encontrar-se *fora* de um quadro excepcional, como as guerras etc.); pense-se, à guisa de ilustração, nos segmentos da população urbana extremamente pauperizada que busca alimentos nos *lixões* ou na forte incidência de violações sexuais (de que mulheres e crianças são as vítimas preferenciais). Mas, nesses casos, o que se tem são expressões de *regressão da sociabilidade* que, como o comprova a vida nas sociedades capitalistas contemporâneas, podem muito bem coexistir com altos níveis de desenvolvimento do ser social — nessas sociedades, a barbarização da vida social se afere exatamente pela escala em que necessidades *humanas*, sociais, são de tal modo degradadas que sua satisfação retrocede ao nível do natural, *animal*.

tendência à universalização e a linguagem articulada), os sujeitos do trabalho experimentam um multimilenar processo que acaba por distingui-los da natureza: o processo de *humanização*. Aquelas exigências vão se tornando mais complexas e se tornam também mais complexas as objetivações daqueles sujeitos e suas interações com os outros sujeitos. Essa crescente complexidade requer e oferece, simultaneamente, condições para um desenvolvimento específico desses sujeitos, desenvolvimento que, pouco a pouco, configura a estrutura do ser social.

Quanto mais se desenvolve o ser social, tanto mais diversificadas são as suas objetivações. Assim, no seu desenvolvimento, ele produz objetivações que, embora relacionadas ao processo do trabalho, dele se afastam progressivamente — objetivações crescentemente *ideais* (isto é, no mundo das ideias), de que são exemplo as formas iniciais do *pensamento mágico*, nas quais estão contidos os vetores que, após uma evolução multimilenar, apresentar-se-ão diferenciados nas expressões do pensamento religioso, da reflexão científica e filosófica e da arte.

A referência à magia é importante, porque mostra o processo de humanização em sua dinâmica básica: de uma parte, a vinculação com o trabalho e, de outra, a sua autonomização em face dele. O ritual mágico e as suas representações (pense-se nas pinturas rupestres) conectavam-se às atividades que os grupos sociais deveriam realizar para assegurar sua reprodução físico-material, especialmente a caça; neles se combinavam, sincreticamente, os objetivos a serem alcançados (o animal a ser morto), os conhecimentos acumulados (a figura do animal, os instrumentos para atingi-lo), a convocação e a organização necessárias à ação coletiva (a participação no ritual) e a invocação de forças favoráveis à caça (o apelo ao sobrenatural, tanto maior quanto menos os homens conheciam o meio ambiente e suas próprias capacidades). É no curso do desenvolvimento histórico que a autonomização da magia em face do trabalho vai se realizar, engendrando objetivações cada vez mais diferenciadas entre si e elas mesmas regidas por dinâmicas próprias: a partir da magia, ao cabo de milhares de anos, pensamento religioso, ciência, filosofia e arte tornaram-se objetivações autonomizadas do processo de trabalho, constituindo expressões do ser social desenvolvido.

O avanço do processo de humanização pode ser compreendido, pois, como a diferenciação e a complexificação das objetivações do ser social. O trabalho aparece como *a objetivação primária e ineliminável do ser social*, a partir da qual surgem, através de mediações cada vez mais complexas, as necessidades e as possibilidades de novas objetivações. O trabalho, porém, permanece como a objetivação primária do ser social num sentido amplo: as outras formas de objetivação, que se estruturam no processo de humanização, supõem os traços fundamentais que estão vinculados ao trabalho (vamos repeti-los: a atividade teleologicamente orientada, a tendência à universalização e a linguagem articulada) e só podem existir na medida em que os supõem; somente com eles tornam-se possíveis o pensamento religioso, a ciência, a filosofia e a arte.

É assim, ao cabo de um longuíssimo decurso histórico, que aqueles traços, metamorfoseados pelo enriquecimento e pela intensificação que lhes proporcionam as novas objetivações, configuram a estrutura do ser social. Desenvolvido e articulado como o conhecemos hoje, o ser social constitui-se como um ser que, dentre todos os tipos de ser, se particulariza porque é capaz de:

1. realizar atividades teleologicamente orientadas;
2. objetivar-se material e idealmente;
3. comunicar-se e expressar-se pela linguagem articulada;
4. tratar suas atividades e a si mesmo de modo reflexivo, consciente e autoconsciente;
5. escolher entre alternativas concretas;
6. universalizar-se; e
7. sociabilizar-se.

O ser social é a síntese dessas determinações estruturais. Só ele é capaz de agir teleologicamente, só ele se propõe finalidades e antecipa metas — em suma, só ele dispõe da capacidade de *projetar*. Só ele cria produtos e artefatos, representações e símbolos que ganham objetividade na medida em que concretizam projetos e, assim, têm uma existência que transcende a(s) existência(s) singular(es) do(s) seu(s) criador(es). Todas essas atividades só são possíveis com o concurso da *linguagem articulada*, que comunica e expressa conhecimentos e relações obtidas mediante a reflexão e a autor-reflexão operadas pelo pensamento e constitutivas da consciência; a linguagem articulada tanto exterioriza o pensamento quanto o viabiliza — pela *consciência*, o ser social toma a sua atividade e se toma a si mesmo como objeto de reflexão; através dela, o ser social conhece a natureza e se conhece a si mesmo. Na sua ação e na sua atuação, o ser social sempre encontra alternativas e sempre pode escolher — e a escolha entre alternativas concretas configura o exercício da *liberdade*: ser livre é poder escolher entre elas; o ser social é um ser capaz de liberdade. Pensar, conhecer, projetar, objetivar-se, escolher — tudo isso supõe a capacidade de se desprender do dado imediato, das singularidades dos fenômenos: supõe a capacidade de *universalizar*. E, enfim, para reproduzir-se como tal, ampliar-se e enriquecer-se — o que não pode fazer através de mecanismos meramente genéticos ou biológicos —, o ser social dispõe da capacidade de *sociabilização*, isto é, ele é passível de apropriação e desenvolvimento por parte dos membros da sociedade no interior da própria sociedade, através, fundamentalmente, dos processos de interação social, especialmente os educativos (formais e informais).

O ser social, assim estruturado e caracterizado, não tem nenhuma similaridade com o ser natural (inorgânico e/ou orgânico); ele só pode ser identificado como o *ser do homem*, que só existe como homem em sociedade. E, assim compreendido, o ser social se revela não como uma forma eterna e atemporal, a-histórica, mas como uma estrutura que resulta da autoatividade dos homens e permanece aberta a novas possibilidades — é uma estrutura histórica inconclusa, apta a reconfigurar-se e a enriquecer-se no curso da história presente e futura. Erguendo-se a partir do ponto de diferenciação com a natureza assinalado pelo surgimento do trabalho, o ser social constituiu-se na história pela ação dos homens e constituiu historicamente o ser dos homens — e só se pode pensar num ponto terminal de seu desenvolvimento se se pensar numa paragem terminal da história, hipótese que contraria todos os conhecimentos científicos e teóricos disponíveis.[4]

Cabe, enfim, sublinhar que essa caracterização do ser social só se tornou possível quando ele pôde ser apreendido em seu mais alto nível de desenvolvimento. Sabemos que seu aparecimento deveu-se ao surgimento do trabalho, que sua evolução marcou-se pela sua diferenciação e complexificação. Nunca será demais repetir que o chamado *fenômeno humano* é produto

---

4. Estamos nos referindo ao caráter *infinito* do desenvolvimento histórico. Outra questão é a da própria existência da sociedade, da natureza, enfim do universo na forma em que os conhecemos hoje — não há nenhuma garantia da existência infinita dessas realidades. Da mesma forma que a vida surgiu casualmente no universo que conhecemos, ela pode perfeitamente desaparecer.

de um processo histórico de larguíssimo curso e que a visibilidade do ser social, como inteiramente diverso do ser natural, é relativamente recente; cumpre mesmo afirmar que tal visibilidade só se tornou possível há pouco mais de dois séculos e meio, quando o modo de produção capitalista se consolidou como dominante no Ocidente e operou a constituição do mercado mundial, que permitiu o contato entre praticamente todos os grupos humanos.

1.3. Práxis, ser social e subjetividade

O trabalho é constitutivo do ser social, mas o ser social não se reduz ou esgota no trabalho. Quanto mais se desenvolve o ser social, mais as suas objetivações transcendem o espaço ligado *diretamente* ao trabalho. No ser social desenvolvido, verificamos a existência de *esferas de objetivação* que se autonomizaram das exigências imediatas do trabalho — a ciência, a filosofia, a arte etc.

O desenvolvimento do ser social implica o surgimento de uma racionalidade, de uma sensibilidade e de uma atividade que, sobre a base necessária do trabalho, criam objetivações próprias. No ser social desenvolvido, o trabalho é *uma* das suas objetivações — e, como já assinalamos, quanto mais rico o ser social, tanto mais diversificadas e complexas são as suas objetivações. O trabalho, porém, não só permanece como a objetivação fundante e necessária do ser social — permanece, ainda, como o que se poderia chamar de *modelo* das objetivações do ser social, uma vez que todas elas supõem as características constitutivas do trabalho (a atividade teleologicamente orientada, a tendência à universalização e a linguagem articulada).

Para denotar que o ser social é mais que trabalho, para assinalar que ele cria objetivações que transcendem o universo do trabalho, existe uma categoria teórica mais abrangente: a categoria de **práxis**. A práxis envolve o trabalho, que, na verdade, é o seu modelo — mas inclui muito mais que ele: inclui todas as objetivações humanas. Por isso mesmo, no trato dessas objetivações, dois pontos devem ser salientados:

- deve-se distinguir entre formas de práxis voltadas *para o controle e a exploração da natureza* e formas voltadas *para influir no comporta-*

mento e na ação dos homens. No primeiro caso, que é o do trabalho, o homem é o sujeito e a natureza é o objeto; no segundo caso, trata-se de relações de sujeito a sujeito, daquelas formas de práxis em que o homem atua sobre si mesmo (como na práxis educativa e na práxis política);

- os produtos e obras resultantes da práxis podem objetivar-se *materialmente e/ou idealmente*: no caso do trabalho, sua objetivação é necessariamente algo material; mas há objetivações (por exemplo, os valores éticos) que se realizam sem operar transformações numa estrutura material qualquer.

A categoria de práxis permite apreender a riqueza do ser social desenvolvido: verifica-se, na e pela práxis, como, para além das suas objetivações primárias, constituídas pelo trabalho, o ser social se projeta e se realiza nas objetivações materiais e ideais da ciência, da filosofia, da arte, construindo um mundo de produtos, obras e valores — um *mundo social, humano* enfim, em que a *espécie humana* se converte inteiramente em **gênero humano**. Na sua amplitude, a categoria de práxis revela o homem como ser *criativo* e *autoprodutivo*: ser da práxis, o homem é produto e criação da sua autoatividade, ele é o que (se) fez e (se) faz.

Mas da práxis não resultam somente produtos, obras e valores que permitem aos homens se reconhecerem como autoprodutores e criativos. Conforme as condições histórico-sociais em que se realiza (vale dizer: conforme as estruturas sociais em que se insere a atividade dos homens), a práxis pode produzir objetivações que se apresentam aos homens não como obras suas, como sua criação, mas, ao contrário, como algo em que eles não se reconhecem, como algo que lhes é estranho e opressivo. Em determinadas condições histórico-sociais, os produtos do trabalho e da imaginação humanos deixam de se mostrar como objetivações que expressam a humanidade dos homens — aparecem mesmo como algo que, escapando ao seu controle, passa a controlá-los como um poder que lhes é superior. Nessas condições, as objetivações, ao invés de se revelarem aos homens como a expressão de suas forças sociais vitais, impõem-se a eles como exteriores e transcendentes. Numa palavra: *entre os homens e suas obras, a relação real, que é a relação entre criador e criatura, aparece invertida — a criatura passa a dominar o criador.*

Essa inversão caracteriza o fenômeno histórico da **alienação**. E se trata mesmo de um fenômeno histórico porque, embora se configurando como um fato de grande perdurabilidade, verdadeiramente trans-histórico, as condições sociais em que ele se processa não são eternas nem naturais — são condições que podem ser superadas no curso do desenvolvimento histórico. Basicamente, a alienação é própria de sociedades onde têm vigência a *divisão social do trabalho* e a *propriedade privada dos meios de produção fundamentais*,[5] sociedades nas quais o produto da atividade do trabalhador não lhe pertence, nas quais o trabalhador é *expropriado* — quer dizer, sociedades nas quais existem formas determinadas de *exploração do homem pelo homem*.

Com seus fundamentos na organização econômico-social da sociedade, na exploração, a alienação penetra o conjunto das relações sociais. Manifestando-se primariamente nas relações de trabalho (entre o trabalhador, seus instrumentos de trabalho e seus produtos), a alienação marca as expressões materiais e ideais de toda a sociedade — esta e seus membros movem-se numa *cultura alienada* que envolve a todos e a tudo: as objetivações humanas, alienadas, deixam de promover a humanização do homem e passam a estimular regressões do ser social.

Essa referência à alienação e suas bases efetivas (a divisão social do trabalho e a propriedade privada dos meios de produção fundamentais) é necessária para que se possa compreender que o processo de humanização, iniciado com a atividade do trabalho, não é algo linear e unívoco.

Páginas atrás, afirmamos que o ser social é o constitutivo da sociedade e de seus membros, que a sociedade e os homens são os modos de ser do ser social. Agora, cabe notar que nenhum homem, tomado singularmente, expressa o conjunto de possibilidades do ser social.

Em cada estágio do seu desenvolvimento, o ser social é o conjunto de atributos e das possibilidades da sociedade, e esta é a totalidade das relações nas quais os homens estão em interação. Assim, em cada estágio do seu desenvolvimento, o ser social condensa o máximo de humanização construído pela ação e pela interação dos homens, concretizando-se em produtos e obras, valores e normas, padrões e projetos sociais. Compreende-se, pois, que o ser

---

5. O esclarecimento dessas duas categorias teóricas encontra-se, adiante, no Capítulo 2, item 2.2.

social seja patrimônio comum de toda a humanidade, de todos os homens, não residindo em nenhum deles e, simultaneamente, existindo na totalidade de objetivações de que todos podem participar.

O ser social plasma o *gênero humano* (ou a *genericidade humana*), do qual todos os membros da sociedade podem partilhar enquanto seres singulares, como portadores e (re)criadores: portadores porque, por intermédio dos mecanismos de sociabilização (interação social, educação e autoeducação), incorporam as objetivações já realizadas; (re)criadores porque, através de suas próprias objetivações, atualizam e renovam o ser social. Quanto mais os homens, em sua singularidade, incorporam as objetivações do ser social, mais se humanizam, mais desenvolvem em si o peso da sociabilidade em detrimento das "barreiras naturais".

À medida que o ser social se desenvolve — ou seja: à medida que a sociedade mais se diferencia da natureza e se enriquece com novas obje-tivações —, mais complexa se torna a relação entre os homens tomados singularmente e a genericidade humana. Para compreender essa crescen-te complexidade, devemos levar em conta pelo menos duas ordens de razões.

Em primeiro lugar, há que considerar o próprio enriquecimento do ser social. Quanto mais as suas objetivações se diversificam e se tornam mais densas, a sua incorporação pelos homens singulares requer mais empenho, mais esforços e mais tempo. Ou seja: quanto mais rica em suas objetivações é uma sociedade, maiores são as exigências para a sociabilização dos seus membros.

Em segundo lugar, dado que o desenvolvimento histórico se efetivou até hoje especialmente em sociedades marcadas pela alienação (isto é, em sociedades fundadas na divisão social do trabalho e na propriedade priva-da dos meios de produção fundamentais, com a exploração do homem pelo homem), a possibilidade de incorporar as objetivações do ser social sempre foi posta *desigualmente* para os homens singulares. Ou seja: até hoje, o de-senvolvimento do ser social jamais se expressou como o igual desenvolvi-mento da humanização de *todos* os *homens*; ao contrário: até nossos dias, o preço do desenvolvimento do ser social tem sido uma *humanização extre-mamente desigual* — ou, dito de outra maneira: até hoje, o processo de *hu-manização* tem custado o sacrifício da maioria dos homens. Somente numa sociedade que supere a divisão social do trabalho e a propriedade privada dos meios de produção fundamentais pode-se pensar que todas as possibilidades do desenvolvimento do ser social se tornem acessíveis a todos os homens.

Observe-se que estamos mencionando *homens singulares* — ainda não tocamos na noção de *individualidade social*. Com efeito, o homem não nasce *indivíduo social*: ao nascer, os homens são puras singularidades; somente no seu processo formativo-social, no seu *amadurecimento humano*, os homens podem tornar-se *indivíduos sociais* — isto é, homens singulares que se humanizam e, à base da socialização que lhes torna acessíveis as objetivações já constituídas do ser social, constroem-se como *personalidades inconfundíveis*. No seu processo de amadurecimento, *e conforme as condições sociais que lhe são oferecidas*, cada homem vai se apropriando das objetivações existentes na sua sociedade; nessa apropriação reside o processo de construção da sua *subjetividade*. A subjetividade de cada homem não se elabora nem a partir do nada, nem num quadro de isolamento: elabora-se a partir das objetivações existentes e no conjunto de interações em que o ser singular se insere. A riqueza subjetiva de cada homem resulta da riqueza das objetivações de que ele pode se apropriar. E é a modalidade peculiar pela qual cada homem se apropria das objetivações sociais que responde pela configuração da sua personalidade.

Como se vê, qualquer contraposição do tipo *indivíduo x sociedade* falseia o problema real da sociabilização; de fato, o indivíduo social, homem ou mulher, só pode constituir-se no quadro das mais densas e intensas relações sociais. E a marca de *originalidade* de cada indivíduo social (originalidade que deve nuclear a sua personalidade) não implica a existência de *desigualdades* entre ele e os outros. Na verdade, os homens são *iguais*: todos têm iguais possibilidades humanas de se sociabilizar; a *igualdade* opõe-se à *desigualdade* — e o que a originalidade introduz entre os homens não é a desigualdade, é a *diferença*. E para que a diferença (que não se opõe à igualdade, mas à *indiferença*) se constitua, ou seja: para que todos os homens possam construir a sua personalidade, é preciso que *as condições sociais para que se sociabilizem sejam iguais para todos*. Em resumo: só uma sociedade onde *todos* os homens disponham das mesmas condições de sociabilização (uma sociedade sem exploração e sem alienação) pode oferecer a todos e a cada um as condições para que desenvolvam diferencialmente a sua personalidade. Só esse tipo de sociedade — "em que o livre desenvolvimento de cada um é a condição para o livre desenvolvimento de todos" (Marx-Engels, 1998, p. 31) — pode garantir tanto a superação do individualismo[6] quanto a oportunidade de *todos* os homens e mulheres singulares se construírem como indivíduos sociais.

1.4. Trabalho, valor e "fim da sociedade do trabalho"

A argumentação desenvolvida neste capítulo, como advertimos na sua abertura, transcende os limites da Economia Política. No entanto, essa argumentação constitui um conjunto necessário de ideias para que, no trato da Economia Política, não se perca a *historicidade* sem a qual o pensamento pode ser vitimado pela *naturalização das relações sociais*.

Mais ainda: consideramos que uma clara concepção do que são a sociedade e os homens — sua relação com a natureza e sua especificidade de ser social — é um pressuposto obrigatório para compreender que a Economia Política é, essencialmente, fundante de uma *teoria social*. Vale dizer: ela não estuda coisas, nem relações entre coisas — seu objeto são determinadas *relações entre os homens* (mais precisamente, nas já citadas palavras de Lênin, "as relações sociais que existem entre os homens na produção"). Mais adiante, quando tivermos ocasião de mencionar o *fetichismo da mercadoria* e o problema da *reificação* (Capítulo 3, item 3.6), o leitor verificará a importância dessa notação.

No entanto, também na abertura deste capítulo, observamos que, no seu final, retomaríamos o debate próprio à Economia Política. E isso por uma razão elementar: nas origens mesmas da Economia Política clássica, a questão do *valor* (ou seja: do constitutivo da riqueza social) aparece vinculada ao trabalho. Essa vinculação surge, já em 1738, num panfleto de autor desconhecido: o *valor* de uma mercadoria "depende da quantidade de trabalho necessário que ela demanda" (*apud* J. Bidet, *in* Labica e Bensussan, 1985, p. 1193) — trata-se de noção generalizada entre os pensadores do século XVIII; é assim que Smith abre o seu célebre *Inquérito sobre a natureza e as causas da*

---

6. *Individualismo* não significa a defesa dos valores do indivíduo socialmente constituído; antes, é uma ideologia que justifica a priorização e o favorecimento de interesses singulares contrapostos ao desenvolvimento da genericidade humana.

riqueza das nações (conhecido, resumidamente, como *A riqueza das nações*), uma das obras que marca o apogeu da Economia Política clássica:

> O trabalho anual de uma nação é o fundo de que provêm originariamente todos os bens necessários à vida e ao conforto que a nação anualmente consome, e que consistem sempre ou em produtos imediatos desse trabalho ou em bens adquiridos às outras nações em troca deles. (Smith, 1999, I, p. 69)

Dentre todos os economistas clássicos, foi Ricardo, porém, aquele que mais desenvolveu a chamada *teoria do valor-trabalho*: ela ocupa as sete seções que compõem o primeiro capítulo dos seus *Princípios de economia política e tributação*, e não é por acaso que o título da primeira daquelas seções enuncia a tese ricardiana:

> O valor de uma mercadoria, ou a quantidade de qualquer outra pela qual pode ser trocada, depende da quantidade relativa de trabalho necessário para sua produção [...]. (Ricardo, 1982, p. 43)

Em resumidas contas, essa teoria sustenta que *o valor (a riqueza social) resulta exclusivamente do trabalho*. Obviamente, nem tudo o que é valioso para a sociedade resulta do trabalho; pense-se, por exemplo, nos elementos naturais, sem os quais a vida seria impossível (o oxigênio da atmosfera) — mas o interesse dos economistas políticos dirigia-se para a compreensão da *riqueza social*, tal como ela se apresentava na nascente sociedade burguesa.

A partir das formulações dos "clássicos", nomeadamente Ricardo, Marx estabeleceu as bases teóricas para a compreensão adequada do valor. Estudando cuidadosamente a produção das mercadorias na sociedade capitalista, ele observou que o valor delas é determinado pelo *tempo de trabalho socialmente necessário para a sua produção*, entendendo-se como **tempo de trabalho socialmente necessário** "aquele requerido para produzir um valor de uso qualquer, nas condições dadas de produção socialmente normais, e com o grau social médio de habilidade e de intensidade de trabalho" (Marx, I, 1, 1983, p. 48; voltaremos ao valor de uso no Capítulo 2, item 2.3). Daí, na sequência imediata do seu argumento, Marx formula *a lei do valor* (de que trataremos no Capítulo 3, item 3.5), uma das leis fundamentais que opera na nossa sociedade:

É [...] o *quantum* de trabalho socialmente necessário ou o tempo de trabalho socialmente necessário para a produção de um valor de uso o que determina a grandeza do seu valor (id., ibid.).

O valor das mercadorias, expresso em termos monetários, é o seu *preço*. Mas a expressão aparente do valor não pode ser confundida com o próprio valor — como veremos adiante (Capítulo 6, item 6.2), nem sempre há coincidência entre *valor* e *preço*. O que importa assinalar, por agora, porque retornaremos a esse tema no Capítulo 3, é a estreita relação entre *trabalho* e *valor*: o primeiro constitui, no caso da riqueza social, a fonte primária do segundo.

Já mencionamos que a teoria do valor-trabalho foi abandonada há muito pelo pensamento que se contenta com a análise superficial da dinâmica econômico-social da nossa sociedade. Nos últimos trinta anos, a própria centralidade do *trabalho* vem sendo posta em questão por algumas correntes de peso nas Ciências Sociais: a partir da constatação estatística de dois fenômenos de muita visibilidade desde os anos oitenta do século passado — a redução dos contingentes de trabalhadores alocados à produção de bens materiais e o crescente desemprego que afeta praticamente todas as sociedades capitalistas contemporâneas —, teóricos de posições diversas sustentam, propondo soluções analíticas muito diferentes, que o trabalho já não se constitui mais como o eixo a partir do qual se organiza a vida social. Tornou-se frequente, nos meios acadêmicos, o discurso acerca do "fim do trabalho", do "fim da sociedade do trabalho", assim como a referência à "sociedade (ou economia) do conhecimento" — discurso geralmente associado às várias ideologias ditas pós-modernas.

Aqueles dois fenômenos (a redução da demanda de trabalhadores para a produção de bens materiais e o desemprego crescente) são perfeitamente compreensíveis quando se considera a dinâmica essencial da sociedade capitalista e, devidamente analisados, **não autorizam a desconsideração da centralidade do trabalho**. A redução do contingente de trabalhadores explica-se pelo formidável desenvolvimento das forças produtivas contemporâneas, que exponenciaram a produtividade do trabalho (discutiremos *forças produtivas* e *produtividade do trabalho* no Capítulo 2, item 2.2); quanto ao extraordinário desemprego dos dias atuais, ele está diretamente ligado aos limites da sociedade burguesa, no interior da qual não há soluções que permitam inscrever todos os homens e mulheres aptos nos circuitos do trabalho

— sempre foi própria à sociedade burguesa uma *população excedente* (de que trataremos no Capítulo 5, item 5.4), agora levada a um extremo para o qual essa sociedade não tem outra proposta senão a do "terceiro setor" ou a pura e simples assistência social. E ambas as alternativas apenas sinalizam o quanto essa sociedade já não pode responder de forma progressista e humanizadora aos problemas que ela mesma engendra.

O fato de parte das Ciências Sociais, em face dos limites da sociedade burguesa, não contribuírem para a sua crítica, mas, ao contrário, colaborarem para desqualificar o trabalho como "um valor superado", esse fato é eloquente acerca da função legitimadora e apologética dessa parcela das disciplinas acadêmicas.

Sugestões bibliográficas

A discussão do trabalho como fundante do ser social está largamente desenvolvida na obra *Ontologia do ser social*, de G. Lukács, ainda inédita em português; mas seu argumento essencial está acessível na edição em castelhano de G. Lukács, *El trabajo* (Buenos Aires: Herramienta, 2005). Para essa discussão, assim como para os problemas da sociabilização e do indivíduo social, há que recorrer ao excelente livro de Sérgio Lessa, *Mundo dos homens. Trabalho e ser social* (São Paulo: Boitempo, 2002), ao ensaio de Antonino Infranca, *Trabajo, individuo, historia. El concepto de trabajo em Lukács* (Buenos Aires: Herramienta, 2005), à obra de Agnes Heller, *Sociología de la vida cotidiana* (Barcelona: Península, 1977) e ao conteúdo do item 1 de *Trabalho e indivíduo social*, de Marilda V. Iamamoto (São Paulo: Cortez, 2001). Tratamento relevante acerca da problemática do indivíduo é oferecido por Adam Schaff em *O marxismo e o indivíduo* (Rio de Janeiro: Civilização Brasileira, 1967). No que toca à abordagem especificamente antropológica acerca da relação trabalho/ humanização, ainda são de grande valia os estudos de V. Gordon Childe, *A evolução cultural do homem* (Rio de Janeiro: Zahar, 1966) e *O que aconteceu na história?* (Rio de Janeiro: Zahar, 1981); também, aqui, vale a leitura de um texto de John Lewis, *O homem e a evolução* (Rio de Janeiro: Paz e Terra, 1968).

A temática do trabalho, da práxis e da alienação — além do registro clássico: *Manuscritos econômico-filosóficos de 1844*, de Marx (Lisboa: Avante!, 1994) — está consignada no texto de Adolfo Sánchez Vázquez, *Filosofia da práxis* (Rio de Janeiro: Paz e Terra, 1968) e em *Marx: a teoria da alienação*, de István Mészáros (Rio de Janeiro: Zahar, 1981), assim como nos ensaios finais de *Dialética do concreto*, de Karel Kosik (Rio de Janeiro: Paz e Terra, 1969).

Dentre os muitos autores que tematizam o "fim do trabalho" e/ou o "fim da sociedade do trabalho", dos quais o pioneiro foi André Gorz (*Adeus ao proletariado*. Rio de Janeiro: Forense, 1982), cabe indicar D. Méda, com o seu emblemático *O trabalho. Um valor em vias de extinção* (Lisboa: Fim de Século, 1999). Conclusiva contestação a teses similares foi oferecida por Ricardo Antunes (*Adeus ao trabalho?*. São Paulo: Cortez/Unicamp, 2000; *Os sentidos do trabalho*. São Paulo: Boitempo, 1999). Na proposição do "terceiro setor" como alternativa para o desemprego, recorra-se a J. Rifkin, *O fim dos empregos* (São Paulo: Makron Books, 1995); a análise crítica do "terceiro setor" encontra-se em Carlos Montaño, *Terceiro setor e questão social* (São Paulo: Cortez, 2002). Elementos das concepções pós-modernas comparecem em J.-F. Lyotard, *A condição pós-moderna* (Lisboa: Gradiva, s.d.), em Boaventura de Souza Santos (*Introdução a uma ciência pós-moderna*. Rio de Janeiro: Graal, 1989; *Pela mão de Alice. O social e o político na pós-modernidade*. São Paulo: Cortez, 1995) e em Steven Connor (*Cultura pós-moderna*. São Paulo: Loyola, 1993). Para a crítica a tais concepções, vale recorrer a D. Harvey (*Condição pós-moderna*. São Paulo: Loyola, 1993), a T. Eagleton (*As ilusões do pós-modernismo*. Rio de Janeiro: Jorge Zahar, 1998), a P. Anderson (*As origens da pós-modernidade*. Rio de Janeiro: Jorge Zahar, 1999) e ao volume organizado por Ellen M. Wood e John B. Foster, *Em defesa da história. Marxismo e pós-modernismo* (Rio de Janeiro: Jorge Zahar, 1999).

A complexa questão do valor foi largamente tratada por Marx no primeiro capítulo d'*O capital*; I. Rubin analisou-a em *A teoria marxista do valor* (São Paulo: Brasiliense, 1980) e R. Rosdolsky a aborda em vários passos do seu *Gênese e estrutura de* O Capital *de Karl Marx* (Rio de Janeiro:

Contraponto, 2002). E. Mandel, em *A formação do pensamento econômico de Karl Marx* (Rio de Janeiro: Zahar, 1968, cap. 6) estuda a evolução das pesquisas de Marx em face dessa questão. Uma amostra da complicada polêmica que cerca a teoria do valor pode ser encontrada em E. Böhm-Bawerk, R. Hilferding e L. Bortkiewicz, *Economía burguesa y economía socialista* (Córdoba: Cuadernos de Pasado y Presente, 1974).

Filmografia

2001: uma odisseia no espaço. Estados Unidos/Inglaterra. 1968. Direção: Stanley Kubrick. Duração: 139 min.

A guerra do fogo. Alemanha/Canadá. 1981. Direção: Jean-Jacques Annaud. Duração: 97 min.

Mistérios da humanidade. Produção: National Geographic Society. 1988. Duração: 55 min.

Capítulo 2

Categorias da (crítica da) Economia Política

Já sabemos que a Economia Política estuda as *relações sociais* que os homens estabelecem na *produção* dos bens que asseguram a manutenção e a reprodução da vida social — e, pois, que o objeto da Economia Política é *histórico*. E é da análise histórica do seu objeto que a Economia Política extrai as categorias com as quais o trata, categorias que devem ser compreendidas num duplo sentido: ontológico e reflexivo (ou intelectivo).

Elas são *ontológicas* na medida em que têm existência real, histórico-concreta: elas são formas, modos de existência do ser social, que funcionam e operam efetivamente na vida em sociedade, independentemente do conhecimento que tenham os homens a seu respeito. Quando, através da reflexão, do pensamento racional, da análise teórica, os homens tomam consciência delas, conseguindo apreender a sua estrutura fundamental (a sua *essência*) a partir da visibilidade imediata que apresentam (a sua *aparência*)[1] — quando,

---

1. No âmbito da Economia Política, como em qualquer teoria, o processo do conhecimento científico tem na *aparência* um *ponto de partida* e dele avança, pela via da *abstração*, para alcançar a *essência*. Como se observou, "toda a ciência seria supérflua se a forma de manifestação e a essência das coisas coincidissem imediatamente" (Marx, 1985, III, 2, p. 271); de fato, se a aparência das coisas (sua forma de se manifestar) mostrasse a sua essência, bastaria observá-las minuciosamente para *conhecê-las* — e comprova-se que isso não é verdade; mais ainda: o *conhecimento científico* revela os limites da experiência que lida com as aparências: "parece [...] paradoxal que a Terra gire ao redor do Sol e que a água seja

enfim, é possível reproduzi-las, no seu dinamismo e nas suas relações, através de meios conceituais, então elas aparecem como produto do pensamento, tomando a forma de categorias *reflexivas*.

Um exemplo banal pode clarificar esse ponto. O leitor sabe lidar com o dinheiro, expressão imediata de uma categoria da Economia Política, o *valor*: diariamente, realiza com ele várias operações, compra, vende, não é enganado nas trocas, revela-se cuidadoso com seu orçamento pessoal, pede e concede empréstimos e até talvez faça algum investimento; entretanto, se lhe pedíssemos que conectasse o dinheiro com o valor, que nos dissesse quais as suas funções econômicas, esclarecesse suas relações com o trabalho e a propriedade ou narrasse como ele se constituiu historicamente etc., com certeza o leitor se sentiria embaraçado. Observe-se: o seu desconhecimento teórico não impede que manipule adequadamente o dinheiro — uma das expressões imediatas do valor — nem, por outro lado, impede que este prossiga desempenhando as suas funções na vida social. Numa palavra, aquilo que o dinheiro expressa, o valor, como categoria *ontológica*, existe e opera objetivamente na vida do leitor e na vida da nossa sociedade, independentemente do conhecimento rigoroso (reflexivo) que se tenha acerca dele. É o que se passa com o conjunto das categorias econômicas: seu desconhecimento teórico não impede que, na prática social, os homens estabeleçam e desenvolvam relações econômicas.

Pois bem: neste capítulo, trataremos de explicitar algumas (e é necessário frisar: apenas *algumas*) categorias básicas da Economia Política e da sua crítica e de fazer referências históricas indispensáveis para avançar na nossa argumentação. Ao longo dos próximos capítulos, como o leitor terá oportunidade de verificar, muitas outras categorias serão levadas em conta.

2.1. A comunidade primitiva e o excedente econômico

Foi há cerca de uns quarenta mil anos — culminando uma evolução de milhares de anos — que os primeiros grupos propriamente humanos surgi-

---

formada por dois gases altamente inflamáveis. As verdades científicas serão sempre paradoxais se julgadas pela experiência de todos os dias, a qual somente capta a aparência enganadora das coisas" (Marx, 1982a: 158).

ram sobre a Terra. Habitando áreas diversas, esses grupos experimentaram distintos graus de evolução social; no entanto, é possível afirmar que por mais de trinta mil anos viveram em estágios prévios ao que genericamente se denomina *civilização*, cujo aparecimento inicial deu-se às margens do Nilo e do Eufrates e na Índia e na China.

O regime social em que viviam esses grupos humanos pode ser designado como o da *comunidade primitiva*: os abrigos eram extremamente toscos, a alimentação obtinha-se através da coleta de vegetais e da caça eventual e imperava o nomadismo. Com a produção de instrumentos menos grosseiros que machados de pedra e, depois, cada vez mais aperfeiçoados (o arco e a flecha, redes de pesca, canoas e remos), assim como os primeiros rudimentos de agricultura, aqueles grupos foram, pouco a pouco, amenizando a condição de penúria geral em que decorria a sua existência. Essa penúria devia-se ao fato de tais grupos consumirem imediatamente o pouco que podiam obter com os seus esforços — não conseguiam mais que sobreviver a duras penas. As atividades de seus membros eram comuns (a coleta, a caça, a pesca), seus resultados eram partilhados por todos e não havia propriedade privada de nenhum bem. Nesse "comunismo primitivo", em que imperavam a igualdade resultante da carência generalizada e a distribuição praticamente equitativa do pouco que se produzia, a diferenciação social era mínima: não mais que uma repartição de atividades entre homens (caçadores) e mulheres (que coletavam e preparavam os alimentos).

A comunidade primitiva perdurou por mais de trinta mil anos. Gradualmente, porém, gestaram-se no seu interior os elementos que responderiam por sua dissolução. Entre esses elementos, dois são particularmente importantes: a *domesticação de animais* e o *surgimento da agricultura*. As comunidades que avançaram nessa direção logo se distinguiram das outras, dedicando-se ao pastoreio e ao cultivo de terras, com o que deixaram o nomadismo e passaram a vincular-se a um território (ou seja, tornaram-se sedentárias). Esse processo — que, segundo as informações antropológicas, consolidou-se entre 5.500 e 2.000 antes de Cristo — acarretou significativas transformações na relação dessas comunidades com a natureza: aperfeiçoados os instrumentos de trabalho, inclusive com o uso de metais e a descoberta de suas ligas, os homens começaram a controlar o tempo (as estações do ano, o intervalo entre semeadura e colheita) e algumas forças naturais (a irrigação). No interior das comunidades, as tarefas agrícolas (o pastoreio, o cultivo) diferenciaram-se daquelas que instauraram o artesanato (a fabricação de utensílios de cerâmica e de metal, rodas e veículos rudimentares e dos primeiros tecidos).

A principal transformação, porém, residiu no fato de, nessas comunidades, os resultados da ação do homem sobre a natureza permitirem uma produção de bens que ultrapassava as necessidades imediatas da sobrevivência dos seus membros. Os progressos no processo de trabalho (as habilidades adquiridas pelos homens, o aperfeiçoamento dos seus instrumentos, o conhecimento menos precário da natureza etc.) tornaram-no mais produtivo: dele provinham mais bens que os imediatamente necessários à manutenção do grupo. Numa palavra, estava surgindo o **excedente econômico**: a comunidade começava a produzir mais do que carecia para cobrir suas necessidades imediatas. O excedente econômico — que alguns economistas designam simplesmente como *excedente* —, "na definição mais breve possível, é a diferença entre o que a sociedade produz e os custos dessa produção. O volume do excedente é um índice de produtividade e riqueza [...]" (Baran e Sweezy, 1974, p. 19).

O surgimento do excedente econômico, que assinala o aumento da produtividade do trabalho, opera uma verdadeira revolução na vida das comunidades primitivas: com ele, não só a penúria que as caracterizava começa a ser reduzida, mas, sobretudo, aparece na história a possibilidade de *acumular os produtos do trabalho*. Dois efeitos logo se farão sentir. De um lado, junto com uma maior divisão na distribuição do trabalho (o artesanato avança e se torna relativamente mais especializado), produzem-se bens que, não sendo utilizados no autoconsumo da comunidade, destinam-se à troca com outras comunidades — está nascendo a *mercadoria* e, com ela, as primeiras formas de troca (comércio). De outro, a possibilidade da acumulação abre a alternativa de *explorar* o trabalho humano; posta a exploração, a comunidade divide-se, antagonicamente, entre aqueles que produzem o conjunto dos bens (os *produtores diretos*) e aqueles que se apropriam dos bens excedentes (os *apropriadores* do fruto do trabalho dos produtores diretos).

Quando essa possibilidade (de acumulação) e alternativa (de exploração) se tornam efetivas, a comunidade primitiva — com a propriedade e a apropriação coletivas que lhe eram inerentes — entra em dissolução, sendo substituída pelo *escravismo*.

2.2. Forças produtivas, relações de produção e modos de produção

O surgimento do excedente econômico sinalizou historicamente um enorme desenvolvimento do processo de trabalho, graças ao qual a produção de bens ultrapassou as necessidades imediatas da comunidade.

Ora, a produção de bens, qualquer que seja ela, realiza-se através do **processo de trabalho**, que envolve os seguintes elementos:

a) *os meios de trabalho* — tudo aquilo de que se vale o homem para trabalhar (instrumentos, ferramentas, instalações etc.), bem como a terra, que é um meio universal de trabalho;

b) *os objetos do trabalho* — tudo aquilo (matérias naturais brutas ou matérias naturais já modificadas pela ação do trabalho) sobre que incide o trabalho humano;

c) *a força de trabalho* — trata-se da energia humana que, no processo de trabalho, é utilizada para, valendo-se dos meios de trabalho, transformar os objetos de trabalho em bens úteis à satisfação de necessidades.[2]

O conjunto desses elementos designa-se por **forças produtivas**. Se a produção depende da existência dos meios e dos objetos de trabalho — que constituem os *meios de produção* —, é a intervenção da força de trabalho que a viabiliza. De fato, a força de trabalho (vale dizer: a capacidade dos homens operarem os meios de produção) é a mais preciosa das forças produtivas: afinal, são os homens que, através do acúmulo de gerações, aperfeiçoam e inventam instrumentos de trabalho, descobrem novos objetos de trabalho, adquirem habilidades e conhecimentos. Na força de trabalho, o caráter histórico das forças produtivas revela-se de maneira privilegiada: o crescimento da **produtividade do trabalho** (isto é, *a obtenção de um produto maior com o emprego da mesma magnitude de trabalho*) depende da força de trabalho, da sua capacidade para mobilizar perícia e conhecimentos (quanto mais verdadeiros, rigorosos e científicos, mais eficientes).[3]

---

2. A *força de trabalho*, energia humana empregada no processo de trabalho, não deve ser confundida com o *trabalho realizado*, que é o produto da aplicação da força de trabalho.

3. O estoque de conhecimento disponível numa sociedade amplia o potencial das forças produtivas na escala em que, *pela mediação de tecnologias*, pode ser utilizado na produção material — por isso, quando surge, a ciência pode ser considerada uma força produtiva *indireta*.

Uma vez que mencionamos o crescimento da produtividade do trabalho, devemos observar que ele surge vinculado à repartição do trabalho. Antes mesmo do aparecimento do excedente econômico, na comunidade primitiva diferenciaram-se as atividades de homens e mulheres — a *divisão sexual* é a primeira forma da repartição do trabalho; posteriormente, dividiu-se também o trabalho entre o artesanato e as ocupações agrícolas, num processo que, muito mais tarde, desembocaria na divisão entre cidade e campo e na grande clivagem entre atividades manuais e atividades intelectuais. Com efeito, à medida que se desenvolve a capacidade produtiva da sociedade (e, com ela, o volume do excedente), esta divide as ocupações necessárias à produção de bens entre seus membros — instaurando a **divisão social do trabalho**, que avança tanto mais rapidamente quanto mais os bens produzidos, deixando o limite do autoconsumo das comunidades, destinam-se à troca. Cabe assinalar que essa divisão reparte o trabalho em especialidades (a olaria, a fabricação de armas etc.), mas não reparte cada especialidade em operações limitadas (o oleiro controla todas as fases da produção de uma ânfora); esta última repartição só ocorrerá muito ulteriormente e a ela nos referiremos no momento oportuno (Capítulo 4, item 4.5).

Retornemos às forças produtivas: elas não operam num vácuo — operam no marco de determinadas relações já que, como vimos no Capítulo 1, o trabalho é, por sua própria condição, um processo social, ainda quando realizado individualmente; as forças produtivas operam dentro de relações determinadas entre os homens e a natureza e entre os próprios homens. Realmente, as forças produtivas inserem-se em relações de caráter técnico e relações de caráter social, estreitamente vinculadas e que constituem as **relações de produção**.

As *relações técnicas de produção* dependem das características técnicas do processo de trabalho (o grau de especialização do trabalho, as tecnologias empregadas etc.) e dizem respeito ao controle ou domínio que os produtores diretos têm sobre os meios de trabalho e sobre o processo de trabalho em que estão envolvidos. Mas elas se subordinam às *relações sociais de produção*, que as especificam historicamente e que são determinadas pelo *regime de propriedade* dos meios de produção fundamentais. Se a *propriedade dos meios de produção fundamentais é coletiva* (como na comunidade primitiva), tais relações são de cooperação e ajuda mútua, porque os produtos do trabalho são desfrutados coletivamente e nenhum membro do grupo humano se apropria do fruto do trabalho alheio; se tal propriedade é *privada, particular* (de um membro do grupo, de um conjunto de membros), as relações decorrentes são de antagonismo, posto que os proprietários dos meios de produção fundamentais apropriam-se dos frutos do trabalho dos produtores diretos, ou seja, estes são *explorados* por aqueles (tal como ocorreu, como logo veremos, a partir da dissolução da comunidade primitiva). Nas sociedades onde existe a propriedade privada dos meios de produção fundamentais, a situação dos membros da sociedade depende da sua posição diante desses meios; a propriedade privada dos meios de produção fundamentais divide-os em dois grupos, com interesses antagônicos: os proprietários e os não-proprietários dos meios de produção fundamentais — em síntese, *na propriedade privada*[4] *está a raiz das classes sociais.*

A articulação entre forças produtivas e relações de produção — a que se denomina **modo de produção** — é extremamente complexa, variando ao longo da história e exigindo, para a sua compreensão, análises rigorosas e detalhadas. E isso por uma razão central: determinado grau de desenvolvimento das forças produtivas requer relações de produção também determinadas — deve haver uma *correspondência das relações de produção às forças produtivas*. Essa correspondência nunca está dada definitivamente, porque o desenvolvimento das forças produtivas e das relações de produção não obedece aos mesmos ritmos: comprovou-se historicamente que as primeiras são muito mais dinâmicas que as segundas. Enquanto as forças produtivas tendem, quase sempre, a um desenvolvimento cumulativo e intenso, as relações de produção modificam-se muito mais lentamente. Existe a correspondência assinalada quando as relações de produção (determinadas pelo regime de propriedade dos meios de produção fundamentais) favorecem o desenvolvimento das forças produtivas; quando estas deixam de ser fomentadas pelas relações de produção e, sobretudo, quando passam a ser travadas por elas, aquela correspondência é substituída pela *contradição* entre forças produtivas e relações de produção — que se resolve pela transformação estrutural e substantiva do próprio modo de produção.

Os modos de produção, portanto, não são resultantes harmoniosos e/ ou estáticos do desenvolvimento histórico-social; ainda que perdurando por

---

4. Note-se que, aqui, tudo se refere a propriedade privada de *meios de produção fundamentais* — não está em jogo a propriedade de bens de uso pessoal.

séculos, são atravessados por contradições (das quais as mais decisivas se põem quando forças produtivas e relações de produção deixam de se corresponder) e se transformaram ao longo da evolução da humanidade. Cada modo de produção que a humanidade conheceu — e, adiante, deles falaremos — apresentou peculiaridades que o distinguiram dos demais.

Esquematicamente, pode-se afirmar que no modo de produção encontra-se a *estrutura* (ou *base*) *econômica da sociedade*, que implica a existência de todo um conjunto de instituições e de ideias com ela compatível, conjunto geralmente designado como *superestrutura* e que compreende fenômenos e processos extra-econômicos: as instâncias jurídico-políticas, as ideologias ou formas de consciência social. Em cada modo de produção, porém, as relações entre estrutura e superestrutura são igualmente particulares: se se pode afirmar, com base na análise histórica, que as características da estrutura sempre foram mediata e indiretamente determinantes para a configuração da superestrutura, é também importante sublinhar que as relações entre ambas constituem problemas só deslindáveis através de análises cuidadosas de modos de produção específicos.

Dois pontos, porém, já estão suficientemente esclarecidos no exame dos modos de produção. O primeiro diz respeito às suas *leis de desenvolvimento* — que nos interessam diretamente, já que, como vimos com o professor Lange (1963, p. 19), "a Economia Política é a ciência das leis sociais da atividade econômica". As leis que regem a atividade econômica (e, com efeito, a vida social) são distintas das leis que se referem à natureza. Em comum com estas, têm o fato de serem igualmente *objetivas*, isto é, operam independentemente da consciência dos homens e dos juízos de valor que delas se façam; no caso de ambas as leis, os homens não podem aboli-las: podem, se as conhecerem, utilizá-las em seu benefício. Mas há duas diferenças que particularizam as leis econômicas: de um lado, elas possuem um *caráter tendencial*: dada a extrema complexidade do ser social (como se observou no Capítulo 1, o social é o mais complexo dos níveis do ser), elas operam como *tendências* que podem ser travadas por contratendências (ou seja, por outras leis ou por intervenções conscientes dos homens); de outro lado, elas têm validade limitada: não existem leis econômico-sociais supra-históricas. Por isso mesmo, cada modo de produção apresenta leis que lhe são peculiares, donde a decisiva descoberta de Marx conforme a qual cada época histórica, marcada pelo modo de produção nela dominante, tem suas próprias leis de desenvolvimento.

O segundo ponto refere-se à possibilidade de transformação estrutural e substantiva de um modo de produção, determinada basicamente, como vimos há pouco, pela falta de correspondência entre as forças produtivas e as relações de produção. Quando a dinâmica das forças produtivas entra em contradição com as relações de produção e estas se tornam um freio para o desenvolvimento das forças produtivas, o modo de produção pode ser implodido. Num texto célebre, Marx escreveu:

> Na produção social da própria vida, os homens contraem relações determinadas, necessárias e independentes de sua vontade, relações de produção estas que correspondem a uma etapa determinada de desenvolvimento das suas forças produtivas materiais. A totalidade dessas relações de produção forma a estrutura econômica da sociedade, a base real sobre a qual se levanta uma superestrutura jurídica e política e à qual correspondem determinadas formas de consciência social. O modo de produção da vida material condiciona o processo em geral de vida social, política e espiritual. Não é a consciência dos homens que determina o seu ser, mas, ao contrário, é o seu ser social que determina sua consciência. Em uma certa etapa de seu desenvolvimento, as forças produtivas materiais da sociedade entram em contradição com as relações de produção existentes ou, o que nada mais é do que a sua expressão jurídica, com as relações de propriedade dentro das quais aquelas até então se tinham movido. De formas de desenvolvimento das forças produtivas, essas relações se transformam em seus grilhões. Sobrevém então uma época de revolução social. Com a transformação da base econômica, toda a enorme superestrutura se transforma com maior ou menor rapidez. (Marx, 1982a, p. 25)

Marx refere-se expressamente a *uma época* de revolução social — isto é, a um lapso temporal que não é breve e em cujo decurso, que configura a *transição* de um modo de produção a outro, podem surgir formas econômico-sociais que associam traços do modo de produção que está sendo destruído e outras que antecipam o novo modo de produção. Seja nessas transições, seja na própria existência regular de um modo de produção, podem-se localizar formas que pertencem a outros modos de produção. Na verdade, a análise histórica demonstra que, nas sociedades que sucederam à comunidade primitiva, havendo sempre um modo de produção *dominante*, ele subordina formas remanescentes de modos já substituídos, formas que se apresentam como vestígios mais ou menos fortes do passado — podendo mesmo, em certos casos, ocorrer a combinação de formas de mais de um modo de produção numa sociedade determinada. Por isso, emprega-se a expressão **formação econômico-social** (ou, simplesmente, *formação social*) para designar a estrutura econômico-social específica de uma sociedade determinada, em que um modo de produção dominante pode coexistir com formas precedentes (e, mesmo, com formas que prenunciam elementos a se desenvolverem posteriormente).

2.3. Produção, distribuição e consumo

O leitor que nos seguiu até aqui já se deu conta de que a nossa atenção está centrada fundamentalmente na **produção** das condições materiais que permitem que a sociedade se mantenha como tal (isto é, se produza e se re-produza, com seus membros reproduzindo a sua própria vida). Mas deve ter ficado claro, a esta altura, que a vida social nem de longe se esgota ou reduz a tais condições materiais — basta que o leitor se recorde da multipli-cidade de objetivações de que o ser social é capaz e se lembre da riqueza da práxis (tal como as examinamos no Capítulo 1) para não ter dúvidas quanto a esse aspecto.

Isso posto, nossa atenção à produção dos bens que atendem às necessi-dades individuais e coletivas dos membros da sociedade — buscando com-preender as relações que os homens nela estabelecem (relações que são o objeto da Economia Política) — não significa que a produção deva ou possa ser desvinculada dos processos econômico-sociais que dela decorrem neces-sariamente, em especial a **distribuição** (ou *repartição*) e o **consumo**.

O trabalho humano, a ação do homem sobre a natureza, cria bens que constituem *valores de uso* para os membros da sociedade — entendendo-se por *valor de uso* algo que tem a finalidade e a qualidade de satisfazer uma necessidade qualquer (no Capítulo 3, item 3.1., ao tratar da *mercadoria*, vere-mos que, nela, o valor de uso une-se ao *valor de troca*). Para que tais bens cumpram a sua função (ou seja, para que se *realizem*), eles devem ser *distri-buídos* (repartidos) e *consumidos*.

O conjunto dos bens (valores de uso) produzidos numa sociedade de-terminada, num lapso de tempo também determinado, é designável como *produto social global* (ou *total*). Para ser consumido, esse produto deve ser repartido entre os membros da sociedade — a *distribuição* consiste, pois, na *forma pela qual o produto social global é dividido entre os diferentes membros da sociedade.*

Todavia, quando se examina com cuidado a relação entre a produção e a distribuição, verifica-se que a repartição do produto social global está conectada *ao regime de propriedade dos meios de produção fundamentais* e dele depende. Se essa propriedade é coletiva, a repartição tende a ser igualitária (é o que ocorreu na comunidade primitiva); se a propriedade é privada, tende a ser profundamente desigual (como nos modos de produção que se sucederam a partir da dissolução da comunidade primitiva). O exame referido, assim, comprova que **as *relações de distribuição* são determinadas pelas *relações de produção*.**

Os bens, ou valores de uso, realizam-se quando são consumidos. *O consumo é o processo no qual um bem é utilizado para a satisfação de uma necessidade determinada.*[5] A consideração do consumo do produto social global mostra que nem todos os bens produzidos são imediatamente consumidos pelos membros da sociedade; parte deles é destinada a novos processos produtivos, na condição de meios de produção — assim, deve-se distinguir o *consumo produtivo* (o consumo de meios de produção no processo produtivo) do *consumo improdutivo* (o consumo de valores de uso que não contribui para a continuidade do processo produtivo); pode-se, ainda, diferenciar o *consumo individual* (o consumo direto de um valor de uso por um membro da sociedade) do *consumo coletivo* (o consumo de um valor de uso por um conjunto de membros da sociedade). Em qualquer caso, porém, compreende-se o consumo *a partir da produção*: é a produção que oferece ao consumo o seu *objeto*; como se trata de um objeto preciso (um valor de uso determinado), a *forma* do consumo não é aleatória, mas conectada ao próprio objeto; enfim, é a produção de *novos* valores de uso que cria novas necessidades de consumo.

Justifica-se, pois, a centralidade que conferimos à análise da produção e das relações de produção — elas são fundamentais para deslindar o *conjunto* do processo econômico, que se configura como uma totalidade com-

---

5. A maioria dos economistas marxistas *exclui* o consumo do campo da Economia Política — eis o que diz, por exemplo, um dos mais eminentes entre eles: "O próprio ato do consumo fica fora do domínio da Economia Política. Pertence à Biologia, Higiene, Cultura, Pedagogia, Psicologia, assim como a outros setores do conhecimento teórico e prático. O consumo dos bens [...] representa, por conseguinte, o limite até onde se estende o campo que interessa à Economia Política" (Lange, 1963, p. 19).

posta por distintos momentos. Isso não significa que a produção e as relações de produção não sejam afetadas, por exemplo, pela distribuição e pelo consumo; significa, tão-somente, que a produção constitui o *momento determinante* daquela totalidade. Ou, para retomar a síntese de Marx:

> O resultado a que chegamos não é que a produção, a distribuição, o intercâmbio, o consumo são idênticos, mas que todos eles são elementos de uma totalidade, diferenças dentro de uma unidade. A produção se expande tanto a si mesma [...] como se alastra aos demais momentos. [...] Uma forma determinada de produção determina, pois, formas determinadas do consumo, da distribuição, da troca, assim como relações determinadas desses diferentes fatores entre si. A produção, sem dúvida, [...] é também determinada por outros momentos. [...] Uma reciprocidade de ação ocorre entre os diferentes momentos. (Marx, 1982a, p. 13-14).

Feitas essas precisões categoriais, podemos retornar agora à nossa argumentação histórica, interrompida quando mencionamos a dissolução da comunidade primitiva.

2.4. O escravismo e o feudalismo

O surgimento do excedente econômico — sinalizando o desenvolvimento das forças produtivas, da produtividade do trabalho e apontando para as trocas entre os grupos humanos — e a sua apropriação por aqueles que passaram a explorar os produtores diretos levaram à dissolução da comunidade primitiva. Vai sucedê-la o *modo de produção escravista* que, no Ocidente, estrutura-se por volta de 3.000 anos antes de Cristo, configurando o *Mundo Antigo*, que perdurará até a queda do Império Romano.

É a possibilidade de um homem produzir mais do que consome — isto é: de produzir um excedente — que torna compensador escravizá-lo; só vale a pena ter escravos se o seu proprietário puder extrair deles um produto excedente (ou *sobreproduto*). A comunidade primitiva não conheceu a escravatura — quando os grupos humanos iam à guerra, matavam os prisioneiros (e, eventualmente, os devoravam), porque não havia como explorá-los. O surgimento do excedente muda radicalmente as relações sociais: posto o excedente, vale a pena escravizar e explorar homens. Organiza-se agora a sociedade, através da força e da violência, em dois pólos: no cume, uma minoria de proprietários de terras e de escravos (que amplia seus contingentes através de guerras) e, na base, a massa de homens que não tem sequer o direito de dispor da própria vida — e entre esses dois pólos gravitam camponeses e artesãos livres. Ao mesmo tempo, como parte do excedente econômico toma a forma de mercadoria (ou seja, de valores de uso produzidos para a troca), o comércio começa a se desenvolver, implicando o aparecimento do dinheiro (meio de troca) e de um grupo social dedicado à atividade mercantil (os comerciantes ou mercadores). Ao cabo de algum tempo, a escravidão deixa de envolver apenas os capturados em guerras, estendendo-se a membros da própria sociedade em questão.

O modo de produção escravista, ou *escravismo*,[6] que esteve na base da grande civilização grega e teve continuidade com o Império Romano, não foi o único dominante na Antiguidade. Especialmente no Extremo Oriente, constituiu-se uma articulação social distinta, com a hipertrofia de um forte poder político central — um *Estado*, cuja função logo veremos — que se responsabilizou pela construção de obras hidráulicas de grande porte (drenagem, irrigação) e manteve em suas mãos o controle da terra e da agricultura; ali, formas políticas despóticas combinaram-se com uma estagnação social que acabou por garantir uma enorme perdurabilidade histórica àquela articulação, designada de *modo de produção asiático*.

No Ocidente, porém, o escravismo imperou até a queda do Império Romano. Na sociedade escravista, as relações sociais eram presididas pelo antagonismo entre escravos e seus proprietários. Mas havia, além dos poucos segmentos livres (artesãos, por exemplo) a que aludimos, subgrupos que serviam aos proprietários, ligando-se a tarefas administrativo-burocráticas (coleta de impostos, cobrados de agricultores e mercadores) ou repressoras (combate às rebeliões de escravos). Por outra parte, o escravismo compatibilizou-se bem com as formas imperiais: com as conquistas de novos territórios, os proprietários obtinham novos escravos e coletavam mais tributos dos dominados.

O escravismo, com todos os seus horrores, significou, em relação à comunidade primitiva, um passo adiante na história da humanidade: in-

---

6. Como *modo de produção*, o escravismo é típico do Mundo Antigo. A escravatura instaurada nas Américas, no processo de colonização que se seguiu à expansão marítima, será subordinada às formas sociais do modo de produção capitalista.

troduzindo a propriedade privada dos meios fundamentais de produção e a exploração do homem pelo homem, diversificou a produção de bens e, com o incremento da produção de mercadorias (*produção mercantil*), estimulou o comércio entre distintas sociedades. Nesse modo de produção, o trabalho era realizado sob coerção aberta e o excedente produzido pelo produtor direto (o escravo) lhe era subtraído mediante a violência, real e potencial. Compreende-se, pois, que no escravismo, dividida a sociedade em duas *classes sociais fundamentais*[7] e diferenciados os demais grupos sociais, tenham surgido as primeiras formas de poder político condensadas no que se denominará *Estado*. Na verdade, como Engels assinalou, é com o escravismo que a humanidade abandonou o estágio da antiga barbárie e ingressou no estágio da *civilização*, que, entre outros traços, pode ser assim caracterizado:

> A forma de família que corresponde à civilização e vence definitivamente com ela é a monogamia, a supremacia do homem sobre a mulher e a família individual como unidade econômica da sociedade. A força de coesão da sociedade civilizada é o Estado, que é [...] o Estado da classe dominante e, de qualquer modo, essencialmente uma máquina destinada a reprimir a classe oprimida e explorada. Também são características da civilização: por um lado, a fixação da oposição entre a cidade e o campo como base de toda a divisão social do trabalho e, por outro lado, a introdução dos testamentos, por meio dos quais o proprietário pode dispor dos seus bens ainda depois de morto. (Engels, *in* Marx e Engels, 1963, 3, p. 140-141)

O leitor atento seguramente indagará como, *com todo o seu horror*, pôde o escravismo significar um avanço na história humana. A resposta está no esclarecimento oferecido pelo mesmo autor que acabamos de citar, esclarecimento que não se limita ao escravismo, mas se aplica a todos os modos de produção que sucederam a comunidade primitiva:

> Desde que a civilização se baseia na exploração de uma classe por outra, todo o seu desenvolvimento se opera numa constante contradição. Cada progresso

---

7. Como o leitor pode depreender, as *classes sociais* são determinadas primariamente pela sua condição de proprietárias ou não dos meios de produção fundamentais; em cada modo de produção, há sempre classes *fundamentais* (aquelas em que se expressam as relações de produção características desse modo de produção) ao lado de outras, compondo a estrutura social das formações econômico-sociais.

na produção é, ao mesmo tempo, um retrocesso na condição da classe oprimi-
da, isto é, da imensa maioria. Cada benefício para uns é necessariamente um
prejuízo para outros; cada grau de emancipação conseguido por uma classe é
um novo elemento de opressão para a outra (id., ibid.).

O apogeu do escravismo identifica-se com o apogeu do Império Romano
e a crise deste será o golpe de morte no escravismo. A grandeza do império
reclamava um enorme excedente econômico para manter a repressão aos
escravos, a submissão dos povos conquistados e o parasitismo dos grandes
proprietários; ao mesmo tempo, "o trabalho monótono e de má vontade das
hordas de escravos que a conquista proporcionava mal podia sustentar o
vasto edifício do domínio romano. E, mais ainda, a difusão do trabalho escravo também disseminou a ruína e destruição entre os artesãos e os camponeses" (Eaton, 1965, p. 19). Essa ruína tornou-se tanto mais ampla quanto
mais a produtividade do trabalho livre, potenciada pelo desenvolvimento
de novas forças produtivas,[8] foi asfixiada pela disseminação do escravismo.
Assim, quando o Império Romano, sob a pressão das chamadas "invasões
bárbaras", desintegrou-se na metade inicial do primeiro milênio da nossa
era, também foi abaixo o escravismo.[9]

Ao cabo de um período de transição, impôs-se o *modo de produção feudal*
— o *feudalismo* —, que terá vigência até o último terço do segundo milênio
da era cristã. A centralização imperial foi substituída pela atomização dos
feudos, unidades econômico-sociais desse modo de produção: base territorial
de uma economia fundada no trato da terra, o feudo pertencia a um nobre
(senhor), que sujeitava os produtores diretos (servos); a terra arável era dividida entre a parte do senhor e a parte que, em troca de tributos e prestações,
era ocupada pelos servos (glebas) — pastos, prados, bosques e baldios eram
usados em comum. A propriedade da terra constituía o fundamento da estrutura social: a sociedade se polarizava entre os senhores e os servos — e é
preciso recordar que a Igreja católica, cuja alta hierarquia provinha da no-

---

8. Sob o escravismo, como informa John Eaton (1965, p. 24), inventou-se a roda dentada, passou-se
a fundir e a utilizar eficientemente o ferro e o bronze, generalizou-se o emprego da tração animal,
surgiram as alavancas e o parafuso de Arquimedes, o arado pesado, a confecção de pregos, a plaina
de carpinteiro, o moinho d'água, os guinchos e a roda hidráulica.

9. O que não significa dizer que a escravidão foi inteiramente abolida na Europa — de fato, mesmo
que em número pouco significativo, escravos continuaram a existir até o final da Idade Média.

breza e com ela se identificava, detinha grandes extensões de terras, fonte da riqueza que respaldava seu enorme poder.

A condição servil dos camponeses era muito distinta da condição dos escravos — embora duramente explorados (não só pelo dever do trabalho nas terras do senhor, mas ainda por inúmeros tributos, inclusive o dízimo recolhido pela Igreja), dispunham de instrumentos de trabalho e retiravam seu sustento do que produziam nas glebas e nas terras comunais. A economia do feudalismo era essencialmente rural e autárquica: cada feudo compunha-se de uma área de terra de extensão variável, envolvendo uma ou mais aldeias, e sua produção era destinada especialmente ao autoconsumo. À diferença da relação que o escravo mantinha com o seu proprietário, a relação entre o servo e o senhor feudal implicava formalmente uma série de compromissos mútuos — a prestação de serviços pelos servos, a proteção da vida do servo pelo senhor.

Mas também no regime feudal o excedente produzido pelos servos era expropriado mediante o monopólio da violência (real e potencial) exercido pelos senhores que, ademais, administravam a justiça no limite dos seus feudos. Todos os testemunhos históricos documentam a vida miserável que então cabia aos servos, bem como o ódio que devotavam a seus senhores, a quem deviam, ainda, o compromisso de não se afastar dos feudos (com efeito, o servo estava "preso à terra" e as mudanças ou fugas eram duramente punidas); não é por acaso, portanto, que as rebeliões camponesas tenham marcado tão fortemente a baixa Idade Média — cf., adiante, a nota 12.

O feudalismo encontrou-se plenamente estruturado na Europa por volta do século XI, com suas características principais inteiramente definidas: uma classe de produtores diretos, os servos, que já então gerava um excedente agrícola significativo, expropriado pelos senhores feudais, classe parasitária dedicada especialmente à caça e à guerra. Mas, paralelamente, mantinha-se a produção para a troca (isto é, a produção de mercadorias), centrada no trabalho artesanal. Essas trocas serão muito estimuladas a partir das Cruzadas;[10] assim, a estrutura social do feudalismo começa a se tornar mais complexa: os artesãos a pouco e pouco se organizam (em *corporações*) e os comerciantes/mercadores também buscam mecanismos

---

10. A primeira cruzada data do fim do século XI e a última, a sétima, de meados do século XIII.

associativos (as *ligas*). O estabelecimento de rotas comerciais para o Oriente trará um novo dinamismo a esse processo, que dará às atividades comerciais um destaque cujas consequências vão contribuir para a erosão das bases da ordem feudal, abrindo a via à crise do feudalismo e suas instituições, num longo período de transição que, ao fim, marcará o colapso do *Antigo Regime*.

Com efeito, o desenvolvimento do comércio não vai apenas romper com o caráter autárquico da economia do feudo e suas limitações — terá implicações muito mais profundas. De uma parte, estimulando o consumo da nobreza por *mercadorias* (especialmente as trazidas do Oriente pelas caravanas de mercadores) que não podiam ser obtidas por meio de saques ou guerras, mas trocadas por *dinheiro*, começará a conferir a este uma função privilegiada na vida social; de outra, fomentando a atividade comercial entre regiões afastadas, estimulará o surgimento de *cidades*, num original movimento urbanizador, pois é nas cidades que os núcleos das redes comerciais se localizarão (Veneza, Colônia, Bruges, Londres). É no interior dessas relações que um grupo social começa a ganhar importância crescente: o dos comerciantes/mercadores, representantes do *capital mercantil* (cf., adiante, no Capítulo 3, o item 3.2), movidos por um único objetivo, o *lucro*. É com eles que uma nova forma de riqueza, diferente daquela própria à ordem feudal — nesta, a forma privilegiada de riqueza era a *imobiliária*, expressa pela propriedade da terra —, vai ganhar relevância: a riqueza *mobiliária*, traduzida pela acumulação de dinheiro. Dos grandes comerciantes, grupo social que nasce nas entranhas da ordem feudal, surgirão os elementos que, a partir do século XVI, conformarão a classe que derrotará a feudalidade — eles constituirão a *burguesia*.

2.5. A crise do feudalismo e a Revolução Burguesa

A crise do feudalismo abre-se no século XIV, num processo extremamente complexo — e, até hoje, objeto de controvérsias e polêmicas — que só culminará, em termos histórico-universais, no final do século XVIII. No decurso desses séculos, operando para a ultrapassagem do modo de produção feudal, as suas contradições internas foram potenciadas pelos efeitos do florescimento do comércio, expressos na consolidação crescente de uma economia de base mercantil. O processo de crise do feudalismo é, igualmente, o solo histórico do movimento que conduzirá ao *mundo moderno* — a Revolução Burguesa.[11]

Precisamente no século XIV, a produção em que fundamentalmente se baseava o regime feudal (isto é: os cultivos e a pecuária) viu-se comprometida: as terras já cultivadas revelaram-se esgotadas e não havia recursos técnicos à época para recuperá-las, novas terras apresentavam resultados pobres e a necessária expansão dos cultivos fez-se à base da redução de áreas para a pecuária. Por outra parte, limites técnicos reduziram amplamente a mineração da prata, com o que se travou fortemente o curso do dinheiro (sob a forma de moeda metálica), o que trouxe grandes dificuldades, ainda que temporárias, para a vida comercial. Acresça-se a isso um outro fenômeno — a *peste negra* que, vinda da Ásia em 1348, dizimou cerca de um quarto da população europeia — e ter-se-á o quadro que vai erodir o regime feudal, que parecera tão estável entre os séculos XI e XIV.

As lutas entre as classes fundamentais do modo de produção feudal, senhores e servos (proprietários fundiários e camponeses), agudizam-se dramaticamente a partir de então,[12] já que os primeiros, para compensar a redução do excedente econômico de que se apropriavam, trataram de acentuar a exploração dos produtores diretos; e também entre os senhores instalaram-se conflitos que derivaram em verdadeiro banditismo, configurando um cenário de confrontos sociais que invadirá o século XVI.

É neste último século que o protagonismo dos movimentos camponeses praticamente se esgotará. Mas, mesmo derrotados os servos pela força, a sua luta conduziu a importantes alterações no regime feudal, alterações que o desenvolvimento do comércio já preparava. Do ponto de vista econômico, mediações de natureza mercantil penetraram as relações básicas da economia feudal entre os próprios senhores (a terra começou a ser objeto de transação mercantil) e entre senhores e servos (as prestações em trabalho e espécie começaram a ser substituídas por pagamentos em dinheiro). Aquilo que era

---

11. Nossas observações, daqui em diante, centrar-se-ão no rumo histórico da Europa Ocidental, dada a sua relevância direta para a compreensão do modo de produção capitalista; para a análise da Europa Oriental, valem as pesquisas de Anderson (1989 e 1989a).

12. Recorde-se, a título de ilustração: a guerra camponesa na Flandres Ocidental (1320), o levante do campesinato francês (1358, a *Grande Jacquerie*), a revolução camponesa na Inglaterra (1381), a revolta dos servos da Catalunha (1462), a insurreição do campesinato calabrês (1469) e as guerras camponesas na Alemanha (1525).

próprio de um segmento da ordem feudal, a economia mercantil urbana, cada vez mais consolidada e ampliada, a pouco e pouco iniciou uma irreversível expansão. Do ponto de vista político, ocorre uma centralização do poder, que vai encontrar a sua expressão maior na formação do Estado nacional moderno, através do surgimento do *Estado absolutista*.

O Estado absolutista representou a resposta dos senhores à rebeldia dos servos: seu caráter de classe mostrou-se óbvio — foi um notável reforço para combater as mobilizações camponesas. No entanto, esse instrumento repressivo a serviço da nobreza fundiária se constituiu *reduzindo* o poder dos nobres tomados singularmente; na verdade, concentrando o poder político nas mãos de *um* deles (o rei, que, até então, detinha uma reduzida autoridade), diminuiu significativamente a capacidade interventiva de cada um dos senhores feudais. Com isso, abriu-se ao mesmo tempo o campo para uma maior influência do grupo dos comerciantes/mercadores que, gradualmente, tornaram-se os *financiadores* do Estado absolutista, juntamente com as principais *casas bancárias* da época (as italianas Frescobaldi, Gualterotti e Strozzi e as alemãs Fugger, Welser e Hauser), que cresceram na mesma medida em que o comércio ganhava dimensões internacionais.

Dissemos que tal Estado inaugura o moderno Estado nacional. Com efeito, é com o absolutismo, a partir do século XVI, que surgem as estruturas próprias do Estado moderno, articulador da *nação*: uma *força armada* sob comando único, uma *burocracia* e um *sistema fiscal*. Não foi por acaso que se observou que "o poder estatal centralizado, com seus órgãos onipotentes — o exército permanente, a polícia, a burocracia, o clero e a magistratura — [...] procede dos tempos da monarquia absoluta e serviu à nascente sociedade burguesa como uma arma poderosa em suas lutas contra o feudalismo" (Marx, *in* Marx e Engels, 1961, 2, p. 80). Detenhamo-nos um pouco sobre o final dessa observação.

O Estado absolutista, do ponto de vista do seu conteúdo de classe, é, como assinalamos, um instrumento a serviço do *conjunto* dos senhores feudais. Para cumprir com essa função, porém, ele desenvolveu órgãos e instituições que se chocavam contra um ou outro senhor feudal singular e que não contrariavam os interesses dos grupos mercantis mais ricos, os grandes comerciantes (em suma, a nascente burguesia). A centralização política, por exemplo, colidia com a prática da cobrança de pedágio por parte dos senhores feudais, prática que acabou sendo suprimida — e essa supressão favoreceu os grandes comerciantes, cujas caravanas se deslocavam por rotas que cobriam largas extensões —; outro exemplo: a existência de uma força armada única, desmobilizando as milícias particulares dos senhores feudais, passou a garantir a segurança das caravanas comerciais. Numa palavra, a centralização do poder político nas mãos de um monarca absoluto atendeu, num primeiro momento, aos interesses do conjunto da nobreza e dos grandes comerciantes — financiadores, os últimos, do custo cada vez maior das novas instituições e seus órgãos.

Tais custos não podiam ser bancados nem pelos nobres nem pelos camponeses. Os primeiros constituíam uma classe parasitária e o principal do que obtinham vinha da exploração dos camponeses (a parte que provinha de seus negócios agora tornados mercantis, embora significativa, não era decisiva); os camponeses, que, com a expansão da economia mercantil à vida rural, estavam a pouco e pouco se livrando das obrigações da servidão,[13] mesmo com uma melhora da sua situação a partir de meados do século XV, não podiam suportar a carga fiscal que lhes era imposta. Restava aos grandes grupos mercantis bancar aqueles custos — e eles o fizeram na medida em que alguns de seus interesses eram contemplados pelas monarquias absolutas.

Os *monopólios comerciais* que as monarquias absolutas conferiam aos grandes comerciantes estavam no centro daqueles interesses. Criando *companhias por ações* (como aquelas das "Índias Ocidentais"), esses comerciantes operaram a chamada *revolução comercial*, que deslocou a rota comercial para o Atlântico nos séculos XVI e XVII, especialmente voltada para a América. Se as suas expedições rendiam lucros fabulosos desde a navegação de Vasco da Gama, envolvendo diretamente reis e rainhas,[14] a exploração posterior ofertaria ganhos antes impensáveis aos seus promotores. Muito notavelmen-

---

13. Do ponto de vista *factual*, a conversão de prestações em serviço e espécie em pagamentos em dinheiro fez com que, já em meados do século XVII, a servidão desaparecesse em significativas áreas da Europa Ocidental; um dado é eloquente: em 1700, dos 22 milhões de camponeses existentes na França, apenas 1 milhão era de servos no sentido rigoroso. Mas "o fim da servidão não significou aí o desaparecimento das relações feudais no campo. A identificação de um com o outro é um erro [...]" (Anderson, 1989a: 17).

14. Os lucros da viagem de Vasco da Gama à Índia (1498) foram da ordem de 6.000%. Informa Huberman (1986, p. 91): "Em uma das expedições de Drake contra os espanhóis, a própria rainha Elisabete possuía ações [...]. Os lucros, apenas nessa expedição, se elevaram a 4.700%, dos quais a boa rainha Bess recebeu cerca de 250.000 libras como sua cota".

te, o ouro e a prata americanos, inundando a Europa, fortaleceram demasiadamente os grandes grupos comerciais.

Mas os instrumentos do Estado absolutista que favoreciam tais grupos não eliminavam a contradição entre os interesses da nobreza e os novos ricos. A expansão das atividades mercantis, que agora tinham amplitude internacional e na Europa Ocidental viam o nascimento da *manufatura* (cf., adiante, no Capítulo 4, o item 4.5), chocava-se com a *estrutura* do Estado absolutista; conforme uma arguta análise, essa "revolução das condições econômicas da vida social não foi seguida por uma mudança correspondente na estrutura política. Enquanto a sociedade tornava-se cada vez mais burguesa, a ordem política continuou sendo feudal" (Engels, 1972, p. 115). Esse cenário é exatamente aquele em que, como vimos há pouco (no item 2.2), "sobrevém uma época de revolução social": as forças produtivas já não podem se desenvolver no marco das relações de produção — na sociedade, surgiam forças produtivas[15] que exigiam novas relações (capitalistas, burguesas), mas estas eram travadas pelo Estado absolutista (que condensava relações de produção feudais). Sobreveio a Revolução Burguesa.

Os comerciantes/mercadores, no interior da sociedade feudal, foram se tornando protagonistas econômicos importantes. Seus interesses chocavam-se com os da nobreza feudal, mas, nos primeiros momentos de constituição do Estado absolutista, como vimos, essa contradição subordinou-se àquela que antagonizava nobres e servos. Uma vez derrotados os servos, a contradição entre os grandes grupos mercantis (dos quais emergia a nova classe burguesa) e a nobreza ganhou o primeiro plano da vida social. O Estado absolutista, que, no entretempo, servira também aos interesses da burguesia nascente, agora transforma-se — como expressão maior das

---

15. Apenas a título de ilustração, anotem-se as seguintes invenções e inovações (todas posteriores à impressão com tipos móveis [Gutenberg] e à utilização bélica da pólvora) — entre 1500 e 1650: relógio de corda, trilhos nas minas, relógio de pêndulo; ao longo do século XVIII: máquina de Newcomen, fundição a carvão, lançadeira, máquina de cardar, cronômetro, fuso de tear, máquina rotativa de Watt, balão, torno de Maudslay; neste século XVIII, o da *Revolução Industrial,* as inovações referidas à tecelagem foram decisivas: a *jenny* (Hargreaves, 1764), a *throstle* (Arkwright, 1771) e a *mule* (Crompton, 1779). Compreende-se esse acúmulo se se recorda que, "passo a passo com o ascenso da burguesia, produzia-se o grande ressurgimento da ciência. Voltava-se a cultivar a astronomia, a mecânica, a física, a anatomia, a fisiologia. A burguesia necessitava, para o desenvolvimento de sua produção industrial, de uma ciência que investigasse as propriedades dos corpos físicos e o funcionamento das forças naturais" (Engels, *in* Marx e Engels, 1961, 2, p. 294).

relações sociais próprias à feudalidade — em obstáculo para o desenvolvimento burguês. E a burguesia tratou de removê-lo, num processo que culminou em 1789.

A Revolução Burguesa, vê-se, constitui mesmo toda *uma época de revolução social* — inicia-se com os grupos mercantis tornando-se figuras centrais na economia, conformando-se numa nova classe social, o que se processa entre os séculos XV e XVII, e prossegue nos séculos XVII e XVIII, quando a nova classe, já constituída, constrói a sua hegemonia político-cultural e reúne as condições para o enfrentamento direto com a feudalidade, derrotando-a nos confrontos maiores de 1688/89 (Inglaterra) e 1789 (França). A tomada do poder político pela burguesia, cujo marco emblemático é 1789, não constitui mais que o desfecho de uma luta de classes plurissecular, que teve no domínio da cultura e das ideias um campo de batalhas decisivo, como o provam a *Reforma* protestante e a *Ilustração*.[16] Foi a hegemonia conquistada pela burguesia no terreno das ideias que lhe permitiu organizar o *povo* (o conjunto do *Terceiro Estado*) e liderá-lo na luta que pôs fim ao *Antigo Regime*.

Enterrado o *Antigo Regime*, abre-se o século XIX com o Estado criado pela burguesia triunfante, o *Estado burguês*. Colocando a seu serviço aqueles "órgãos onipotentes" de que falava Marx (o exército, a polícia, a burocracia), a nova classe dominante articulou a superestrutura necessária para o desenvolvimento das novas forças produtivas de que o seu ascenso era o inequívoco indicador: criam-se as melhores condições para a concretização histó-

---

16. A Reforma, na segunda década do século XVI, foi o primeiro grande ataque político ao maior sustentáculo do regime feudal, a Igreja. Escreveu um analista: "Antes que a classe média [isto é, a burguesia] pudesse apagar o feudalismo em cada país, tinha de atacar a organização central — a Igreja. E foi o que fez. A luta tomou um disfarce religioso. Foi denominada Reforma protestante. Em essência, constituiu a primeira batalha decisiva da nova classe média contra o feudalismo" (Huberman, 1986, p. 83). Cabe assinalar que o movimento de Calvino e Lutero permitiu o desenvolvimento de uma ética apropriada ao que seria mais tarde denominado por Max Weber (1864-1920) como o "espírito do capitalismo".

A Ilustração, que floresce no século XVIII, especialmente na França, consolida a cultura antropocêntrica inaugurada pelo Renascimento e sinaliza a derrota final do ideário da feudalidade; ela é a expressão ideal mais alta da burguesia revolucionária. Do pensamento dos *enciclopedistas*, que, à diferença dos materialistas ingleses, estendiam sua crítica "a todas as tradições científicas e a todas as instituições políticas do seu tempo", veio o espírito que, durante o processo revolucionário que explodiu em 1789, "serviu de bandeira teórica aos republicanos franceses", bandeira da qual "saiu o texto da Declaração dos Direitos do Homem" (Engels, *in* Marx e Engels, 1961, 2, p. 297).

rica do modo de produção que tem como uma de suas classes fundamentais a burguesia — trata-se do *modo de produção capitalista*, gestado no ventre do feudalismo e no interior do qual a produção generalizada de *mercadorias* ocupa o centro da vida econômica. É hora, portanto, de cuidarmos da mercadoria e do modo de produção em que ela, nas palavras de Marx, constitui a "forma celular da economia".

Sugestões bibliográficas

Acerca das categorias da Economia Política, um instrumento valioso é oferecido pelo *Dicionário do pensamento marxista*, organizado por T. B. Bottomore (Rio de Janeiro: Jorge Zahar, 1988); tais categorias, bem como as leis econômicas, são objeto das doutas reflexões de Oskar Lange em *Moderna economia política* (Rio de Janeiro: Fundo de Cultura, 1963). Mas a leitura fundamental continua sendo a "Introdução" de 1857, com que Marx abre os *Elementos fundamentales para la crítica de la economía política. Borrador. 1857-1858* (acessível em K. Marx, *Para a crítica da economia política. Salário, preço e lucro. O rendimento e suas fontes*. São Paulo: Abril Cultural, 1982a). Quanto ao excedente econômico, o tratamento clássico é o que se encontra no segundo capítulo da obra de Paul A. Baran, *A economia política do desenvolvimento* (Rio de Janeiro: Zahar, 1977).

O complexo debate sobre modos de produção/formação econômico-social pode ser aprofundado com o recurso à introdução de E. J. Hobsbawm aos textos contidos em K. Marx, *Formações econômicas pré-capitalistas* (Rio de Janeiro: Paz e Terra, 1981), e em Emilio Sereni *et al.*, *Modo de produção e formação econômico-social* (Lisboa: Estampa, 1974).

No que tange à passagem da "barbárie" à "civilização", é sugestiva a argumentação de Engels, em *A origem da propriedade privada, da família e do Estado* (*in* K. Marx e F. Engels, *Obras escolhidas em três volumes*. Rio de Janeiro: Vitória, 1963, v. 3); mas estudos cuidadosos sobre o escravismo e o feudalismo são da lavra de Perry Anderson (*Passagens da antiguidade ao feudalismo*. São Paulo: Brasiliense, 1989). Sobre a ordem feudal e sua desagregação, ainda compensa leitura o antigo e agradável livro de Leo Huberman, *História da riqueza do homem* (Rio de Janeiro: Guanabara Koogan, 1986, parte I) e também permanecem clássicos os capítulos II e III de Maurice Dobb, *A evolução do capitalismo* (Rio de Janeiro: Zahar, 1965); naquela desagregação, o papel do absolutismo é estudado por Perry Anderson (*Linhagens do Estado absolutista*. São Paulo: Brasiliense, 1989a); e elementos da polêmica sobre a transição do feudalismo ao capitalismo encontram-se reunidos em P. M. Sweezy *et al.*, *Do feudalismo ao capitalismo* (Lisboa: Dom Quixote, 1978). Um balanço dessa polêmica é oferecido por Ellen M. Wood, na parte I de *A origem do capitalismo* (Rio de Janeiro: Jorge Zahar, 2001).

A problemática ídeo-cultural no interior do Mundo Antigo (especificamente a Grécia) vem tratada por Agnes Heller, em *Aristóteles y el mundo antiguo* (Barcelona: Península, 1983, esp. partes I, 1, III e X); para o arco histórico que vai da Renascença à Ilustração, recorra-se à mesma Heller (*O homem do Renascimento*. Lisboa: Presença, 1982, esp. primeira e quarta partes), a Sérgio Paulo Rouanet (*Mal-estar na modernidade*. São Paulo: Companhia das Letras, 1993, caps. 1 e 4) e ao excelente livro de Leo Kofler, *Contribución a la historia de la sociedad burguesa* (Buenos Aires: Amorrortu, 1997). O trato das ideias políticas, no período da ascensão da burguesia, é o objeto de C. B. Macpherson, *A teoria política do individualismo possessivo* (Rio de Janeiro: Paz e Terra, 1979).

Filmografia

O sétimo selo. Suécia. 1957. Direção: Ingmar Bergman. Duração: 102 min.

Spartacus. Estados Unidos. 1960. Direção: Stanley Kubrick. Duração: 183 min.

O incrível exército de Brancaleone. Itália. 1965. Direção: Mario Monicelli. Duração: 116 min.

Giordano Bruno. Itália. 1973. Direção: Giuliano Montaldo. Duração: 116 min.

A noite de Varennes (Casanova e a revolução). Itália. 1982. Direção: Ettore Scola. Duração: 121 min.

O nome da rosa. Alemanha. 1986. Direção: Jean-Jacques Annaud. Duração: 130 min.

Ilha das flores. Brasil. 1989. Direção: Jorge Furtado. Duração: 13 min.

Capítulo 3

Produção de mercadorias e modo de produção capitalista

"A riqueza das sociedades em que domina o modo de produção capitalista aparece como uma imensa coleção de mercadorias, e a mercadoria individual como sua forma elementar" (Marx, 1983, I, 1, p. 45). Essa frase, com que se inicia *O capital*, descreve algo que é sobejamente conhecido por todos aqueles que, como nós (autores e leitores deste livro), vivem em sociedades nas quais tem vigência o modo de produção capitalista. Todos nós temos a experiência cotidiana desse fato: a riqueza se constitui como um acúmulo de mercadorias. Mais ainda: para todos nós, comprar e vender mercadorias é igualmente uma experiência cotidiana; a compra e a venda, eis aí "a *relação* mais simples, corriqueira, fundamental, maciça e comum, com que nos deparamos mil e uma vezes" (Lênin, *apud* Nikitin, s.d., p. 32).

Na reiteração da nossa experiência diária, tudo isso nos parece muito óbvio porque nos remete a fenômenos que parecem ser absolutamente naturais. Nascemos, crescemos e vivemos (e morremos) em meio a mercadorias; aprendemos a comprar e a vender — para isso, usamos o dinheiro; e desde a infância sabemos que a riqueza se expressa pela abundância de mercadorias (que, com o dinheiro, podemos comprar), assim como a pobreza se manifesta por sua carência (quando não temos dinheiro para comprá-las). E se algum dia colocamos tudo isso em questão, haverá alguém, ao nosso lado, falando com "a voz da experiência", a espantar as nossas dúvidas, dizendo-nos *que sempre foi assim*.

Não, nem sempre foi assim — de fato, *está sendo* assim aproximadamente *apenas* nos últimos trezentos anos (e se o nosso leitor hesitar quanto a esse *apenas*, basta que volte às páginas anteriores). Neste capítulo, nosso objetivo é oferecer alguns elementos teóricos e históricos para a compreensão da *historicidade* do que parece tão "natural".

3.1. Mercadoria e produção mercantil

Comecemos por caracterizar a *mercadoria*: ela é um objeto externo ao homem, algo que, pelas suas propriedades, satisfaz uma necessidade humana qualquer, material ou espiritual — a sua utilidade, determinada pelas suas propriedades, faz dela um *valor de uso*.

O intercâmbio entre a sociedade e a natureza, que mencionamos ao estudar o trabalho (Capítulo 1), resulta na produção de bens que são valores de uso. Sem esse intercâmbio (ou seja: sem o trabalho de que resulta a produção de valores de uso), a sociedade não pode se manter; em resumidas contas, a existência da sociedade *sempre* depende da produção de valores de uso.[1] Na medida em que é valor de uso, a mercadoria é produto do trabalho — *mas nem tudo que possui valor de uso resultante de trabalho é mercadoria*. Vejamos por quê.

Em primeiro lugar, porque só constituem mercadorias aqueles valores de uso que podem ser *reproduzidos*, isto é: produzidos mais de uma vez, repetidamente. O exemplo fornecido por dois especialistas é suficiente para esclarecer esse aspecto: "A *Gioconda*, enquanto tal, é um produto; as reproduções da *Gioconda*, que não são a própria *Gioconda*, constituem mercadorias porque são reprodutíveis" (Salama e Valier, 1975, p. 7). Em segundo lugar, porque *a mercadoria é um valor de uso que se produz para a troca, para a venda*; os valores de uso produzidos para o autoconsumo do produtor (o móvel que um marceneiro fabrica para uso em sua própria casa) não são mercadorias — somente valores de uso que satisfaçam necessidades sociais (humanas) de outrem e, portanto, sejam requisitados por outrem, constituem mercadoria; esta, pois, dispõe de uma dimensão que sempre vem vinculada ao seu

---

1. Lembremo-nos ainda de que também há valores de uso que *não são produtos do trabalho* — certos bens naturais que são indispensáveis à vida humana, como o ar, por exemplo.

valor de uso: a sua faculdade de ser trocada, vendida (o seu *valor de troca*). Assim, portanto, **a mercadoria é uma unidade que sintetiza valor de uso e valor de troca**.

Para que haja produção de mercadorias, duas condições são absolutamente necessárias. A primeira diz respeito à existência, mesmo que incipiente, de divisão social do trabalho: para que se produzam diferentes mercadorias (ânforas, tecidos etc.), é preciso que o trabalho esteja de algum modo repartido entre diferentes homens (ou diferentes grupos de homens). Mas essa condição, necessária, não é suficiente para a produção de mercadorias: ela deve se articular à propriedade privada dos meios de produção — só pode comprar ou vender uma mercadoria aquele que seja o seu dono e, para tanto, é necessário que os meios com os quais a produziu pertençam a ele. Quando a propriedade dos meios de produção é coletiva, mesmo que se registre alguma divisão do trabalho, a compra e a venda não são possíveis, uma vez que o produto do trabalho pertence à coletividade em seu conjunto.[2] Isso significa que **a produção de mercadorias tem como condições indispensáveis a divisão social do trabalho e a propriedade privada dos meios de produção** — sem ambas, produzem-se bens, valores de uso, mas não há produção mercantil (produção de mercadorias).[3]

Historicamente, a produção mercantil é um fruto tardio do processo de constituição da sociedade humana — suas primeiras formas surgem quando a comunidade primitiva se desintegrou. Ela aparece no modo de produção escravista, fazendo com que em inúmeras sociedades assentadas sobre o escravismo exista um segmento, maior ou menor, de relações mercantis. No modo de produção feudal, esse segmento cresceu significativamente, em especial a partir do século XIII (recorde-se o que vimos anteriormente sobre as Cruzadas e o comércio). Todavia, nem o escravismo, nem o feudalismo podem ser considerados *modos de produção de mercadorias*; rigorosamente, apenas o modo de produção capitalista caracteriza-se como um modo de produção de mercadorias.

---

2. Essa consideração aplica-se somente à possibilidade de troca ou venda no *interior* de uma comunidade humana. Há indicações históricas de trocas entre *comunidades* diferentes, nas quais não existia a propriedade privada.

3. Muitos economistas distinguem, por isso mesmo, a *economia natural* (na qual a produção de mercadorias é inexistente ou residual) da *economia mercantil* (na qual a produção de mercadorias é dominante).

3.2. Produção mercantil simples e produção capitalista

A produção mercantil, surgindo já sob o escravismo e desenvolvendo-se no feudalismo, especialmente a partir do século XIII, supõe, como vimos, a divisão social do trabalho e a propriedade privada dos meios de produção. Sob o escravismo, ela resultava principalmente da atividade dos artesãos (que desfrutavam da condição de trabalhadores livres), embora parte do excedente produzido pelos escravos pudesse ser trocada pelos seus proprietários. Sob o feudalismo, no decorrer do século XIII, o contingente dos artesãos aumenta (já fizemos menção às *corporações*) e às suas mercadorias se soma o excedente produzido por camponeses e destinado à troca.

Na sua configuração mais geral, essa produção de mercadorias — que se designa como **produção mercantil simples** — assentava em dois pilares: *o trabalho pessoal* e o fato de artesãos e camponeses nela envolvidos serem os *proprietários dos meios de produção* que empregavam. Originalmente, esse tipo de produção não implicava relações de exploração: o camponês trabalhava solidariamente com membros da sua família e o mestre-artesão compartilhava as condições de trabalho e vida de seus aprendizes e jornaleiros (as corporações eram, também originalmente, associações de pares: aprendizes e jornaleiros seriam os futuros mestres). Ademais, esse tipo de produção destinava-se basicamente a um mercado restrito, quase sempre de âmbito local, no qual os produtores conheciam as necessidades dos compradores.

O desenvolvimento do comércio, a partir do século XIII, vai contribuir para alterar significativamente a produção mercantil simples. A pouco e pouco, com a crescente intervenção dos comerciantes, os mercados locais perderão sua importância, serão diversificados e estendidos e, nalguns casos, substituídos por outros, graças à ampliação das rotas comerciais. Antes dessa crescente intervenção, o produtor levava ao mercado a sua mercadoria para vendê-la a fim de obter as outras mercadorias de que carecia para o seu consumo pessoal ou as matérias-primas e instrumentos necessários à continuação do seu trabalho. Pode-se simbolizar o *processo de circulação* característico da produção mercantil simples com a seguinte expressão:

$$M \longrightarrow D \longrightarrow M \text{ (Mercadoria} \longrightarrow \text{Dinheiro} \longrightarrow \text{Outra Mercadoria)}$$

O produtor, portanto, não tinha na posse do dinheiro o seu objetivo central: o dinheiro lhe servia exclusivamente como *meio de troca* — o dinheiro funciona aqui como simples intermediação entre mercadorias diferentes. E, na escala de um mercado local, a circulação das mercadorias era restrita: ela passava quase diretamente das mãos do produtor às do consumidor.

Com a demanda de mercadorias aumentada e com a expansão do emprego do dinheiro, foram se modificando as condições gerais que contextualizavam a produção mercantil simples. A ampliação das atividades comerciais e a constituição de mercados cada vez maiores e afastados alterou aquele quadro. De um lado, os comerciantes se introduzem entre os produtores e os consumidores — a circulação das mercadorias se torna mais complexa. Os comerciantes não controlavam ou dominavam a produção: sua atividade consistia em encontrar mercadorias que podiam comprar a preços baixos e vender a preços mais altos. Frequentemente combinando a compra e a venda com a pirataria e os saques, começaram a acumular grandes lucros — a base do seu *capital comercial* (ou capital de *comércio de mercadorias* que, junto com o capital de *comércio de dinheiro*, constitui o *capital mercantil*). De fato, a circulação mercantil se modifica com a entrada em cena dos comerciantes; com eles, o esquema original se torna distinto:

$$D \longrightarrow M \longrightarrow D^{+} \textit{ (Dinheiro} \longrightarrow \textit{Mercadoria} \longrightarrow \textit{Dinheiro acrescido)}$$

Note-se que eles não participavam das atividades produtivas seja nas áreas onde compravam, seja nas áreas onde vendiam: eram somente elos de ligação entre esses espaços. Os seus ganhos (isto é, lucros) fundavam-se na diferença entre o que pagavam e o que recebiam pela mercadoria transacionada (na fórmula acima, essa diferença positiva é representada por D^{+}). Recorde-se, como vimos no capítulo anterior, que a futura burguesia terá origem entre os grupos mercantis cujas fortunas cresceram enormemente nos séculos XV e XVI.

De outro lado, alteraram-se as condições em que operavam os produtores diretos. Processava-se uma diferenciação entre os artesãos: uma minoria de mestres enriqueceu às expensas de seus jornaleiros e aprendizes — a antiga solidariedade de pares se dissolveu e dos mestres emergiu uma camada de *patrões*. Também os camponeses que destinavam seu excedente para o mercado foram impactados: uma minoria enriqueceu e a maioria se arruinou. Já no século XVIII, a produção mercantil simples viu-se deslocada pela **produção mercantil capitalista**.[4]

As bases da produção mercantil capitalista são inteiramente distintas das da produção mercantil simples. Se ambas supõem a divisão social do trabalho e a propriedade privada dos meios de produção, na produção mercantil capitalista essa propriedade não cabe ao produtor direto, mas ao *capitalista* (ao burguês). Aqui, desaparece o *trabalho pessoal* do proprietário: o capitalista é proprietário dos meios de produção, mas não é ele quem trabalha — ele compra a *força de trabalho* que, com os meios de produção que lhe pertencem, vai produzir mercadorias. Logo adiante, veremos como surge essa força de trabalho que pode ser comprada e vendida — ou, mais exatamente, veremos como a força de trabalho se torna, ela também, uma mercadoria. Por agora, o que importa sublinhar é que a produção mercantil capitalista, à diferença da produção mercantil simples, assenta na *exploração da força de trabalho*, que o capitalista compra mediante o *salário*. Os ganhos (lucros) do capitalista, diferentemente dos ganhos do comerciante, não provêm da circulação: sua origem está na *exploração do trabalho* — reside no interior do processo de produção de mercadorias, que é controlado pelo capitalista.

A circulação mercantil *capitalista*, evidentemente, é distinta da circulação mercantil simples. O capitalista, ao contrário do produtor mercantil simples, não quer mercadorias para trocar por outras mercadorias e, portanto, não emprega o seu dinheiro como simples intermediário entre uma mercadoria e outra. A circulação capitalista também difere daquela na qual o comerciante é o elo entre produtores (camponeses e artesãos) e consumidores, precisamente porque o lucro capitalista não é criado na esfera da circulação; provindo da esfera da produção, o lucro capitalista exige a continuidade da produção e o seu controle pelo capitalista — nem uma nem outro são decisivos para o comerciante. Se tanto o comerciante quanto o capitalista têm no lucro o seu único objetivo, para este último o fato de comandar a produção é central. Assim, a circulação mercantil *capitalista* expressa-se na seguinte fórmula:

$$D \longrightarrow M \longrightarrow D' \ (Dinheiro \longrightarrow Mercadoria \longrightarrow Dinheiro\ acrescido)$$

---

4. Isso não significa, em absoluto, o desaparecimento da produção mercantil simples — ao longo do desenvolvimento da sociedade burguesa, ela se conservou (como ainda hoje se pode constatar) e não há indicações de sua inteira supressão. Desde o século XVIII, porém, ela não dispõe de gravitação na dinâmica econômica do capitalismo.

Mas, atenção: o D' que o capitalista obtém ao fim do processo é inteiramente diverso do D^+ obtido pelo comerciante; se este advém da diferença entre os preços de compra e venda, o D' embolsado pelo capitalista provém de um **acréscimo de valor** gerado, na produção, pela intervenção da força de trabalho; D^+ é dinheiro + lucro; D', de onde sai o lucro do capitalista, é dinheiro + **mais-valia**, que analisaremos mais adiante (Capítulo 4, item 4.2).

Podemos agora explicitar uma determinação essencial: nem toda produção mercantil é produção capitalista, embora toda produção capitalista seja produção mercantil — **o que especifica a produção mercantil capitalista é o fato de ela se fundar sobre o *trabalho assalariado*** (o salário é o preço que o capitalista paga pela mercadoria força de trabalho). Não é, portanto, apenas a produção de mercadorias que caracteriza o modo de produção capitalista; na verdade,

> as condições históricas da existência [do modo de produção capitalista] não se limitam à simples circulação de dinheiro e mercadorias. [Ele] só pode florescer quando o dono dos meios de produção e subsistência encontra no mercado o trabalhador livre, que vende sua capacidade de trabalho (Marx, *apud* Sweezy, 1962, p. 88).

A produção mercantil capitalista se peculiariza, pois, porque põe em cena dois sujeitos historicamente determinados: o capitalista (ou burguês), que dispõe de dinheiro e meios de produção (que, então, tomam a forma de *capital*), e aquele que pode tornar-se o produtor direto porque está livre para vender, como mercadoria, a sua força de trabalho — o proletário (ou operário). As *classes fundamentais* do modo de produção capitalista, assim, determinam-se pela propriedade ou não dos meios de produção: os capitalistas (a classe capitalista, a burguesia) detêm essa propriedade, enquanto o proletariado (o operariado, a classe constituída pelos produtores diretos) dispõe apenas de sua capacidade de trabalho e, logo, está simultaneamente livre para/compelido a vendê-la como se vende qualquer mercadoria; no modo de produção capitalista, o capitalista é o representante do capital e o proletário o do trabalho.[5]

---

5. O fato de o modo de produção capitalista implicar duas classes fundamentais não significa que as formações sociais capitalistas tenham suas estruturas de classes constituídas somente por duas classes — nelas, burguesia e proletariado articulam-se a outras classes.

Mas, historicamente, quando até a força de trabalho se converte em mercadoria, está posta a possibilidade *de mercantilizar o conjunto das relações sociais* — isto é: não somente de introduzir a lógica mercantil (compra e venda) em todas as relações econômico-materiais mas, também, de generalizá-la às outras relações sociais. Nas sociedades onde impera o modo de produção capitalista, quanto mais este se desenvolve, mais a lógica mercantil invade, penetra e satura o conjunto das relações sociais: as operações de compra e venda não se restringem a objetos e coisas — **tudo** é objeto de compra e venda, de artefatos materiais a cuidados humanos. O modo de produção capitalista *universaliza* a relação mercantil. É nesse sentido que, estruturalmente, ele pode ser caracterizado como *o* modo de produção de mercadorias.

A partir das observações de natureza histórica que foram feitas precedentemente, o leitor já pode concluir que o surgimento do modo de produção capitalista teve como condições *um alto grau no desenvolvimento da produção de mercadorias* e *um correspondente aumento do papel do dinheiro nas trocas* — condições que são localizáveis no interior do feudalismo, especialmente a partir dos séculos XV e XVI. No entanto, para que essa expansão da produção mercantil simples desaguasse na produção mercantil capitalista, era necessário um processo específico — era necessário que se constituísse uma classe de homens que pudesse dispor de riqueza acumulada para comprar meios de produção e força de trabalho e uma classe de homens desprovidos de tudo, exceto da sua força de trabalho, tornada o seu único bem, agora passível de compra e venda.

3.3. A *acumulação primitiva*

Repitamos: o surgimento do modo de produção capitalista implica uma *produção mercantil simples* bastante ampla, o que envolve intensas *atividades comerciais*, com uma generalizada utilização de *dinheiro* como meio de troca. Mas tais condições, necessárias, não são suficientes — para que surja e se desenvolva o modo de produção capitalista, é preciso que se confrontem homens que dispõem de recursos para comprar a força de trabalho como mercadoria e homens que só dispõem da sua força de trabalho como a única mercadoria que têm para vender.

A existência dessas duas categorias de homens (e já sabemos que se trata de duas *classes sociais*) não é produto de um acidente qualquer ou de uma lei da natureza — ela resulta de um processo histórico que se operou do final do século XV até meados do século XVIII, constituindo a **acumulação primitiva** ou **originária**, num ciclo que Marx chamou de "pré-história do capital e do modo de produção que lhe é próprio": trata-se do processo que propiciou que se encontrassem

> duas espécies bem diferentes de possuidores de mercadorias: de um lado, possuidores de dinheiro, meios de produção e meios de subsistência, que se propõem a valorizar a soma-valor que possuem mediante compra de força de trabalho alheia; do outro, trabalhadores livres, vendedores da própria força de trabalho e, portanto, vendedores de trabalho. Trabalhadores livres no duplo sentido, porque não pertencem diretamente aos meios de produção, como os escravos, os servos etc., nem os meios de produção lhes pertencem, como, por exemplo, o camponês economicamente autônomo etc., estando, pelo contrário, livres, soltos e desprovidos deles. Com essa polarização do mercado estão dadas as condições fundamentais da produção capitalista. [... Trata-se do] processo de separação do trabalhador da propriedade das condições de seu trabalho, um processo que transforma, por um lado, os meios sociais de subsistência e de produção em capital, por outro os produtores diretos em trabalhadores assalariados (Marx, 1984, I, 2, p. 262).

A acumulação primitiva produziu-se na Inglaterra na sua forma mais "clássica", e não por acaso esse país experimentou tão pioneira e intensamente o desenvolvimento capitalista; no entanto, também noutros espaços da Europa Ocidental ela teve lugar. Na ilha, seu principal instrumento foram os "cercamentos" (*enclosures*) das terras comunais dos camponeses: os proprietários fundiários (*landlords*), através da violência mais brutal, transformaram tais terras em pastagens de ovelhas, expulsando delas os camponeses. Uma legislação (logo qualificada como "sanguinária") foi acionada para castigar aqueles que resistissem ao esbulho. Ao cabo de algumas décadas, o resultado desse processo bárbaro foi, de um lado, a concentração da propriedade da terra nas mãos de poucos[6] e, de outro, o deslocamento, para as cidades, de uma enorme massa de homens desprovida de tudo à exceção da

---

6. Para essa concentração fundiária contribuiu também a Reforma Protestante, que levou à expropriação de terras da Igreja, detentora de uma enorme quantidade de áreas.

sua força de trabalho — precisamente aqueles contingentes que, livres da servidão e ao mesmo tempo sem dispor de nada, podiam migrar de um lugar a outro oferecendo-se para trabalhar; em suma, os contingentes donde sairia a classe operária.[7]

No outro pólo, gestou-se a classe que tinha condições para comprar a força de trabalho que agora se oferecia: a burguesia. Formou-se a partir dos grandes grupos comerciais a que já nos referimos, aos quais se juntaram segmentos de antigos mestres-artesãos que enriqueceram. Mas não foi apenas o acúmulo do capital mercantil que propiciou o aparecimento dos compradores de força de trabalho: a outra face da acumulação primitiva foi, quase no mesmo decurso temporal, uma expansão ampliada daquele capital, também através de métodos que nada ficam a dever à barbárie praticada contra os camponeses:

> A descoberta das terras do ouro e da prata, na América, o extermínio, a escravização e o enfurnamento da população nativa nas minas, o começo da conquista e pilhagem das Índias Orientais, a transformação da África em um cercado para a caça comercial às peles negras marcam a aurora da era de produção capitalista (Marx, 1984, I, 2, p. 285).

A acumulação primitiva ocorreu ainda no interior do regime feudal, sob os auspícios do Estado absolutista, e criou a condição fundamental para o surgimento do modo de produção capitalista: **a relação capital/trabalho**. Intercorrendo com a dinâmica que erodia as bases da ordem feudal, ela responde pela verdade da verificação feita por Engels, e que transcrevemos no capítulo anterior: *enquanto a sociedade se tornava cada vez mais burguesa, a ordem política continuava sendo feudal.* É ainda nas entranhas da sociedade feudal que, no século XVI, começa a se constituir a sociedade burguesa, aquela que se funda no modo de produção capitalista — e o capitalismo é a

---

7. Não por acaso, paralelamente à acumulação primitiva, surgiram na Europa massas de mendigos e bandoleiros, contra os quais agia forte a mão pesada do Estado. Constatou um historiador: "Os dados sobre o número de mendigos nos séculos XVI e XVII são surpreendentes. Um quarto da população de Paris na década de 1630 era constituído de mendigos, e nos distritos rurais seu número era igualmente grande. Na Inglaterra, as condições não eram melhores. A Holanda estava cheia deles e, na Suíça, no século XVI, *quando não havia outra forma de se livrar dos mendigos que sitiavam suas casas ou vagavam em bandos pelas estradas e florestas, os homens de bens organizavam expedições contra esses desgraçados*" (Huberman, 1986, p. 97; a frase em itálico é transcrita de dois outros historiadores).

organização da sociedade na qual a terra, as fábricas, os instrumentos de produção etc. pertencem a um pequeno número de proprietários fundiários e capitalistas, enquanto a massa do povo não possui nenhuma ou quase nenhuma propriedade e, por isto, deve vender a sua força de trabalho (Lênin *apud* Nikitin, s.d., p. 53).

Uma vez que sabemos como se processou historicamente o surgimento da condição fundamental para a existência do modo de produção capitalista, podemos examinar algo que deixamos de aprofundar ao tratar há pouco da mercadoria, e que é absolutamente importante para compreendê-la bem: seu valor e sua relação com o dinheiro.

3.4. Valor e dinheiro

O *valor* de uma mercadoria é a quantidade de trabalho média, em condições históricas dadas, exigida para a sua produção (*trabalho socialmente necessário*); tal valor só pode manifestar-se quando mercadorias diferentes são comparadas no processo da troca — isto é, através do *valor de troca*: é na troca que o valor das mercadorias se expressa.

Quando as trocas eram acidentais, limitadas e fortuitas, uma mercadoria era comparada com outra e expressava seu valor diretamente no valor daquela; assim, uma quantidade determinada de trigo era equiparada a uma quantidade determinada de tecido (x de trigo = y de tecido). O valor tomava, então, o que se designa como a sua *forma simples*.

O crescimento do excedente e o desenvolvimento da produção mercantil foram tornando as trocas mais regulares, incrementando o comércio e fazendo com que uma determinada mercadoria se tornasse a medida de valor de várias outras — por exemplo, *um boi* foi equiparado a x de trigo, ou y de tecido ou z de um metal precioso e assim por diante. Nesse passo da evolução histórica, em que *uma* mercadoria passou a expressar o seu valor numa diversidade de outras mercadorias, o valor adquiriu a sua *forma desenvolvida* ou *total*.

Quando a produção mercantil se tornou mais ampliada, *uma* mercadoria passou a se destacar entre as demais, com todas as outras expressando o seu valor através dela — e essa mercadoria, assim, converteu-se no padrão de medida do valor das demais; em suma, ela transformou-se num *equivalente universal* (ou *geral*) e o valor alcançou o que se denomina a sua *forma universal* (*x* de trigo, *y* de tecido ou *z* de ouro etc. passaram a equiparar-se a *um* boi). O surgimento do *equivalente universal* permitiu que a circulação das mercadorias avançasse ainda mais; no entanto, somente quando esse equivalente universal passou a ser uma mercadoria dotada de propriedades especiais (durabilidade, divisibilidade, facilidade de transporte etc.), a circulação mercantil pôde florescer — e foram os metais preciosos (ouro, prata), convertidos em *dinheiro*, que se mostraram adequados a essa função. *O dinheiro, pois, é a mercadoria especial na qual todas as outras expressam o seu valor.* O valor de uma mercadoria, expresso em dinheiro, é o seu *preço*.

Resultado espontâneo das práticas da troca numa longa evolução histórica,[8] o dinheiro, em moedas de ouro, prata etc., ou através de seus símbolos de papel (cédulas),[9] desempenha várias funções nas sociedades onde existe produção mercantil. Quando essa produção se amplia e o comércio generaliza as trocas, o dinheiro funciona como:

a) *equivalente geral* — equiparando todas as mercadorias oferecidas;

b) *meio de troca* — possibilitando a circulação de mercadorias;

c) *medida de valor* — oferecendo um padrão de mensuração para todas as mercadorias;

d) *meio de acumulação* ou *entesouramento* — podendo ser guardado para uso posterior;

e) *meio de pagamento universal* — servindo para quitar dívidas públicas e privadas.

3.5. A lei do valor

Já vimos que o valor de uma mercadoria é determinado pelo tempo de trabalho socialmente necessário investido na sua produção e que, expresso

---

8. Antes do aparecimento do dinheiro, outras mercadorias funcionaram para aferir o valor na sua forma desenvolvida ou total (nalguns lugares o sal, noutros o gado e algures as peles). Na Antiguidade, registraram-se lingotes metálicos na Mesopotâmia e no Egito e, no Ocidente, eles foram utilizados pela civilização creto-miceniana. É na Lídia, por volta de 700 antes de Cristo, que surgem moedas de ouro.

9. A utilização do papel-moeda é relativamente recente: nos Estados Unidos é de finais do século XVII, na França é de inícios do século XVIII e, na Rússia, data de 1769. Até então, empregavam-se moedas metálicas.

em dinheiro, aparece como o seu preço. O preço expressa o valor, mas não se identifica com ele; inúmeros fatores podem influenciar variações que indiquem preços *superiores* ou *inferiores* ao valor efetivo de uma mercadoria. Entretanto, quando se examina com cuidado a evolução dos preços de mercadorias em séries históricas mais longas (isto é, em períodos mais dilatados), verifica-se que as variações dos preços em relação ao valor acabam por se compensar e, na média, os preços acabam coincidindo com o valor.

Independentemente dessas variações, porém, quando se consolida a produção mercantil, *as mercadorias são trocadas conforme a quantidade de trabalho socialmente necessário nelas investido*. Essa é a chamada **lei do valor** que, como todas as leis econômico-sociais, não é a-histórica ou supra-histórica, mas tem um âmbito de validez determinado: *ela impera no marco da produção mercantil* (e não se esqueça o leitor de que o modo de produção capitalista, dominante na sociedade em que vivemos, é aquele em que a produção mercantil mais floresceu e se generalizou). Em poucas palavras: a **lei do valor** passou a regular as relações econômicas quando a produção mercantil, sob o capitalismo, se universalizou.

A produção de mercadorias, à base da divisão social do trabalho e da propriedade privada dos meios de produção, desenvolve-se espontaneamente: os produtores de mercadorias não se orientam segundo qualquer plano que indique a necessidade real de suas mercadorias, cada qual produz suas mercadorias e as leva ao mercado conforme o seu arbítrio; numa palavra, o *conjunto* da produção de mercadorias não obedece a nenhum planejamento e opera anarquicamente. Essa anarquia vê-se acentuada pela concorrência entre os produtores, cada qual interessado em obter condições mais vantajosas de produção e venda. Como se verifica, trata-se de uma produção que não dispõe de mecanismos de regulação e de planejamento capazes de permitir aos homens um *controle consciente* seja daquilo que deve ser produzido, seja do modo como seu trabalho deve ser repartido. Por isso mesmo, há conjunturas em que certas mercadorias abundam e outras praticamente desaparecem, em que muitos produtores acorrem para produzir uma mesma mercadoria e deixam de produzir outras etc. — conjunturas nas quais a desorganização do conjunto da produção cria graves problemas para a reprodução da própria sociedade.

É evidente que esse estado de coisas não pode perdurar por muito tempo e *alguma regulação* deve intervir para fazer com que se redistribua o trabalho empregado na produção — e essa regulação geralmente aparece *através* da concorrência no mercado, encarecendo as mercadorias que faltam e barateando as mercadorias que abundam. Essa regulação, na medida em que não resulta de um planejamento e da ação consciente dos produtores, se *impõe* a eles como uma força externa e estranha e os obriga a redimensionar a sua produção. Eis como Engels clarifica a ação da lei do valor:

> Numa sociedade de produtores que comerciam suas mercadorias, a concorrência aciona a lei do valor, inerente à produção mercantil, instaurando assim uma organização e uma ordenação da produção social que são as únicas possíveis nessas circunstâncias. Somente a desvalorização ou o encarecimento excessivo dos produtos mostram, de forma tangível, aos vários produtores o que e quanto é ou não necessário para a sociedade (Engels, *apud* Nikitin, s.d., p. 50).

A lei do valor é, no âmbito da produção de mercadorias, o único regulador efetivo da produção e da repartição do trabalho e funciona *à revelia* dos homens, como algo completamente fora do seu controle; no modo de produção capitalista, ela comparece no mecanismo das *crises econômicas*, que estudaremos mais adiante (Capítulo 7) — e não é por acaso que tais crises são geralmente percepcionadas como fenômenos que não podem ser controlados e evitados, antes parecendo verdadeiros fatos da natureza.

3.6. O fetichismo da mercadoria

É próprio da produção mercantil que o trabalho, que é sempre *trabalho social*, tenha ocultada essa sua característica elementar. Vejamos como isso se passa.

Quando a produção mercantil está desenvolvida, para produzir as mercadorias é necessária uma ampla divisão do trabalho: há vários ramos de produção e, na composição de uma só mercadoria, entram muitas outras — em suma, surge uma grande dependência mútua entre todos os produtores, o que significa que o trabalho de cada um deles (que chamaremos de *trabalho privado*) é parte do conjunto do trabalho da sociedade (o *trabalho social* ou *total*) e só é possível no seu interior.

No entanto, como se trata de um produtor privado (ou seja, que tem a propriedade privada dos meios de produção), ele administra isoladamente, privadamente, a sua produção; o produtor atua independentemente dos outros produtores e, por isso, o seu trabalho, parte do trabalho social, *apare-ce-lhe* essencialmente como trabalho privado. O produtor só se confronta com o caráter social do seu trabalho no mercado: sua interdependência em face dos outros produtores lhe aparece no momento da compra-venda das mercadorias; em poucas palavras: as *relações sociais* dos produtores aparecem como se fossem relações entre as mercadorias, como se fossem *relações entre coisas*. A mercadoria passa a ser, então, a portadora e a expressão das relações entre os homens. Na medida em que a troca mercantil é regulada por uma lei que não resulta do controle consciente dos homens sobre a produção (a lei do valor), na medida em que o *movimento das mercadorias* se apresenta independentemente da vontade de cada produtor, opera-se uma inversão: a mercadoria, *criada pelos homens*, aparece como algo que lhes é alheio e os domina; a *criatura* (mercadoria) revela um poder que passa a subordinar o *criador* (homens).

No mercado, a mercadoria realiza esta inversão: as relações sociais, *relações entre os homens*, aparecem como *relações entre coisas*. As relações entre os produtores mostram-se como relações entre mercadorias. As qualidades peculiares das relações sociais são transferidas às mercadorias: a mercadoria

> reflete aos homens as características sociais do seu próprio trabalho como características objetivas dos próprios produtos do trabalho, como propriedades naturais sociais dessas coisas e, por isso, também reflete a relação social dos produtores com o trabalho total como uma relação social existente fora deles, entre objetos. [... Assim, uma] determinada relação social entre os próprios homens [...] assume a forma fantasmagórica de uma relação entre coisas. (Marx, 1983, I, 1, p. 71)

A essa forma fantasmagórica, a esse poder autônomo que as mercadorias parecem ter e efetivamente exercem em face dos seus produtores, Marx chamou de *fetichismo da mercadoria*. É no modo de produção que universaliza a lógica mercantil — isto é, no modo de produção capitalista — que o fetichismo alcança a sua máxima gradação: nas sociedades em que esse modo de produção impera, *as relações sociais tomam a aparência de relações entre coisas*.[10]

---

10. E, por via de consequência, os homens não são valorizados (e nem se valoram a si mesmos) pelo que *são*, mas sim pelo que *têm* — nessas sociedades, o *ter* subordina o *ser*.

Por isso mesmo, o fenômeno da reificação (em latim, res = coisa; reificação, pois, é sinônimo de coisificação) é peculiar às sociedades capitalistas; é mesmo possível afirmar que a reificação é a forma típica da alienação (mas não a única) engendrada no modo de produção capitalista. O fetichismo daquela mercadoria especial que é o dinheiro, nessas sociedades, é talvez a expressão mais flagrante de como as relações sociais são deslocadas pelo seu poder ilimitado.

Sugestões bibliográficas

Para a caracterização da mercadoria, das metamorfoses do valor e do fetichismo da mercadoria, permanece antológico o capítulo de abertura d'O capital. Crítica da economia política, de Marx (São Paulo: Abril, 1983, I, 1, p. 45-78). Pode-se recorrer também a John Eaton, Manual de economia política (Rio de Janeiro: Zahar, 1965, cap. II) e a Paul M. Sweezy, Teoria do desenvolvimento capitalista (Rio de Janeiro: Zahar, 1962, parte I, cap. II).

A discussão da acumulação primitiva vem tratada em K. Marx (O capital. Crítica da economia política. São Paulo: Abril, 1984, I, 2, cap. XXIV) e ainda em Maurice Dobb, A evolução do capitalismo (Rio de Janeiro: Zahar, 1965, cap. V). Ricas, embora breves, são as reflexões sobre os "cercamentos" e a transformação de mercados locais em mercados amplos que se encontram em Karl Polanyi, A grande transformação (Rio de Janeiro: Campus, 1980, caps. 3 e 4). O desenvolvimento do comércio na Europa a partir do século XIII, implicando a expansão da produção mercantil (com todos os seus corolários), foi pesquisado por Giovanni Arrighi em O longo século XX (Rio de Janeiro/São Paulo: Contraponto/Unesp, 1996, cap. 2).

As implicações culturais do fetichismo da mercadoria foram eruditamente exploradas por G. Lukács (História e consciência de classe. São Paulo: Martins Fontes, 2004) e, sinteticamente, por J. P. Netto (Capitalismo e reificação. São Paulo: Ciências Humanas, 1981) e por Lucien Goldmann no ensaio "A reificação" (Dialética e cultura. Rio de Janeiro: Paz e Terra, 1979, p. 107-152).

Filmografia

Aguirre, a cólera dos deuses. Alemanha. 1972. Direção: Werner Herzog. Duração: 95 min.

1492 — a conquista do paraíso. Estados Unidos/Inglaterra/França/ Espanha. 1992. Direção: Ridley Scott. Duração: 154 min.

Capítulo 4

O modo de produção capitalista: a exploração do trabalho

O modo de produção capitalista (que, para simplificar, designaremos a partir de agora pela sigla **MPC**), que sucedeu, no Ocidente, ao modo de produção feudal, é hoje dominante em escala mundial. Desde a sua consolidação, na passagem do século XVIII ao XIX, ele experimentou uma complexa evolução e se, durante cerca de setenta anos, no decurso do século XX, teve a concorrência de experiências de caráter socialista,[1] atualmente não se confronta com nenhum desafio *externo* à sua própria dinâmica: impera na economia das sociedades mais desenvolvidas (*centrais*) e vigora na economia das sociedades menos desenvolvidas (*periféricas*), nas quais, por vezes, subordina modos de produção precedentes. Para dizê-lo em poucas palavras, na entrada do século XXI, o MPC é dominante em todos os quadrantes do mundo, configurando-se como um *sistema planetário*.

---

1. Em 1917, a Revolução Russa libertou o império czarista da dominação capitalista e iniciou a série de experiências de transição socialista que ganhou impulso com a derrota do nazifascismo (1945) e com os movimentos de libertação nacional que se lhe seguiram. Tais experiências — que mudaram a face do mundo no século XX, envolveram um sexto da humanidade e foram objeto, sempre, de um sistemático combate conduzido pelas potências capitalistas — não podem ser estudadas aqui; cabe assinalar apenas que, na passagem dos anos oitenta aos noventa do século passado, entraram em colapso, restando delas apenas uns poucos e problemáticos remanescentes (Cuba, China, Vietnã e Coreia do Norte).

Neste capítulo, começaremos a estudar especificamente o MPC e vamos iniciar analisando a *produção capitalista*, para esclarecer justamente aquele aspecto central que a maioria das análises oculta ou deixa na sombra, deliberadamente ou não: trata-se do fato de o MPC fundar-se na **exploração do trabalho**.

4.1. Lucro — o objetivo da produção capitalista

Vimos, no Capítulo 3, a diferença essencial entre a circulação mercantil simples (expressa na fórmula $M \rightarrow D \rightarrow M$) e a circulação mercantil capitalista (expressa na fórmula $D \rightarrow M \rightarrow D'$); essa diferença sinaliza, além de vários outros traços pertinentes ao movimento do capital, o sentido específico da ação do capitalista — à diferença do produtor mercantil simples, que tem no dinheiro um mero meio de troca e cujo objetivo é a aquisição das mercadorias de que carece e que, portanto, *vende para comprar*, o capitalista *compra para vender*, isto é, o que ele visa com a produção de mercadorias é obter *mais dinheiro*. A fórmula $D \rightarrow M \rightarrow D'$ exprime o *movimento do capital*: o ponto de partida é o dinheiro e o ponto de chegada é mais dinheiro. Este é o *sentido específico* da ação do capitalista: a partir de dinheiro, produzir mercadorias para conseguir mais dinheiro.

Eis como, de forma esquemática, se passam as coisas: o capitalista, dispondo de uma soma de dinheiro (D), compra mercadorias (M) — máquinas, instalações, matérias (brutas e primas) e força de trabalho — e, fazendo atuar, com a ajuda das máquinas e dos instrumentos, a força de trabalho sobre as matérias no processo de produção (P), obtém mercadorias (M') que vende por uma soma de dinheiro superior à que investiu (D'). É para apropriar-se dessa quantia adicional de dinheiro, o **lucro**, que o capitalista se movimenta: o lucro constitui seu objetivo, a motivação e a razão de ser do seu protagonismo social.

Cumpre observar que a busca incessante de lucro nada tem a ver com elementos psicológicos ou de natureza moral — o capitalista não procura o lucro porque é um sujeito social egoísta, ambicioso, mau, voraz etc. Não se trata, aqui, de questões que digam respeito às *pessoas* dos sujeitos sociais:[2]

---

2. Sabe-se que os sistemas sociais acabam por dar forma a *tipos sociais* compatíveis com as suas características estruturais — sobre essa questão, são valiosas as sugestões de teóricos tão diversos como Weber (1967, cap. II), Gerth e Mills (1973) e Marcuse (1982), entre outros.

trata-se, no campo das atividades e relações econômicas, da *função social* que tais sujeitos desempenham. Como *o lucro é a força motriz do MPC,* como o MPC *só pode existir e reproduzir-se na escala em que a busca do lucro é interminável,* a função social do capitalista não pode ser compreendida através de (ou reduzida a) traços psicológicos, biográficos ou morais: nas suas características individuais, os capitalistas, assim como os proletários, apresentam-se numa infinita gradação — das personalidades generosas às figuras mais canalhas. Igualmente, é preciso deixar de lado toda a ideologia que tenta revestir com um verniz moralizador a ação das empresas capitalistas; essa ideologia (atualmente resumida nos motes "empresa cidadã", "empresa com responsabilidade social" etc.) pretende ocultar o objetivo central de todo e qualquer empreendimento capitalista: a caça aos lucros. Para não nos alongarmos: capitalistas e empresas capitalistas só existem, e só podem existir, se tiverem no lucro a sua razão de ser; um capitalista e uma empresa capitalista que não se empenharem prioritária e sistematicamente na obtenção de lucros serão liquidados.

Retornemos, porém, à fórmula $D \rightarrow M \rightarrow D'$ (desdobraremos inteiramente esta fórmula no Capítulo 4, item 4.7). Se o leitor bem se recorda, no Capítulo 3, quando ela lhe foi apresentada, nós não a distinguimos apenas da fórmula própria à circulação simples de mercadorias ($M - D - M$); também a diferenciamos da fórmula $D \rightarrow M \rightarrow D^+$ (*dinheiro/mercadoria/dinheiro acrescido*), que expressa a intervenção do capital comercial (mercantil) na circulação das mercadorias. Naquela altura, dissemos que o capital comercial encontra em D^+ dinheiro e lucro; contudo, enfatizamos que o lucro obtido pelo comerciante não derivava de qualquer acréscimo de valor, mas, tão-somente, da diferença entre o preço que pagava pela mercadoria e o preço pelo qual a vendia. Ora, ao capitalista interessa, assim como ao comerciante, o lucro. O lucro do capitalista, porém, não se deve a diferenças entre preços de compra e preços de venda, ocorrentes na esfera da circulação:[3] *o lucro do capitalista provém de processos ocorrentes na esfera da produção,* provém de um **acréscimo de valor**, cristalizado em M' e realizado quando o capitalista obtém D'. Aqui, de fato, está contido o lucro do capitalista, mas D' possui uma natureza inteiramente distinta de D^+: *em D' se concretiza a forma típica que o excedente*

---

3. Evidentemente, na sociedade capitalista também se obtêm lucros comprando barato e vendendo caro — mas esse não é o processo específico que assegura os ganhos do capital.

econômico adquire no MPC — excedente apropriado pelo capitalista, fonte de seu lucro e que se denomina **mais-valia (m)**.

4.2. A produção capitalista: produção de mais-valia

Na fórmula **D — M — D'**, **D** é capital sob a forma dinheiro. O dinheiro, em si mesmo, não é capital; ele se converte em capital apenas quando compra força de trabalho e outras mercadorias para produzir novas mercadorias (novos valores de uso e de troca) que serão vendidas por mais dinheiro. Vê-se, pois, que o capital não é uma coisa ou um conjunto de objetos — ele só existe na medida em que subordina a força de trabalho; de fato, o capital, mesmo que se expresse através de coisas (dinheiro, objetos, mercadorias etc.), é sempre uma *relação social*.

É com **D** (capital sob a forma dinheiro) que se inicia a produção capitalista. Seu possuidor, o capitalista (que pode ser um sujeito individual/uma pessoa ou coletivo/uma sociedade constituída por várias pessoas), compra **M**, isto é, um conjunto de mercadorias, para dar curso a um processo de produção (**P**) que se conclui quando está pronta a mercadoria que o capitalista pretende vender (**M'**); quando essa mercadoria é vendida (dizem os economistas: quando ela *se realiza*), o capitalista obtém **D'**(recupera o dinheiro que investiu, acrescido da mais-valia). Vejamos a natureza das mercadorias (**M**) que o capitalista adquire, partindo da hipótese segundo a qual o capitalista as paga segundo o seu valor.

Com uma parte de **D**, o capitalista adquire (compra e/ou aluga) instalações, máquinas, instrumentos, matérias (brutas ou primas) e insumos (energia, combustível etc.), ou seja, o capitalista investe naquilo que denominamos *meios de produção*. No processo de produção, os meios de produção não criam novos valores, apenas têm *transferido* o seu valor à mercadoria que está sendo produzida;[4] por exemplo: na produção de automóveis, os meios de produção utilizados (máquinas, aço, borracha etc.) têm *transferido* o seu valor ao valor do automóvel — se uma máquina tem a vida útil de

_____

4. Os meios de produção, que o capitalista comprou, têm o seu valor também submetido à *lei do valor*: avaliam-se segundo o trabalho socialmente necessário que exigiram para a sua produção. Neles, o trabalho já está realizado; por isso, diz-se que constituem *trabalho morto*.

dez anos, a cada ano ela transfere um décimo do seu valor ao valor dos carros.[5] Ou seja: no curso do processo de produção, o valor dos meios de produção não se altera (o que perdem no desgaste reaparece na mercadoria produzida); por isso, a parte do capital (**D**) que é investida neles constitui o **capital constante (c)**.

Com a outra parte de **D,** o capitalista compra a mercadoria sem a qual os meios de produção são inúteis: compra a *força de trabalho* dos operários (proletários). Do ponto de vista do capitalista, essa compra identifica-se à anterior (ou seja: à compra das outras mercadorias de que necessita para implementar o processo de produção), porque em ambos os casos se trata, aos olhos do possuidor do capital, de uma despesa (um "custo" igual a outro qualquer). Essa identificação, que atende aos interesses do capitalista,[6] oculta um elemento essencial: o fato de a mercadoria força de trabalho constituir uma *mercadoria especial*. A peculiaridade da mercadoria força de trabalho precisa ser sublinhada para que se possa compreender o segredo da produção capitalista — por isso, convidamos o leitor a nos seguir com calma, passo a passo, nesse caminho complexo.

As outras mercadorias que o capitalista comprou, ele as adquiriu pelo seu valor, pagando por elas um dado preço. Já sabemos que: 1º) o valor daquelas mercadorias foi determinado pelo tempo de trabalho socialmente necessário para produzi-las; e, 2º) o seu valor não variará no processo de produção: ele apenas será transferido à mercadoria a ser produzida (recorde-se a máquina e o aço empregados na produção do automóvel). Vejamos agora o que se passa quando o capitalista compra a mercadoria força de trabalho e a utiliza para implementar o processo de produção.

O preço que ele pagará por ela — precisamente o *salário* — também corresponderá ao seu valor. Como se determina o valor dessa mercadoria? Do mesmo modo como se determina o valor das outras mercadorias: levando em conta o tempo de trabalho socialmente necessário à sua produção, o

---

5. Essa transferência de valor só é possível pela intervenção da força de trabalho.

6. A contabilidade capitalista distingue o "capital fixo" (instalações, máquinas, instrumentos) e o "capital circulante" (matérias-primas, matérias auxiliares, combustíveis e força de trabalho, que o capitalista chama de "mão-de-obra"); observe-se que, nessa distinção capitalista, a força de trabalho é equalizada aos meios de produção — com o que o processo de exploração do trabalho pelo capital, que exporemos adiante, fica inteiramente escamoteado. Apesar disto, a distinção é relevante e a ela nos remeteremos adiante.

que significa dizer que o *valor da força de trabalho é determinado pelo tempo de trabalho socialmente necessário para produzir os bens que permitem a sua manutenção (ou reprodução)*. Entre esses bens, devemos distinguir aqueles que atendem a necessidades fisiológicas (garantindo aos vendedores de força de trabalho a sua reprodução física: um mínimo de alimentação, vestuário, habitação) e aqueles que atendem a necessidades de natureza histórico-social, resultantes do desenvolvimento da sociedade (assegurando aos vendedores da força de trabalho educação, lazer etc.).[7]

Pois bem: o capitalista compra a força de trabalho dos trabalhadores pelo seu valor, paga-lhes um salário que corresponde ao valor da sua reprodução. Até aqui, como se verifica, não há diferença significativa entre a compra, pelo capitalista, de meios de produção e força de trabalho — a diferença se marcará na *utilização* capitalista da força de trabalho: aí se revelará a peculiaridade da força de trabalho, aquilo que faz dela uma mercadoria *especial*. Com efeito, comprando a força de trabalho do proletário pelo seu valor, o capitalista tem o direito de dispor do seu valor de uso, isto é, de dispor da sua capacidade de trabalho, capacidade de movimentar os meios de produção. Mas a força de trabalho possui uma *qualidade única*, um traço que a distingue de todas as outras mercadorias: **ela cria valor** — *ao ser utilizada, ela produz mais valor que o necessário para reproduzi-la, ela gera um valor superior ao que custa*. E é justamente aí que se encontra o segredo da produção capitalista: **o capitalista paga ao trabalhador o equivalente ao valor de troca da sua força de trabalho e não o valor criado por ela na sua utilização (uso) — e este último é maior que o primeiro.** O capitalista compra a força de trabalho pelo seu valor de troca e se apropria de todo o seu valor de uso.

O capitalista compra a força de trabalho pelo seu valor de troca e adquire o direito de utilizar-se por um certo tempo (uma jornada de trabalho) do seu valor de uso (que é o trabalho criador de valor). Como dispõe do direito de utilizá-la, posto que a comprou, o capitalista emprega a força de trabalho para que deste emprego resulte um produto superior ao valor do que desembolsou ao comprá-la; se não pudesse fazê-lo, é óbvio que ele não

---

7. Evidentemente, esses componentes modificam-se conforme o contexto social e histórico: mesmo as necessidades fisiológicas dos trabalhadores brasileiros não são idênticas às dos trabalhadores suecos; igualmente, as necessidades sociais dos trabalhadores brasileiros na entrada do século XXI são diferentes daquelas que apresentavam no imediato segundo pós-guerra.

a compraria. Por exemplo: contratado o trabalhador por um salário diário de, digamos, R$ 30,00 (expressão do valor real da mercadoria força de trabalho nas circunstâncias determinadas do contrato), a jornada estipulada pelo capitalista só terá sentido para ele se, ao cabo dessa jornada, o trabalhador produzir um valor superior (excedente) ao equivalente àqueles R$ 30,00; com efeito, o capitalista jamais contrataria um proletário para lhe restituir somente o valor expresso no salário: seria o mesmo que trocar seis por meia dúzia; assim, na jornada, contém-se um tempo suplementar de trabalho, no qual o proletário produz um valor que excede o equivalente àqueles R$ 30,00. *É desse valor excedente (que se designa como **mais-valia**) que o capitalista se apropria.* Note-se que, ao se apropriar desse valor excedente (expresso pelo ' da fórmula que já conhecemos) — mais exatamente: ao *extrair* do trabalhador a mais-valia —, o capitalista não deixou de pagar o valor da força de trabalho: é que o salário representa sempre um montante de valor *inferior* ao produzido na jornada de trabalho. A força de trabalho, durante a jornada de trabalho, produz *mais* valor que aquele necessário à sua produção/reprodução, valor esse expresso no salário; assim, mesmo pagando o valor da força de trabalho, o capitalista extrai da jornada de trabalho do trabalhador um excedente (a mais-valia, fonte do seu lucro). Numa palavra, do valor criado pela força de trabalho, a parte que excede o valor de sua produção/reprodução é apropriada pelo capitalista — a relação capital/trabalho, personalizada na relação capitalista/proletário, consiste, pois, na expropriação (ou extração, ou extorsão) do excedente devido ao produtor direto (o trabalhador): é nessa **relação de exploração** que se funda o MPC.

Podemos, agora, voltar ao **D** do nosso capitalista. A parte que ele investe em meios de produção, já o vimos, constitui o **capital constante (c)**; a parte que investe na compra de força de trabalho, vamos denominá-la **capital variável (v)** — porque a força de trabalho, no processo de produção, além de reproduzir o seu próprio valor, cria um valor excedente, que se altera conforme as condições do processo de trabalho (voltaremos a isso no item 4.5). Na síntese de Marx:

> A parte do capital [...] que se converte em meios de produção, isto é, em matéria-prima, matérias auxiliares e meios de trabalho, não altera sua grandeza de valor no processo de produção. Eu a chamo, por isso, parte constante do capital, ou mais concisamente: capital constante. A parte do capital convertida em

força de trabalho, em contraposição, muda seu valor no processo de produção. Ela reproduz seu próprio equivalente e, além disso, produz um excedente, uma mais-valia que ela mesma pode variar, ser maior ou menor. Essa parte do capital transforma-se continuamente de grandeza constante em grandeza variável. Eu a chamo, por isso, parte variável do capital, ou mais concisamente: capital variável. (Marx, 1983, I, 1, p. 171)

A relação entre capital constante e capital variável denomina-se **composição orgânica do capital (q)** e se expressa pela fórmula

$$q = \frac{c}{v}$$

Essa relação varia conforme os diversos ramos industriais, assinalando o maior ou menor grau de mecanização/automatização das empresas, e varia também historicamente, segundo a crescente aplicação dos avanços científico-tecnológicos à produção. Diz-se que é **alta** a composição orgânica do capital quando é *maior* a proporção do capital constante e **baixa** quando é maior a do capital variável.

A distinção entre capital constante e capital variável permite-nos apreender os elementos constitutivos do **valor total da mercadoria** no modo de produção capitalista: compõem esse valor o capital constante, o capital variável e a mais-valia; assim, o valor de troca de uma mercadoria se representa na fórmula

$$c + v + m$$

Na medida em que o lucro é a força motriz da produção capitalista, compreende-se que o que interessa ao capitalista é a produção de mais-valia. Pode-se mesmo afirmar que, no MPC, o que mobiliza a produção é a produção de mais-valia, que constitui a forma típica do excedente econômico nesse modo de produção. Ora, sem o capital constante (o *trabalho morto*), é impossível produzi-la; o capital constante é uma condição necessária para produzir mais-valia; porém, não é, nem de longe, condição suficiente — esta é representada pela força de trabalho (que devemos designar por *trabalho vivo*): a mais-valia é criada exclusivamente por ela. Assim, o capital não explora capital constante (os meios de produção, o trabalho morto) — explora a força de trabalho, o trabalho vivo. Por isso, o capital foi comparado por

Marx ao vampiro: só existe "sugando trabalho vivo e [...] vive tanto mais quanto mais trabalho vivo suga".

4.3. Salário e trabalho concreto/abstrato

O leitor certamente terá observado que, até agora, não avançamos muito para deslindar a fórmula do movimento do capital, **D — M — D′**. Para que os processos nela contidos sejam devidamente explicitados, continuaremos indo devagar.

Dissemos que o salário é o preço (ou, se se quiser, a expressão monetária do valor) da força de trabalho e que esta, como qualquer outra mercadoria comprada pelo capitalista, é regida pela *lei do valor*. Sinteticamente, pois, "o valor da força de trabalho é determinado pelo valor dos artigos de primeira necessidade exigidos para produzir, desenvolver, manter e perpetuar a força de trabalho" (Marx, 1982a, p. 161). E, como vimos antes, o salário não deve cobrir apenas as necessidades fisiológicas do trabalhador e sua família — o desenvolvimento social põe em cena necessidades de outra ordem (sociais, culturais etc.) que também devem ser atendidas.

Ora, compreende-se que o capitalista, em face da força de trabalho, exiba o mesmo comportamento que tem diante das outras mercadorias: quer comprá-la pelo preço mais baixo possível — e, se puder, pagará um preço inferior ao seu valor. Entretanto, se o fizer, ao cabo de algum tempo terminará por privar a força de trabalho de condições de se reproduzir, matando a galinha que lhe proporciona ovos de ouro; por isso mesmo, salvo situações excepcionais, o capitalista é obrigado a comprar a força de trabalho pelo seu valor efetivo.[8] De qualquer forma, o preço da força de trabalho (como o das outras mercadorias) também flutua, podendo estar acima ou abaixo do seu valor; muitos fatores influem nessa flutuação, entre os quais o desemprego: aproveitando-se deste, o capitalista força os salários para baixo; por outra parte, quando há pouca oferta de força de trabalho, os trabalhadores pressionam-nos para cima.

---

8. É frequente, porém, que os capitalistas imponham preços inferiores ao valor à força de trabalho de categorias e grupos sociais politicamente mais vulneráveis (negros, mulheres, imigrantes).

Na verdade, é na fixação do preço da força de trabalho que mais imediatamente vem à tona o antagonismo entre os interesses do capitalista e os
dos trabalhadores. Ao longo da evolução do capitalismo, constatou-se que o
melhor instrumento para os trabalhadores evitarem que os salários caiam
abaixo do seu valor é a sua *organização classista* e *política*: quando dispõem de
sindicatos fortes e partidos políticos que os representam, os trabalhadores
adquirem condições para negociar favoravelmente o preço da única mercadoria que possuem (a sua força de trabalho). E quanto mais cresce o poder
de suas lutas e de suas organizações, mais podem pressionar o Estado (que,
enquanto Estado burguês, é um poder a serviço do capital) para intervir na
regulação dos mínimos salariais. Considerando-se os países capitalistas
centrais a partir do último quarto do século XIX, verificou-se que em geral o
salário atende às necessidades da reprodução fisiológica dos trabalhadores;
quanto às necessidades de natureza histórico-social, somente as lutas orga-
nizadas dos trabalhadores, através dos seus sindicatos e partidos, tiveram
certo êxito no sentido de obrigar os capitalistas a reconhecer algumas delas
como legítimas.

O trabalho assalariado é a forma específica do regime a que vivem submetidos os produtores diretos no MPC.[9] Isso significa que ele é parte constitutiva do sistema de exploração do trabalho que é próprio do MPC: por mais
significativas que sejam as conquistas salariais dos trabalhadores (e elas são
importantes em si mesmas, entre outras razões porque podem melhorar as
suas condições de vida), não afetam o núcleo do caráter explorador da relação capital/trabalho.[10] Do ponto de vista ideológico, aliás, o regime salarial
contribui para difundir a falsa ideia, tão cara aos capitalistas, segundo a qual,
mediante o salário, os trabalhadores obtêm a remuneração integral do seu
trabalho (no próximo item, voltaremos à falsidade dessa ideia).

A determinação do preço da força de trabalho supõe uma indiferencia-
ção, uma homogeneização do trabalho despendido pelos produtores diretos

---

9. Pouco importam as modalidades determinadas pelas quais esse regime é implementado: salário
por hora, salário por peça, salário quinzenal, salário mensal etc. — o que nelas pode variar é somente
o grau de exploração do trabalho.

10. É por essa razão que Marx (1982: 184) fez notar que o movimento operário, "em vez do lema
conservador: 'Um salário justo para uma jornada de trabalho justa', deverá inscrever na sua bandeira esta
divisa *revolucionária*: 'Abolição do sistema de trabalho assalariado'".

(os trabalhadores) — e todos sabemos que, considerada particularmente, a força de trabalho de cada homem é diferente, como também é diferente a natureza do trabalho que realizam. Para compreender tal homogeneização, torna-se indispensável distinguir **trabalho concreto** de **trabalho abstrato**.

O trabalho que cria valor de uso é *trabalho concreto* (*trabalho útil*) — e se, como vimos no Capítulo 1, a criação de valores de uso é uma condição necessária à existência de qualquer sociedade, isso significa que *toda sociedade exigirá trabalho concreto de seus membros*. Mas, ao examinarmos a mercadoria no Capítulo 3, constatamos que ela não é apenas valor de uso: é também valor de troca — e, para ser trocada, precisa ser *comparada*: quando o sapateiro leva ao mercado os seus sapatos para trocá-los por tecidos, há que comparar-se o trabalho do sapateiro com o do tecelão. Essa comparação, necessária para a troca, realiza-se com a eliminação das particularidades das diversas formas de trabalho e com a sua redução a um denominador comum, àquilo que todas as formas de trabalho têm entre si: o fato de todas implicarem um dispêndio de energia física e psíquica — o fato de serem *trabalho em geral*; quando o trabalho concreto é reduzido à condição de trabalho em geral, tem-se o *trabalho abstrato*. Na mercadoria encontramos, pois, simultaneamente trabalho concreto e trabalho abstrato — mas não se trata, obviamente, de *dois* trabalhos: trata-se da apreciação do *mesmo* trabalho sob ângulos diferentes: do ângulo do valor de uso, *trabalho concreto*; do ângulo do valor de troca, *trabalho abstrato*.

Dessa consideração pode-se inferir que: 1º) o trabalho abstrato só é pertinente nas economias nas quais as trocas mercantis são significativas; 2º) como no MPC a lógica mercantil se universaliza, também se universaliza a redução do trabalho concreto a trabalho abstrato. Ora, é essa redução que permite a homogeneização de todas as formas de trabalho a uma forma geral (abstrata, despida de suas determinações concretas): o capitalista compra a força de trabalho enquanto trabalho abstrato, que pode ser mensurado e quantificado. E o trabalho abstrato, medido enquanto trabalho médio em condições históricas precisas, constitui o que já apresentamos ao leitor como *trabalho socialmente necessário*; por isso, Marx observa que é o trabalho, na sua "qualidade de trabalho humano igual ou trabalho humano abstrato", que "gera o valor da mercadoria" (Marx, 1983, I, 1, p. 53).

O exame da compra de força de trabalho pelo capitalista mostra, todavia, que existem *hierarquias salariais* mesmo com a redução das várias formas de trabalho a trabalho abstrato — numa unidade produtiva (por exemplo, numa grande fábrica de televisores), o salário de um engenheiro é superior ao de um operário manual. Aqui, além da medida de tempo (horas de trabalho), entra em jogo a distinção entre *trabalho simples* e *trabalho complexo*. Pode-se considerar trabalho simples o dispêndio de energia física e psíquica realizado pelo trabalhador comum e médio, enquanto o trabalho complexo é apenas trabalho simples potenciado: uma determinada quantidade (tempo) de trabalho complexo corresponde a uma quantidade maior de trabalho simples. A redução de trabalho complexo a trabalho simples "realiza-se cotidianamente no mercado de trabalho, através do pagamento de salários diferentes a trabalhadores com diferentes níveis de qualificação" (Salama e Valier, 1975, p. 12).[11]

4.4. A exploração do trabalho

Podemos, agora, voltar à produção de mais-valia pelos produtores diretos (os trabalhadores) e a sua expropriação pelo apropriador (o capitalista).

Recapitulemos: o capitalista não procede a nenhum roubo ou furto ao contratar o trabalhador para uma jornada de oito horas — paga-lhe, mediante o salário, o valor da força de trabalho (isto é, o valor da soma dos valores necessários à produção/reprodução do trabalhador). Entretanto, durante a jornada, a força de trabalho produz mais valor que o valor requerido para tal reprodução; é desse valor excedente (a mais-valia) que o capitalista se apropria sem nenhuma despesa ou custo.

De fato, ao longo da jornada de trabalho, o tempo de trabalho se desdobra em duas partes. Numa delas, o trabalhador produz o valor correspon-

---

11. Mas os mesmos autores advertem que os capitalistas utilizam *politicamente* as hierarquias salariais: "Dois mecânicos que trabalham numa mesma fábrica [...], ou que pertencem a sexos diferentes, ganham salários diferentes, embora o valor de suas forças de trabalho seja o mesmo; um engenheiro cuja força de trabalho vale, por exemplo, 20% mais que a de um mecânico ganha um salário duas vezes maior que este último etc. Temos, em tais casos, o resultado de uma série de medidas posta em prática pelos capitalistas com o objetivo de dividir os trabalhadores entre si (basta pensar em todos os sistemas de estímulos) ou de tentar integrar uma parcela deles. É para lutar contra todas essas tentativas — e para suscitar a *unidade dos trabalhadores na luta* — que as palavras-de-ordem de *aumento uniforme de salários* e de *salário igual para trabalho igual* são particularmente corretas" (Salama e Valier, 1975, p. 43).

dente àquele que cobre a sua reprodução — é a esse valor que equivale o salário que recebe; tal parte da jornada denomina-se **tempo de trabalho necessário**. Na outra parte, ele produz o valor excedente (mais-valia) que lhe é extraído pelo capitalista; tal parte denomina-se **tempo de trabalho excedente**. A relação entre *trabalho necessário* e *trabalho excedente* fornece a magnitude da **taxa de mais-valia (m')** que é, decorrentemente, a **taxa de exploração** do trabalho pelo capital:[12]

$$m' = \frac{m}{v}$$

A experiência cotidiana dos trabalhadores não lhes permite apreender a distinção entre trabalho necessário e trabalho excedente: na jornada de trabalho não há nenhuma divisória perceptível entre ambos — sob esse aspecto, o trabalho assalariado ("trabalho livre") é mais ocultador da exploração que o trabalho servil e o escravo. Com efeito, para o escravo, a identificação da exploração pode ser quase imediata: nada do que produz lhe pertence; quanto ao servo, o fato de produzir em lugares diferentes (nas terras do senhor e na gleba, donde retirava a parte que lhe cabia da produção) facilitava a percepção de que o senhor lhe extraía partes do produto do seu trabalho. Ademais, tanto no caso do escravo como no do servo, a apropriação do excedente que produziam era assegurada pelo uso da violência extra-econômica.

No caso do trabalhador assalariado, o excedente lhe é extraído sem o recurso à violência extra-econômica; o contrato de trabalho implica que o produto do trabalho do trabalhador pertença ao capitalista. E a falsa noção de que o salário remunera todo o seu trabalho é reforçada (para além da ideologia patrocinada pelo capitalista, segundo a qual "o salário é o pagamento do trabalho") pelo fato de a jornada de trabalho ser contínua e de ele trabalhar com meios de produção que não lhe pertencem e num espaço físico que também é de propriedade do capitalista. Por isso, a maioria dos

---

12. Nesse cálculo (e, pois, nessa fórmula) não se leva em conta o capital constante, uma vez que ele não cria valor (a grandeza do capital constante não afeta a taxa de mais-valia). Note-se que a taxa de mais-valia não se identifica à *taxa de lucro* (p); esta se calcula considerando-se a relação entre mais-valia e investimento total de capital (capital constante e capital variável):

$$p = \frac{m}{c + v}$$

operários *sente* a exploração — tratando-a como uma *injustiça* —, mas não alcança, na sua experiência cotidiana, a adequada compreensão dela. É somente a análise teórica da produção capitalista, conduzida numa perspectiva de defesa dos interesses dos trabalhadores, que pode esclarecer o verdadeiro caráter da exploração capitalista. Quando as vanguardas trabalhadoras conhecem esse tipo de teoria, as suas lutas e objetivos adquirem um sentido e uma dinâmica novos — e, por isso mesmo, os capitalistas têm o máximo interesse em *impedir* o acesso do proletariado a esse conhecimento teórico.

Voltemos à jornada de trabalho: aquilo que importa ao capitalista é o *tempo de trabalho excedente* — se é nesta parte da jornada que se produz o excedente de que ele vai apropriar-se, interessa-lhe a *ampliação* desta parte da jornada. Um modo de ampliar o tempo de trabalho excedente consiste na **extensão da jornada de trabalho** sem alteração do salário: aumentando-se a duração da jornada (dez, doze, catorze horas etc.), conserva-se a *mesma* duração do tempo de trabalho necessário e se *acresce* o tempo de trabalho excedente. Esse modo de incrementar a produção do excedente a ser apropriado pelo capitalista designa-se como **produção de mais-valia absoluta**. Compreende-se, pois, por que ao capitalista sempre interessem longas jornadas de trabalho: *jornada mais longa significa mais trabalho excedente*.[13]

Mas a extensão da jornada encontra dois limites, que travam os interesses capitalistas. O primeiro é de natureza fisiológica: uma força de trabalho submetida a médio prazo a jornadas prolongadas torna-se débil, logo se exaure e tem a sua reprodução ameaçada (é isso o que explica, entre outras razões, o fato de o Estado burguês limitar legalmente a jornada, para preservar a reprodução da força de trabalho em benefício dos interesses gerais do capital). O segundo é de natureza política: a resistência e as lutas dos trabalhadores contra jornadas estendidas, protagonizadas pelo movimento operário — lutas que forçam o Estado a intervir na regulação das relações capital/trabalho (a limitação legal da jornada é o exemplo mais claro dessa intervenção).

Uma forma específica de proceder à extração de mais-valia absoluta, que não implica formalmente a ampliação da jornada de trabalho (e, por isso,

---

13. E se compreende, igualmente, que a luta dos trabalhadores tenha se centrado, historicamente, na redução da jornada, com a sua restrição por instrumentos legais.

não sofre as restrições da limitação legal da jornada), consiste — mantida a mesma base técnica — na *intensificação do ritmo de trabalho*. Através de uma série de controles impostos aos operários — que incluem da mais severa vigilância a todos os seus atos na unidade produtiva até a cronometragem e determinação dos movimentos necessários à realização das suas tarefas —, o capitalista os obriga a trabalhar a um ritmo tal que, *sem alterar a duração da jornada*, produzem mais mercadorias e mais valor que sem esses controles. Realmente, "se o empregador puder levar seus operários a fazer, sem pagamento extra, numa hora o mesmo que antes faziam em duas [...], terá as mesmas vantagens que se tivesse duplicado o dia de trabalho" (Eaton, 1965, p. 101). Essa forma, que intensifica a exploração dos trabalhadores, desenvolveu-se amplamente a partir da chamada "organização (ou gerência) científica do trabalho", que teve no *taylorismo* o modelo que mais se difundiu.[14] Mas essa forma de intensificação da exploração acaba por criar condições para a outra forma de incrementar o excedente, que referiremos a seguir — a mais-valia relativa.[15]

Quando não dispõem de condições políticas que lhes permitam a ampliação da jornada de trabalho, os capitalistas tratam de encontrar meios e modos de *reduzir*, no seu interior, *a parte relativa ao trabalho necessário*: se se mantém um limite para a jornada (por exemplo: oito horas), o que se reduz no tempo de trabalho necessário se acresce no tempo de trabalho excedente. Com essa alternativa, tem-se a **produção de mais-valia relativa**.[16] A redução do tempo de trabalho necessário implica que se reduza o valor da força de trabalho, ou seja, que caia o valor dos bens necessários à sua reprodução (alimentação, vestuário, habitação etc.); esse resultado se obtém com a redução do tempo de trabalho necessário à produção dos bens consumidos pelos trabalhadores, mediante a introdução de inovações tecnológicas e o aprovei-

---

14. Uma cuidadosa análise das ideias de Frederick W. Taylor (1856-1915) encontra-se em Braverman (1987, caps. 4 e 5).

15. Aliás, especialistas reconhecem que, com "a elevação da intensidade de trabalho na maioria das empresas, cresce o nível da intensidade média do trabalho em toda a sociedade, o que equivale à elevação da produtividade do trabalho social, à produção de mais-valia relativa. A mais-valia absoluta e a mais-valia relativa têm uma estreita relação entre si, entrelaçam-se, existe uma certa unidade entre elas" (Koslov, dir., 1981: 127).

16. Cabe alertar: "A mais-valia (ou o valor excedente) é uma só. Não há uma mais-valia que é relativa e a outra que é absoluta. [...] O que pode ser absoluta ou relativa é a maneira de se *incrementar* a extração de valor excedente" (Tauile, 2001, p. 58).

tamento das conquistas científicas na sua elaboração. Assim, o desenvolvimento das forças produtivas, potenciando a produtividade do trabalho, contribui para o aumento do tempo de trabalho excedente sem ampliação da jornada — e contribui, pois, para o acréscimo do excedente apropriado pelo capitalista. Compreende-se, então, por que o capitalista, pressionado pela resistência operária a não prolongar a jornada, se interesse pelo desenvolvimento do conjunto das forças produtivas: ele encontra aí mais uma condição para aumentar o excedente.

Cumpre observar, todavia, que as inovações tecnológicas, enquanto estão restritas a uns poucos capitalistas, não afetam o valor geral da força de trabalho. Elas só operam no sentido de reduzir esse valor quando se generalizam entre a maioria dos capitalistas que produzem mercadorias consumidas pelos trabalhadores; enquanto permanecem como monopólio de grupos capitalistas restritos, propiciam a estes uma mais-valia *extraordinária*.[17] Mas a própria concorrência entre os capitalistas se encarrega, em pouco tempo, de romper esse monopólio, fazendo com que as inovações se generalizem — e só então o valor da força de trabalho é diminuído.

Estas duas formas — a absoluta e a relativa — de incrementar a produção de mais-valia não se excluem, embora a verificação histórica mostre que, com o crescimento das organizações operárias e seu amadurecimento político, *tenda a predominar a forma relativa*. Em qualquer dos casos, o que está em questão é o aumento da exploração da força de trabalho. No entanto, do ponto de vista das suas consequências, essas formas se distinguem: quando o incremento do excedente se dá através da produção absoluta de mais-valia, verifica-se a tendência a uma *pauperização absoluta dos trabalhadores*; quando predomina a produção de mais-valia relativa, o que ocorre geralmente é uma *pauperização relativa dos trabalhadores* — estes, apesar da exploração, não têm os seus padrões de vida aviltados (registrando-se, mesmo, ganhos em vários dos itens que configuram o seu nível de vida).[18]

---

17. É por isso que os capitalistas que introduzem inovações que lhes propiciam mais-valia extraordinária tratam de manter em segredo, pelo maior tempo possível, tais inovações, valendo-se, inclusive, de instrumentos legais (patentes etc.). E é também por isso que a concorrência intercapitalista adquire frequentemente formas de bandidagem, com o recurso à espionagem industrial.

18. Voltaremos a essa questão quando tratarmos dos impactos da acumulação capitalista sobre os trabalhadores (Capítulo 5, item 5.4.).

4.5. O capital comanda o processo de trabalho

Mencionamos, páginas atrás, que a mais-valia (o excedente) varia conforme as condições do processo de trabalho; agora, depois de tematizar as formas de incremento da mais-valia, devemos nos deter rapidamente sobre o processo de trabalho nas condições do MPC. As características *gerais* do processo de trabalho (que estudamos no Capítulo 2, item 2.2) mantêm-se sob o MPC; nesse modo de produção, todavia, elas ganham um significado histórico específico, na medida em que o capital tem a necessidade de *comandar* (ou, o que é o mesmo, subordinar, subsumir ou sujeitar) o processo de trabalho com o objetivo de extrair o máximo de excedente da atividade do trabalhador.

No MPC, o processo de trabalho não constitui somente um *processo de criação de valor*, tal como sempre se passa quando do trabalho resultam valores de uso. No MPC, na medida em que do trabalho resultam *mercadorias* cujo possuidor é o capitalista, que, vendendo-as, obtém um excedente extraído dos produtores diretos, o trabalho é, *além* de processo de criação de valor, *processo de valorização* do capital. A *criação de valor* opera-se no tempo de trabalho necessário; a *valorização* opera-se no tempo de trabalho excedente — se não há tempo de trabalho excedente, não há valorização mas, apenas, criação de valor. Por tudo o que já vimos, fica claro que, no processo de trabalho, o que interessa ao capitalista é justamente o *processo de valorização*: é nele que se produz a mais-valia (o excedente). Compreende-se, portanto, que o controle do processo de trabalho seja de fundamental importância para o capitalista, uma vez que é esse controle que lhe permite incrementar o excedente.

Historicamente, foram necessários mais de dois séculos (de meados do século XVI ao século XIX) para que o capital conseguisse empalmar o controle do processo de trabalho; quando o conquistou, instaurou-se o que podemos designar propriamente como *produção capitalista*.

Num primeiro momento, o capitalista reuniu os trabalhadores que assalariava num mesmo espaço físico, o que lhe permitia supervisionar as tarefas produtivas. Ali, sob a sua batuta, os trabalhadores executavam as suas operações sob formas de **cooperação** e as técnicas produtivas eram inteiramente controladas pelos trabalhadores, cujo saber de ofício provinha ainda das tradições artesanais. O fato de os trabalhadores deterem o conhecimento reduzia em muito o poder do capitalista, que deles dependia em larga medida. Pode-se afirmar que, no trabalho cooperativo, o controle do capitalista sobre o processo de trabalho era apenas formal (nas palavras de Marx, encontramos aqui a *subsunção formal* do trabalho ao capital).

Na segunda metade do século XVIII, a ofensiva do capital sobre o trabalho avançou: à cooperação passa a suceder a **manufatura**. Aqui, já não se trata de reunir trabalhadores num espaço físico determinado; trata-se de reuni-los e de *especializar* as suas atividades — com a manufatura, o capital introduz na produção uma *divisão do trabalho* específica: a divisão *capitalista* do trabalho no *interior* das unidades produtivas. Essa divisão conduz à especialização das atividades e, ao mesmo tempo, à destruição dos saberes de ofício que permitiam ao trabalhador o conhecimento técnico do *conjunto* das operações necessárias à produção de certo bem; alocado a uma única e determinada tarefa, que repetirá ao longo de todas as jornadas de trabalho, o trabalhador será despojado dos seus conhecimentos e perderá o controle de suas tarefas (e, portanto, perderá muito do seu poder de barganha em face do capitalista). A divisão capitalista do trabalho no interior das unidades produtivas propiciará um enorme aumento da produtividade do trabalho e terá como efeito uma diferenciação da força de trabalho que favorecerá os desígnios do capitalista: de um lado, criará uma pequena parcela de trabalhadores altamente especializados, que disporá de condições de negociar em posição de força com o capitalista; mas, de outro, *desqualificará* a maioria das atividades produtivas, na medida em que a divisão do trabalho multiplica atividades simples — então, abre-se o espaço para a exploração do trabalho feminino e infantil e para a constituição de um grande contingente de trabalhadores que não dispõem de saberes de ofício. O período manufatureiro desobstrui a via para que o processo de trabalho seja realmente comandado pelo capital.

Esse comando efetivo — a *subsunção real* do trabalho ao capital, nas palavras de Marx — vai operar-se com a consolidação dos processos produtivos possibilitados pela Revolução Industrial, que dá seus primeiros passos no último terço do século XVIII. É então que se instaura a produção especificamente capitalista, implementada através de máquinas (fundamentalmente através das *máquinas-ferramenta*) e típica da **grande indústria**. Nesta, o capital subordina por inteiro (formal e realmente) o trabalho pelo controle do processo de trabalho: o trabalhador passa a ser um apêndice das máquinas, a sua desqualificação se acentua e igualmente se aprofunda a divisão do trabalho — mas surge, para além da divisão das tarefas diretamente operativas, uma divisão mais profunda: *a divisão entre a concepção (e/ou administração) dos processos produtivos e a sua execução*. Aqui, também as funções do capitalista se alteram: ele se vê liberado de tarefas de supervisão, controle e gestão, que repassa a profissionais assalariados; assim, quando se alcança esse estágio de desenvolvimento do capitalismo, verifica-se a possibilidade de divorciar a *propriedade dos meios de produção* (que cabe ao capitalista, individual ou coletivo) das obrigações da sua *administração/gerência*.

Quando o processo de trabalho está subordinado realmente ao capital, quando o trabalhador perde o controle desse processo, o capital encontra as melhores condições para incrementar a produção do excedente — vale dizer, a subsunção real do trabalho ao capital propicia a este último potenciar a extração de mais-valia.

4.6. Trabalhador coletivo e trabalho produtivo/improdutivo

A grande indústria será característica do capitalismo no seu posterior desenvolvimento, atravessando os séculos XIX e XX e penetrando no século XXI — apesar de todas as transformações sofridas pelo MPC ao longo desses duzentos anos.

E é próprio da grande indústria a constituição do que se denomina **trabalhador coletivo**. Com essa categoria, quer-se designar que a produção, sob a grande indústria, envolve mais que as funções desempenhadas imediatamente pelos operários (proletários) que entram em contato direto com as matérias que, modificadas, constituirão as mercadorias — o *trabalhador coletivo é o conjunto de envolvidos na produção, desempenhem eles atividades manuais ou não*: sob a grande indústria capitalista, na qual se operou a subsunção real do trabalho ao capital, "não é o operário singular, mas, cada vez mais, uma *capacidade de trabalho socialmente combinada* que se converte no *agente real* do processo de trabalho em seu conjunto" (Marx, 1985, p. 78-79). Esclarece o autor que, desenvolvido o trabalho, o seu produto

> deixa de ser o resultado imediato da atividade do produtor individual para tornar-se produto social, comum, de um trabalhador coletivo, isto é, de uma

combinação de trabalhadores, podendo ser direta ou indireta a participação de cada um deles na manipulação do objeto sobre que incide o trabalho (Marx, 1968, 1, II, p. 584).[19]

Essa "capacidade de trabalho socialmente combinada" — que se configura no trabalhador coletivo — torna-se cada vez mais complexa no desenvolvimento do capitalismo. Envolve trabalhadores manuais, mas também, e numa escala progressivamente maior, trabalhadores intelectuais (engenheiros, pesquisadores, projetistas etc.). *Quanto mais se desenvolve a produção especificamente capitalista, mais se expandem as fronteiras do trabalhador coletivo*, que deixa de se situar apenas nos limites físicos da grande indústria e se insere em espaços sócio-ocupacionais muito diferentes (nos laboratórios de pesquisa aplicada, nos gabinetes de elaboração de projetos etc.).

Um dos vários problemas postos por essa expansão do trabalhador coletivo é aquele relacionado à natureza produtiva ou não do seu trabalho — e talvez seja esta questão, que supõe as categorias de **trabalho produtivo** e **trabalho improdutivo**, uma das mais polêmicas nos debates da Economia Política. Como anotou um analista competente, "a definição de trabalho produtivo no capitalismo provoca uma das discussões mais 'pantanosas' no âmbito da teoria econômica e, em particular, da análise marxista" (Tauile, 2001, p. 70). Entretanto, ela não pode ser ladeada, mesmo num livro de caráter introdutório.

Observemos preliminarmente que não está em jogo, na distinção entre trabalho produtivo e improdutivo, qualquer juízo de valor (por exemplo, que identifique o "produtivo" com o *bom*, o *útil* etc. e, por oposição, o "improdutivo" com o *mau*, o *inútil* etc.). Em segundo lugar, cabe pontuar que essa distinção é sobretudo pertinente a economias fundadas na produção de mercadorias — e esse é o caso do MPC. Mandel afirma que, quando Marx está debatendo esse problema,

> o objeto da sua análise é o *modo de produção capitalista* e [Marx] simplesmente determina o que é produtivo ou improdutivo para o funcionamento [...]

---

19. Temos utilizado a edição d'*O capital. Crítica da economia política* publicada pela Editora Abril (São Paulo), na coleção "Os economistas". No caso desta citação, para clarificar melhor a formulação de Marx, recorremos à edição originalmente publicada pela Editora Civilização Brasileira (Rio de Janeiro, 1968, livro 1, volume II).

desse sistema, e só dele. Em termos de utilidade ou necessidade social, um médico [...] é indispensável para a sobrevivência de qualquer sociedade humana. Seu trabalho, portanto, é eminentemente útil. Apesar disto, trata-se de trabalho improdutivo sob o ponto de vista da produção e da expansão *do capital*. O contraste é fornecido pela produção de projéteis, drogas estupefacientes ou revistas pornográficas — inútil e deletéria para os interesses gerais da sociedade humana —: como essas mercadorias encontram ávidos compradores, a mais-valia incorporada nelas se realiza e o capital se reproduz e amplia; o trabalho nelas investido é, portanto, trabalho produtivo. (Mandel, 1998, p. 122).

A criação de valor é função do trabalho; mais precisamente, a criação de valor se opera mediante o processo de trabalho: o valor não resulta da distribuição, da circulação ou do consumo de bens — **o valor é gerado na produção material**. Quanto a este aspecto, seguindo rigorosamente a teoria de Marx, escreve um dos seus mais brilhantes continuadores:

A criação de valor e de mais-valia só é possível mediante a produção de mercadorias. Somente na produção de mercadorias, portanto, realiza-se trabalho produtivo. Nenhum valor novo se agrega na esfera da circulação e da troca, para não falarmos da bolsa de valores ou da agência bancária — aí, o que ocorre é a redistribuição ou repartição da mais-valia anteriormente criada. (Mandel, 1998, p. 123).

Para realizar-se a produção material, todavia, uma vez alcançado um alto grau de desenvolvimento do trabalho (de que é exemplo a grande indústria), exigem-se operações que a transcendem largamente. Por isso mesmo, na citação que transcrevemos há pouco, Marx observa que não é preciso "ter a mão na massa" para se produzir valor — notem-se as palavras utilizadas por ele: *podendo ser direta ou indireta a participação de cada um deles na manipulação do objeto sobre que incide o trabalho*. Isso significa que atividades que não estão *direta e imediatamente* ligadas à transformação material de que resultam mercadorias, mas que são *indispensáveis* à sua elaboração, podem ser consideradas produtivas.

Com efeito, a determinação do caráter produtivo ou não do trabalho relaciona-se ao fato de ele **criar valor que pode ser apropriado por capitalistas**. Como sumaria Mandel, pode-se definir trabalho produtivo como *todo trabalho que se troca por capital* [...], ou seja, todo trabalho que enriquece a um ou a vários capitalistas e que lhes permite apropriar-se de uma parte da massa global de mais-valia produzida pela massa global de trabalho assalariado *que produz valor*. [...] Todo trabalho assalariado contratado pela empresa capitalista — em contraste com o trabalho doméstico [...] — entra nesta categoria (Mandel, 1998, p. 122-123; os últimos itálicos não são do original).[20]

É preciso distinguir, porém, o trabalho que *cria valor apropriado pelo capitalista* do trabalho que *permite a um capitalista apropriar-se de parte do valor criado na esfera da produção material* — no primeiro caso, está o trabalho desenvolvido pela combinação das atividades do engenheiro projetista e do operário numa indústria automobilística; no segundo, está a atividade desenvolvida pelos trabalhadores da concessionária que vende o automóvel. O capitalista (individual ou coletivo) proprietário da indústria automobilística apropria-se da mais-valia que é produzida pelo engenheiro e pelo operário (integrantes do trabalhador coletivo); o capitalista (individual ou coletivo) proprietário da concessionária apropria-se, através do trabalho dos seus assalariados, de parte da mais-valia produzida pelo engenheiro e pelo operário. A mais-valia é criada na produção, mas parte dela não fica com o capitalista industrial — parte dela vai para o capitalista comercial (cf., adiante, o item 4.7). **Do ponto de vista do capital global, só é produtivo o primeiro tipo de trabalho: é ele que aumenta a massa global de valor.** O economista que estamos citando conclui:

---

20. Para deixar bem clara essa questão, faz-se necessário acrescentar o seguinte: "O trabalho produtivo, enquanto trabalho investido na área da produção de mercadorias, é *todo* o trabalho assalariado indispensável para este processo de produção; ou seja: não apenas trabalho manual, mas também o dos engenheiros, o das pessoas que estão nos laboratórios, o dos supervisores e até o dos gerentes e empregados de depósito, na medida em que a produção física de uma mercadoria seria impossível sem esse trabalho. Mas o trabalho assalariado que é indiferente ao valor de uso específico de uma mercadoria e que se realiza apenas para obter uma maior mais-valia da força de trabalho (por exemplo, o trabalho assalariado dos verificadores de tempos) ou para assegurar a defesa da propriedade privada (seguranças dentro e fora da fábrica); o trabalho relacionado às *formas sociais e jurídicas* particulares da produção capitalista — advogados empregados como assalariados de empresas industriais, contadores [...]— nenhum desses trabalhos é produtivo para o capital. É trabalho que não acrescenta valor às mercadorias produzidas — embora possa ser essencial ao funcionamento geral do sistema capitalista ou da sociedade burguesa como um todo" (Mandel, 1998: 127).

Para o capital global, só é produtivo o trabalho que *aumenta a massa global* de mais-valia. Todo trabalho que permita ao capitalista individual apropriar-se de uma fração da massa global de mais-valia, mas sem nada agregar a esta massa, pode ser "produtivo" para o capitalista comercial, financeiro ou do setor de serviços, ao qual propicia participar da repartição geral do bolo. Contudo, do ponto de vista do capital global é trabalho improdutivo, uma vez que não aumenta o tamanho total do bolo. (Mandel, 1998, p. 123)

Essas determinações teóricas são básicas para a análise do modo de produção capitalista; no entanto, elas não são suficientes para a compreensão da dinâmica econômica das formações sociais contemporâneas, exigindo desenvolvimentos e pesquisas de natureza empírica. Muito especialmente, a hipertrofia do chamado *setor terciário* (ou "setor de serviços", de que trataremos no Capítulo 8, item 8.8) põe problemas que reclamam aprofundamentos que extrapolam os limites de uma introdução à Economia Política — cabendo-nos, neste espaço, assinalar apenas a complexidade das questões aí inscritas.

Todavia, é preciso não confundir os termos essenciais do problema de fundo: a **criação de valor**, operada pelo trabalho, implica sempre a transformação material da natureza (mais exatamente: de matérias originalmente naturais) — afinal, como vimos no Capítulo 1, pelo trabalho realiza-se o metabolismo sociedade/natureza; trabalho supõe **transformação material** de um objeto. O fato de uma série cada vez maior de atividades que rigorosamente não constituem trabalho (recorde-se, também no Capítulo 1, o que discutimos no item 1.3) adquirir forma mercantil — ressaltamos a lógica que, sob o capitalismo, conduz a uma mercantilização universal das relações sociais (cf. o Capítulo 3, item 3.2) —, esse fato nãob deve obscurecer as fronteiras entre trabalho e modalidades de práxis sem as quais o próprio trabalho não se pode realizar.[21] Mesmo que tais modalidades apareçam mercantilizadas,

---

21. No que toca às atividades desenvolvidas pelo assistente social, a bibliografia profissional registra, a partir dos anos noventa do século XX, uma significativa polêmica; cf., entre outros: Almeida, Nei L. T. de. "Considerações para o exame do processo de trabalho do Serviço Social". *Serviço Social & Sociedade*. São Paulo: Cortez, n. 52, dez. 1996; Iamamoto, Marilda V. *O Serviço Social na contemporaneidade*. São Paulo: Cortez, 1998 (1ª parte, II); Granemann, S. "Processos de trabalho e Serviço Social I". *Capacitação em Serviço Social e Política Social*. Brasília: CEAD/UnB, módulo 2, "Reprodução social, trabalho e Serviço Social", 1999; Lessa, S. "Serviço Social e trabalho: do que se trata?"; Ramos, Maria H. R. e Gomes, Maria F. C. M. "Trabalho produtivo e trabalho improdutivo: uma contribuição para pensar a natureza do Serviço Social enquanto prática profissional" e Macedo, G. "Aproximação ao Serviço Social como complexo ideológico" — estes três últimos textos encontram-se em *Temporalis*. Brasília: Abepss, v. 1, n. 2, jul.-dez. 2000.

elas não produzem valor — a criação de valor só se efetiva na criação de mercadorias. A conclusão de Mandel é cristalina:

> A definição de trabalho produtivo como *trabalho produtor de mercadorias, que combina trabalho concreto e abstrato* (ou seja: que combina a criação de valores de uso e a produção de valores de troca), exclui logicamente "os bens não materiais" da esfera da produção de valor. [...] Para a humanidade, a produção é a mediação necessária entre a natureza e a sociedade; não pode haver produção sem trabalho (concreto), nem trabalho concreto sem apropriação e transformação dos objetos materiais. (Mandel, 1998, p. 124)

4.7. A repartição da mais-valia

Podemos, enfim, depois de todas essas notações, retornar à fórmula D — M — D' e, desdobrando-a, compreendê-la integralmente.

Com **D** (capital sob a forma de dinheiro), o capitalista adquire **M** (o conjunto de mercadorias com as quais produz a sua) e, uma vez produzida a sua mercadoria (**M'**), através da venda desta obtém **D'** (sob a forma de dinheiro, o capital acrescido de mais-valia ou, na linguagem do capitalista, capital e lucro). Essa fórmula revela, antes de tudo, o **processo de circulação do capital**, numa sequência que compreende a conversão do dinheiro (**D**) do capitalista em mercadorias (**M**), inclusive força de trabalho, para lograr, mediante o processo de produção (**P**), a sua mercadoria (**M'**), que trocará por **D'**, ou seja, **D** acrescido da mais-valia já contida em **M'**. Na produção (**P**) há como que uma interrupção temporária da circulação, mas que dela faz parte, uma vez que o retorno à circulação só tem sentido para o capitalista na medida em que houver um **acréscimo de valor** a **D** — e esse acréscimo só tem lugar na produção.

Na fórmula desdobrada temos a síntese da produção capitalista:

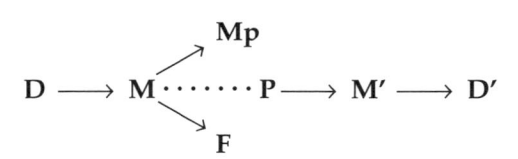

Observe-se: o dinheiro (**D**) de que dispõe o capitalista converte-se em capital produtivo (ou seja: sai da circulação) quando seu possuidor compra mercadorias (**M**) — máquinas e matérias-primas, que constituem os meios de produção (**Mp**) e força de trabalho (**F**) — e, com elas, implementa o processo de produção (**P**), obtendo assim uma nova mercadoria (**M′**) que será trocada, voltando à circulação, por um dinheiro (**D′**) que equivale a um valor superior ao que adiantou (**D**). A diferença entre **D** e **D′**, que constitui a **mais-valia**, é o acréscimo de valor que surgiu no *processo de produção*, valor criado pela força de trabalho que, como vimos, produz um valor maior (excedente) ao que custa. A apropriação, pelo capitalista, desse excedente configura a *exploração* do trabalho pelo capital.

Mas a apropriação da mais-valia só se efetiva quando a nova mercadoria de que o capitalista é possuidor *se realiza*, isto é, quando ela é vendida. O capitalista só embolsará a totalidade da mais-valia se ele for, da produção à venda da mercadoria, deixada de lado a força de trabalho (os produtores diretos), o único protagonista desse processo — o que raramente ocorre. Com efeito, é comum que o capitalista tenha necessidade de tomar dinheiro emprestado em bancos para fazer investimentos em máquinas e instalações; igualmente, para a realização da mercadoria (ou seja, a venda), o mais frequente é que ele dependa de distribuidores que a comercializem — e tanto banqueiros quanto comerciantes são também capitalistas e só operam, como o capitalista industrial, visando lucros. Por isso mesmo, a mais-valia que é criada na produção geralmente se divide em três partes:

a) uma parte é apropriada pelo capitalista que implementou o processo produtivo; trata-se do chamado *lucro industrial*;

b) outra parte é aquela que o capitalista industrial cederá aos que eventualmente lhe emprestaram dinheiro; trata-se do *juro*, donde os banqueiros extraem os seus lucros;[22]

c) uma terceira parte será cedida aos comerciantes, constituindo a base do *lucro comercial*.

Toda a nossa argumentação foi desenvolvida, até aqui, considerando a produção capitalista como produção *industrial*. É preciso sublinhar, porém,

---

22. É claro que o capitalista só tomará empréstimos voluntariamente na medida em que avaliar que a taxa de juros que vai pagar será *inferior* à taxa de lucro que obterá ao empregá-los na produção.

que o MPC envolve *toda* a produção, inclusive aquela que assenta na agricultura; de fato, quando o MPC alcança a sua plena constituição, as atividades agropecuárias também se tornam *ramos da produção capitalista* — neles encontramos capitalistas (grandes fazendeiros) e proletários (trabalhadores agrícolas) e também aí ocorrem os processos característicos da produção capitalista. Mas, quando se trata da agricultura, nem sempre os fazendeiros capitalistas são donos da terra que exploram; em muitos casos, eles a alugam de outros (os *proprietários fundiários*); quando é assim, a quantia que pagam aos proprietários (a *renda fundiária*) é, ela também, uma parte que cedem da mais-valia que extraem da força de trabalho que empregam.

Contudo, o capitalista tem a *necessidade* de converter uma parcela da mais-valia que lhe toca em novo capital — se ele quiser manter-se na condição de capitalista, não pode simplesmente gastá-la a seu bel-prazer. É uma imposição da dinâmica do MPC que parte da mais-valia que permanece em mãos do capitalista seja transformada em novo capital: o MPC exige, para sua continuidade, a **acumulação do capital**. É o que estudaremos no próximo capítulo.

4.8. A distribuição da renda nacional

Observamos (Capítulo 2, item 2.3) que *a distribuição da riqueza social está determinada pelo regime de produção* — logo, na sociedade burguesa, essa distribuição faz-se sob o comando do capital e em detrimento dos trabalhadores.

Naquele item, vimos que o produto social global é o conjunto de bens produzidos numa sociedade num determinado lapso de tempo — por exemplo, um ano. Uma parcela do produto social global, equivalente ao capital constante, apenas repõe o valor dos meios de produção utilizados; a outra parcela — isto é, o capital variável e a mais-valia — constitui o *valor novo* criado durante um ano. Essa parcela, *resultante do trabalho produtivo*, constitui a **renda nacional**. A renda nacional divide-se em duas partes: o salário que cabe aos trabalhadores e a mais-valia que é apropriada pelos capitalistas, sob diferentes formas (cf. o item anterior) — diz-se que esta é a divisão *primária* da renda nacional, que a reparte entre as classes fundamentais da sociedade burguesa.

A sociedade burguesa, porém, nas suas configurações concretas, jamais é uma sociedade formada por *duas classes* — existe entre o proletariado e a burguesia uma série de camadas sociais intermédias, remanescentes de modos de produção pré-capitalistas (produtores mercantis simples) ou resultantes do próprio desenvolvimento capitalista (funcionários públicos, militares, empregados de escritório etc.). Mediante o que se designa por divisão *secundária* (ou *derivada*) da renda nacional, essas camadas sociais intermédias participam da repartição do *quantum* que restou da divisão primária, através do pagamento que recebem pelos serviços que prestam.

Especialmente quando o capitalismo ingressa no seu estágio imperialista (objeto do Capítulo 8), o Estado, através do orçamento público, torna-se o principal responsável pela divisão da renda nacional. A fonte elementar do orçamento público são os impostos, diretos e indiretos,[23] e com eles pagam-se os armamentos e as compras estatais, mantêm-se as forças de segurança (militares e policiais), o aparelho burocrático e os eventuais serviços públicos, amortizam-se as dívidas públicas e fazem-se investimentos. Na medida em que o Estado é comandado pelos interesses do capital, não é preciso muito esforço para verificar que a destinação dos fundos públicos atende prioritariamente a tais interesses — ou seja, o orçamento é geralmente utilizado como um instrumento que repassa renda dos trabalhadores alocados à produção aos capitalistas e aos segmentos improdutivos.

Sugestões bibliográficas

As ideias expendidas neste capítulo estão classicamente formuladas e desenvolvidas nos capítulos IV a XIV do livro primeiro d'*O capital* (Karl Marx, *O capital. Crítica da economia política*. São Paulo: Abril, I, 1, 1983, p. 125-255 e I, 2, 1984, p. 7-112). Tais ideias foram reunidas por Luiz de Carvalho Bicalho, no seu *Karl Marx. O capital. Resumo literal. Condensação dos livros 1, 2 e 3* (São Paulo: Novos Rumos, s.d., p. 5-34, 45-90).

---

23. Quando os impostos não cobrem as despesas, o Estado frequentemente toma empréstimos, põe títulos públicos no mercado ou faz emissões extraordinárias de moeda, o que provoca o fenômeno inflacionário (que mencionaremos no Capítulo 8, item 8.8.).

Para a discussão dos salários, há que recorrer, além das fontes acima citadas, a outro texto marxiano, *Salário, preço e lucro* (*in* Karl Marx, *Para a crítica da economia política. Salário, preço e lucro. O rendimento e suas fontes.* São Paulo: Abril, 1982a, p. 133-185). Um trato sistemático da questão salarial, envolvendo as suas várias dimensões e levando em conta a intervenção sindical e o papel do Estado, encontra-se em Maurice Dobb, *Os salários* (São Paulo: Cultrix, 1972).

Tanto a discussão sobre salários quanto sua relação com as formas da mais-valia foram didaticamente resumidas pelo Coletivo da Universidade de Berlim em *Guia para a leitura d'O Capital* (Lisboa: Antídoto, 1978).

O papel da divisão *capitalista* do trabalho no aumento da produtividade foi emblematicamente analisado por Adam Smith no primeiro capítulo do seu *Inquérito sobre a natureza e as causas da riqueza das nações* (Lisboa: Gulbenkian, I, 1999, p. 77-91). As peculiaridades dessa divisão e seus impactos deletérios sobre os trabalhadores foram estudados por Harry Braverman no terceiro capítulo de *Trabalho e capital monopolista* (Rio de Janeiro: Guanabara, 1987, p. 70-81). Fecundas reflexões sobre a divisão capitalista do trabalho, vinculadas à Revolução Industrial, encontram-se em José Ricardo Tauile, *Para (re)construir o Brasil contemporâneo. Trabalho, tecnologia e acumulação* (Rio de Janeiro: Contraponto, 2001, caps. 2 e 3). Acerca da Revolução Industrial, o mais documentado estudo não-marxista continua sendo o de David S. Landes, *Prometeu desacorrentado: transformação tecnológica e desenvolvimento industrial na Europa Ocidental, desde 1750 até a nossa época* (Rio de Janeiro: Nova Fronteira, 1994).

O debate acerca de trabalho produtivo/trabalho improdutivo é dos mais acesos na tradição marxista — e constitui uma polêmica na qual as interpretações mais diversas apoiam-se em textos do próprio Marx, que nem sempre são suficientemente claros. Nessa polêmica inserem-se desde a importante obra de Jacques Nagels, *Trabalho coletivo e trabalho produtivo na evolução do pensamento marxista* (Lisboa: Prelo, 1975, v. I; 1979, v. II) ao breve ensaio de Paul Singer, "Trabalho produtivo e excedente" (*Revista de Economia Política*. São Paulo, v. 1, n. 1, jan.-mar. 1981). A posição que sustentamos é diretamente inspirada na interpretação de Ernst Mandel, expressa em *"El capital": cien años de controversias en torno a la obra de Karl Marx* (México: Siglo XXI, 1998).

Tanto a produção da mais-valia quanto a sua repartição aparecem bem resumidas nos capítulos IV e VII de Duncan K. Foley, *Para entender El capital. La teoría económica de Marx* (México: Fondo de Cultura Económica, 1989).

Filmografia

Tempos modernos. Estados Unidos. 1936. Direção: Charles Chaplin. Duração: 87 min.

Os companheiros. Itália/França/Iugoslávia. 1963. Direção: Mario Monicelli. Duração: 130 min.

Coração de cristal. Alemanha. 1975. Direção: Werner Herzog. Duração: 90 min.

Eles não usam black-tie. Brasil. 1981. Direção: Leon Hirszman. Duração: 120 min.

Unidos contra a opressão. Austrália. 1983. Direção: Richard Lowenstein. Duração: 100 min.

Germinal. França. 1995. Direção: Claude Berri. Duração: 155 min.

Capítulo 5

A acumulação capitalista e o movimento do capital

Em todas as formas de organização da economia das sociedades humanas, a produção de bens (valores de uso) necessários à manutenção da vida social é um *processo*, um movimento que não pode ser interrompido, senão ao custo da falta daqueles bens. Assim, parte da produção não pode ser consumida pelos membros da sociedade, mas deve ser retransformada em meios de produção ou em matérias da nova produção — porque meios de produção se desgastam e precisam ser substituídos e/ou repostos e matérias da produção são nela consumidas. Eis por que a produção, para que seja garantida a sua continuidade, exige que se assegurem as condições que a viabilizam; assim, ela traz consigo as bases para a sua sequência. Noutros termos,

> qualquer que seja a forma social do processo de produção, este tem de ser contínuo ou percorrer, periodicamente, sempre de novo, as mesmas fases. Uma sociedade não pode parar de consumir, tampouco deixar de produzir. Considerado em sua permanente conexão e constante fluxo de sua renovação, todo processo social de produção é, portanto, ao mesmo tempo, processo de reprodução (Marx, 1984, I, 2, p. 153).

A forma histórica da produção é também a forma da sua reprodução: a produção capitalista determina a forma capitalista da sua reprodução — o

MPC particulariza-se historicamente por uma reprodução peculiar, que se torna compreensível quando se leva em conta a **acumulação de capital**. Sem acumulação de capital, o MPC não existiria.

5.1. A reprodução ampliada: a acumulação de capital

Suponha o leitor uma economia capitalista em que os capitalistas, depois de realizarem suas mercadorias (ou seja, quando, depois de investirem **D** na produção, embolsarem **D′**), gastem em consumo pessoal **toda** a mais-valia de que se apropriaram. Nesse caso, a continuidade da produção se faria *sobre as mesmas bases* do circuito anterior, com a sequência do processo produtivo operando na mesma escala; tratar-se-ia da chamada **reprodução simples**.

Uma tal suposição não permite apreender o desenvolvimento do capitalismo. Em razão da dinâmica do capital — que, como vimos, é necessariamente expansiva: capital é valor que busca valorizar-se —, a reprodução simples é especialmente uma abstração teórica. Mesmo a observação mais superficial do MPC mostra a insuficiência da reprodução simples para o movimento do capital: capitalistas que não pretendam aumentar a escala de seus negócios ou se recusem a fazê-lo acabam naufragando no mar da concorrência, terminam engolidos pelos outros que ampliaram seus investimentos — em suma, deixam de ser capitalistas.

A forma típica da reprodução no MPC é a **reprodução ampliada** (ou **alargada**). Nela, apenas uma parte da mais-valia apropriada pelo capitalista é empregada para cobrir seus gastos pessoais; outra parte é reconvertida em capital, isto é, utilizada para ampliar escala da sua produção de mercadorias (aquisição de máquinas novas, contratação de mais força de trabalho etc.).[1]

O seguinte exemplo, hipotético, serve para esclarecer a dinâmica da reprodução ampliada. Um capitalista investe, na produção de mercadorias, R$ 10.000.000,00, sendo oito milhões em capital constante (*c*) e dois milhões

---

1. Ao contrário do que apregoam os apologistas do capitalismo, que localizam na "abstenção" do capitalista em face do consumo as bases da reprodução ampliada (que, de fato, constitui a acumulação do capital, como se verá adiante), a conversão de parte da mais-valia em capital não significa que os gastos pessoais do capitalista sejam reduzidos. A análise do desenvolvimento do capitalismo demonstra cabalmente que, quanto mais o capital se acumula, mais cresce o "consumo conspícuo" (a expressão é do norte-americano Thorstein Veblen [1857-1929]) da classe capitalista: o gasto excessivo com artigos de luxo, o exibicionismo da riqueza e o esbanjamento.

em capital variável (*v*). Supondo-se que a taxa de mais-valia (*m'*) seja de 100% e que todo o capital constante entre no valor do produto, as mercadorias produzidas terão um valor total equivalente a R$ 12.000.000,00 (8 milhões *c* + 2 milhões *v* + 2 milhões *m*). Dessa mais-valia equivalente a R$ 2.000.000,00, metade o capitalista a gasta em consumo pessoal, metade utiliza-a para ampliar a produção, na mesma proporção anterior (800 mil *c* + 200 mil *v*); assim, na nova produção, o capitalista terá um capital investido de R$ 11.000.000,00 (8 milhões e 800 mil *c* + 2 milhões e 200 mil *v*); mantida a taxa de mais-valia e a participação de todo o capital constante no valor do produto, a nova produção terá valor equivalente a R$ 13.200.000,00 (8 milhões e 800 mil *c* + 2 milhões e 200 mil *v* + 2 milhões e 200 mil *m*).

O economista Nikitin (s.d., p. 87) resume, à base de um exemplo como esse, a dinâmica da reprodução ampliada: no segundo momento,

> houve um aumento da produção e um acréscimo do volume de mais-valia porque uma parte da mais-valia obtida no primeiro momento foi convertida em capital. Assim, pois, a mais-valia é uma fonte de acumulação de capital. A capitalização, isto é: a adição de mais-valia ao capital, permite ao capitalista aumentar cada vez mais o seu capital.

Essa *conversão de mais-valia em capital* caracteriza a reprodução ampliada, que realiza a **acumulação de capital**; diz Marx que a "aplicação de mais-valia como capital ou retransformação de mais-valia em capital chama-se acumulação de capital" (Marx, 1984, I, 2, p. 163). A acumulação é vital para o MPC: *não existe capitalismo sem acumulação de capital*. A análise da reprodução da produção capitalista está hipotecada à análise da acumulação.[2]

Temos insistido em que o capitalista visa, com a produção de mercadorias, à mais-valia e seu objetivo permanente é obtê-la em proporções cada vez maiores; compreende-se, pois, que o motor da reprodução seja precisa-

---

2. É preciso sublinhar que, mesmo no plano teórico, a análise da reprodução capitalista apresenta aspectos polêmicos e problemáticos. Para operar tal análise, Marx, n'*O capital*, dividiu os setores produtivos em dois departamentos — o Departamento I, de produção de meios de produção, e o Departamento II, de produção de meios de consumo —, estudando as suas diferentes dinâmicas (cf. Marx, 1984, II, caps. XX e XXI); há autores que se referem a um Departamento III, de produção de mercadorias que não renovam nem o capital constante nem o capital variável (artigos de luxo consumidos exclusivamente pelos capitalistas, armamentos). Os chamados "esquemas de reprodução" daí derivados são objeto de ampla polêmica entre os marxistas.

mente a necessidade do capitalista em se apropriar de um *quantum* progressivamente maior de mais-valia — vê-se, aqui, de novo, como a produção condiciona a reprodução que, em sendo nitidamente capitalista, é ampliada, ou seja, é acumulação de capital. Por outra parte, à medida que se desenvolve o MPC, a necessidade posta aos capitalistas de "acumular por acumular" produz um excedente de capital em relação às oportunidades de empregá-lo lucrativamente — produz, de fato, uma *superacumulação de capital*. A existência de uma grande massa de capitais excedentes, que não podem ser valorizados, perturba o processo de acumulação e a própria dinâmica do MPC se encarrega de eliminá-la através da desvalorização desses capitais (é o que veremos ao tratar das crises econômicas).

Importa assinalar, antes de mais, que **a acumulação de capital depende da exploração da força de trabalho**. Retornemos ao exemplo referido há pouco: o capital de R$ 10.000.000,00 investido na proporção de 8 milhões em c e 2 milhões em v, com uma taxa de mais-valia (que, como vimos no Cap. 4, é a taxa de exploração da força de trabalho) de 100%, apropria-se de m equivalente a 2 milhões; mas se a taxa de exploração for de 200%, m será equivalente a 4 milhões. Ou seja: quanto maior a exploração da força de trabalho, maior será a mais-valia e a acumulação. E já vimos, também no capítulo anterior, que o capitalista pode aumentar a taxa de exploração prolongando a jornada de trabalho, intensificando o ritmo e as cadências, introduzindo inovações, pressionando os salários para abaixo do valor da força de trabalho etc. Dois outros elementos interferem ainda no processo de acumulação. O primeiro é *o aumento da produtividade do trabalho*, que acelera a acumulação; o segundo é *a magnitude do capital investido*: quanto maior o seu volume (considerada a proporção c e v), maior a acumulação.

5.2. O movimento do capital

Estamos nos concentrando até aqui, ao estudar o MPC, no domínio da produção — e isso pela razão que já expusemos no Capítulo 2 (item 2.3). Mas a compreensão da reprodução capitalista (vale dizer: da acumulação) exige que levemos em conta o *movimento do capital*, que não se esgota na produção.

Recapitulemos algo que estudamos há pouco (Capítulo 4, item 4.7): o capital, inicialmente, tem a forma de *dinheiro* (capital monetário), com o qual o capitalista adquire meios de produção e força de trabalho para produzir mercadorias; é quando o capital se transforma de capital monetário em capital produtivo, momento que pode ser esquematizado da seguinte forma (dinheiro/**D**, mercadoria/**M** — meios de produção/**Mp** e força de trabalho/**F**):

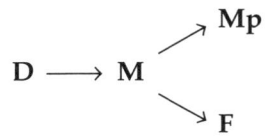

Nesse momento, o capital sai da esfera da circulação e ingressa na esfera da produção (**P**), onde se processa o segundo momento do seu movimento: trabalhadores assalariados operam meios de produção e produzem novas mercadorias (**M'**), criando valores excedentes (mais-valia). Esse segundo momento pode representar-se assim:

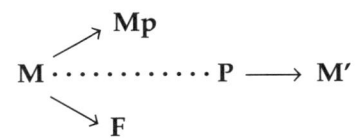

Porém, as novas mercadorias (**M'**) só têm sentido para o capitalista quando se *realizam*, ou seja, quando, na esfera da circulação, são vendidas, trocadas por dinheiro. Realizadas, elas tomam novamente a forma de capital monetário, evidentemente maior (**D'**) que aquele com que o capitalista implementou o processo produtivo (**D**); trata-se do momento em que o capital retorna à esfera da circulação:

$$M' \longrightarrow D'$$

Todo esse ciclo pode ser configurado assim, como já vimos:

$$D \longrightarrow M \overset{\nearrow\ Mp}{\underset{\searrow\ F}{\cdots\cdots\cdots}} P \longrightarrow M' \longrightarrow D'$$

Esses três momentos (dois na circulação, um na produção) do movimento do capital, tomados como processos periódicos, constituem a **rotação do capital**.[3] A continuidade da produção capitalista, a sua reprodução, depende, naturalmente, da porção de **D'** que estará na base do novo processo produtivo: quanto maior essa porção considerada a proporção c e v, mais ampliada será a reprodução, mais alargada será a acumulação. Mas é igualmente claro que a continuidade da produção (e, portanto, a reprodução ampliada e a acumulação) depende(m) do fluxo permanente daqueles três momentos: qualquer interrupção perturba profundamente a dinâmica do capital, qualquer suspensão temporária do movimento do capital abre a via às **crises**, de que trataremos no Capítulo 7.

O tempo de rotação de um dado capital é igual à soma de seu tempo de circulação e de seu tempo de produção:[4] "é o período de tempo que se inicia no momento em que o valor-capital é adiantado sob uma determinada forma [a forma monetária] e termina com o retorno do valor-capital em processo, sob a mesma forma [monetária]" (Marx, 1984, II, p. 113). Se assim é, de tudo quanto vimos até aqui fica claro que o interesse do capitalista consiste em *reduzir ao máximo* o tempo de rotação do seu capital: quanto menor o tempo de rotação, mais reinvestimentos podem ser feitos; interessa ao capitalista o maior número de rotações no menor espaço de tempo — o que ele obtém através de meios os mais variados (desde a intensificação dos ritmos e cadências no trabalho à incorporação de inovações tecnológicas).[5] Contudo, o tempo de rotação varia enormemente entre capitais investidos em diferentes ramos de produção.

5.3. Concentração e centralização

A acumulação de capital incrementa a produção de mais-valia que, já sabemos, é o objetivo perseguido no MPC. Todavia, esse objetivo é tanto da

---

3. O leitor atento observará que é precisamente na rotação do capital que se funda a repartição da mais-valia que estudamos no Capítulo 4 (item 4.7.). Com efeito, a consideração do movimento do capital implica a consideração não somente do capital produtivo (industrial), mas ainda do capital comercial e do capital bancário.

4. Não se pode identificar "tempo de produção" com "tempo de trabalho". Se "tempo de trabalho" é sempre "tempo de produção", o inverso não é verdadeiro; um exemplo: a produção de vinhos — o "tempo de produção" implica períodos de fermentação e de repouso que dispensam total ou parcialmente o processo de trabalho.

5. E estas são importantes tanto na produção quanto na circulação — neste caso, pense-se no desenvolvimento dos transportes, da logística e das comunicações em geral como redutores do tempo de rotação.

classe capitalista tomada em seu conjunto quanto de cada capitalista tomado singularmente; por isso, no processo de acumulação de capital, os capitalistas não têm apenas que explorar a força de trabalho; devem, ainda, competir entre si. De fato, a concorrência intercapitalista, que pode assumir formas mais ou menos agudas — mas que é constitutiva do MPC —, põe cada capitalista diante da alternativa: ou acumula capital ou desaparece. Por isso mesmo, também a acumulação é uma tendência e um processo permanentes no MPC; quando sua continuidade é perturbada ou interrompida, já o aludimos, sobrevêm as crises.

O processo de acumulação estimula e, ao mesmo tempo, é estimulado por inovações tecnológicas, na medida em que estas permitem aos capitalistas a redução dos seus custos; vimos rapidamente (Capítulo 4, item 4.4), que o capitalista recorre à inovação para responder à pressão dos trabalhadores; mas também sugerimos ali que a inovação é um recurso do capitalista na concorrência com os seus pares. Ora, aqueles capitalistas que mais acumulam encontram-se melhor posicionados para enfrentar a concorrência — por isso, a acumulação aparece tão conectada aos progressos tecnológicos e igualmente por isso se explica o extraordinário desenvolvimento das forças produtivas no MPC. Não é por acaso, portanto, que a dinâmica da acumulação, acompanhando esse desenvolvimento e expressando-o, esteja intimamente vinculada à elevação da composição orgânica do capital.

Empreendimentos que envolvem uma elevada composição orgânica do capital tornam-se cada vez mais excludentes para o conjunto dos capitalistas: apenas aqueles que possuem grandes massas de capital podem implementá-los. Eis por que a tendência do capital, em seu movimento, é de *concentrar-se*: cada vez mais capital é necessário para produzir mais mais-valia. Essa tendência de **concentração do capital** faz com que os grandes capitalistas acumulem uma massa de capital cada vez maior.

Ao lado da concentração de capital, a dinâmica da acumulação capitalista revela outra tendência do movimento do capital, o processo de *centralização*. Este, à diferença do anterior, não implica um aumento de capital em função de uma nova acumulação, mas tão-somente o aumento de capital pela fusão de vários outros. A **centralização do capital** realiza-se pela união (mediante *cartéis*, *trustes* e a formação de *holdings*) de capitais já existentes.

Operando conjuntamente, concentração e centralização promovem o surgimento dos monopólios (que serão objeto de estudo no Capítulo 8). Os dois processos ocorrem tanto no âmbito da produção industrial quanto nos setores bancário e comercial. No setor bancário, de forma mais intensa que no comércio, respondem pela constituição de um número reduzido de poderosíssimos banqueiros — mas semelhante constituição se registra também nas atividades comerciais.

Consequência importante da concentração e da centralização do capital é a mudança que acarretam na concorrência própria ao MPC: à medida que ambas avançam, a concorrência tradicional — aquela em que se enfrentavam milhares de empresários — é substituída pela concorrência entre um número bem mais reduzido de grandes e poderosas empresas. Na escala em que a concentração e a centralização se desenvolvem, fica cada vez mais distante da realidade econômica a imagem do capitalismo como o regime da "livre concorrência" e da "livre iniciativa" — os progressos da acumulação, que corroem as bases das pequenas (e também das médias) empresas capitalistas, fazem com que apenas possuidores ou controladores de grandes massas de capital tenham vez na arena econômica. O caráter excepcional dos casos que escapam a essa determinação é, em si mesmo, a demonstração cabal da força de que ela dispõe.

Um resumo do impacto que a acumulação, desenvolvendo-se com a concentração e a centralização, tem sobre a dinâmica capitalista é oferecido por um conhecido teórico inglês:

> O capital jamais permanece estacionado. Avança, ampliando seu poder, tornando-se mais rico, substituindo equipamentos e instalações antigos por outros novos, adquirindo novas empresas e novos mercados, ou do contrário será absorvido ou esmagado pelos rivais que tiveram melhor sorte nessa impiedosa e incessante concorrência entre os capitalistas. Os pequenos capitalistas são, dessa forma, constantemente derrotados e afastados dos negócios e a influência e riqueza [...] dos grandes capitalistas aumentam às suas expensas. Os pequenos capitalistas não são, porém, totalmente eliminados. Seu número pode, periodicamente, aumentar, quando novos capitalistas iniciam seus negócios, mas a parcela da produção nas suas mãos tende a decrescer e seu peso e influência nas questões econômicas se tornam cada vez menores. Estão, cada vez mais, à mercê dos grandes capitalistas (Eaton, 1965, p. 109-110).

5.4. A acumulação capitalista e os trabalhadores

A acumulação de capital também impacta fortemente a classe operária. No seu desenvolvimento, acompanhado pela concentração e pela centralização, a principal consequência para os trabalhadores é a constituição do que Engels, inspirado pelos cartistas ingleses, designou como **exército industrial de reserva** — ou seja, um grande contingente de trabalhadores desempregados, que não encontra compradores para a sua força de trabalho.

Assinalamos anteriormente (Capítulo 4, item 4.3) que os capitalistas valem-se da existência desse contingente de desempregados para pressionar para baixo os salários; aliás, os próprios capitalistas dispõem de meios para forçar o desemprego (entre outros, o aumento da jornada de trabalho e o emprego de crianças). Mas o exército industrial de reserva não resulta de uma intenção consciente da classe capitalista, embora esta se sirva dele estrategicamente para seus objetivos — tal exército é um componente necessário e constitutivo da dinâmica histórico-concreta do capitalismo. Não há exemplo de economia capitalista sem desemprego; suas taxas podem variar, aumentando ou diminuindo, mas o capitalismo "real" (aquele que de fato existe, para além das representações que dele se fazem) *sempre* registrou um inelimínável contingente de trabalhadores desempregados.[6]

A existência *permanente* de uma massa de desempregados sob o capitalismo suscitou e suscita interpretações as mais variadas — desde as que naturalizam o fenômeno, supondo-o algo insuprimível em qualquer ordem econômico-social, até aquelas que o relacionam a uma suposta e a-histórica "lei da população";[7] trata-se de "explicações" teórica e praticamente insus-

---

6. Nos países capitalistas avançados, "o desemprego foi maciço durante todo o século XIX. [...] Posteriormente, o desemprego veio a diminuir entre o fim do século XIX e 1914. [...] As intervenções maciças e qualitativamente diferentes do Estado burguês a partir da Segunda Guerra Mundial (notadamente através das despesas militares), a chamada política neocolonialista e o desenvolvimento das despesas improdutivas privadas vão permitir, nos países capitalistas avançados, uma diminuição sensível do desemprego permanente até 1965" (Salama e Valier, 1975, p. 89-90). No final do século XX (1994), especialistas definiram "a crise do desemprego" como "a grande questão social para os próximos vinte anos", depois de constatar que "em 1973, o número de desempregados nos países da OCDE era de 11,3 milhões de indivíduos [... e] em 1991, o número de desempregados [nos mesmos países] era superior a 30 milhões" (Grupo de Lisboa, 1994, p. 68).

7. Coube ao pastor protestante e economista inglês T. R. Malthus (1766-1834) expor a "lei" segundo a qual a população cresce numa progressão geométrica, ao passo que os meios de subsistência — dada a limitação das riquezas naturais — crescem numa progressão aritmética; de acordo com Malthus, aí residiria a causa de existirem sobre a Terra contingentes sem trabalho e sem condições de sobrevivência. As ideias malthusianas (das quais decorre que a redução do desemprego e da miséria dependeria de um severo controle sobre as taxas de natalidade dos *pobres*), extremamente

tentáveis. Com efeito, compreender a existência do contingente que forma o exército industrial de reserva — que é uma especificidade do MPC — supõe considerar a acumulação capitalista.

Como vimos, com a acumulação de capital eleva-se a sua composição orgânica: a proporção de **c** torna-se muito maior que a de **v**. Isso significa que o avanço da acumulação faz com que, no desenvolvimento da produção capitalista, a demanda por máquinas, instrumentos, instalações, matérias e insumos seja maior que a demanda de força de trabalho. Assim, uma parte (sempre variável, maior ou menor) do proletariado aparece como sobrante em face das necessidades da acumulação; essa parcela de supérfluos (*excedentes*) constitui o exército industrial de reserva; trata-se, mesmo, de uma população que, diante das exigências da acumulação, pode ser designada como *população excedentária* ou *superpopulação relativa*. Marx anotou:

> A acumulação capitalista produz constantemente — e isso em proporção à sua energia e às suas dimensões — uma população trabalhadora adicional relativamente supérflua ou subsidiária, ao menos no concernente às necessidades de aproveitamento por parte do capital (Marx, 1984, I, 2, p. 199).

Essa superpopulação relativa, portanto, não resulta da ação individual de um ou outro capitalista, mas deriva da dinâmica mesma da reprodução ampliada (acumulação); reprodução ampliada é, pois, reprodução do exército industrial de reserva.

Antes de prosseguir, contudo, é preciso atentar para uma questão central. A explicação que estamos oferecendo para o permanente desemprego sob o capitalismo **não significa** que ele seja o produto do progresso tecnológico. O leitor poderia ser levado a essa falsa conclusão, uma vez que já sabe que elevação da composição orgânica do capital sinaliza o crescimento da produtividade do trabalho mediante a incorporação de tecnologias que potencializam e desenvolvem as forças produtivas; daí que o leitor possa ser induzido a concluir que o progresso tecnológico e o desenvolvimento das forças produtivas têm como preço o desemprego maciço. Isso não é verdade e o problema é muito mais complexo, porque exige considerar o nível em que se opera, numa situação determinada, a acumulação. Como assinalaram

---

reacionárias, não resistem à menor análise científica; não obstante isso, até hoje, às vezes sob formas mais sofisticadas, encontram adeptos.

Salama e Valier (1975, p. 86-89), a demanda de força de trabalho pelos capitalistas aumenta ou diminui conforme o nível da acumulação; o que se pode afirmar é que, sendo a taxa de acumulação inferior à taxa de crescimento da produtividade do trabalho, a demanda de força de trabalho cairá. Numa palavra, **o desemprego em massa não resulta do desenvolvimento das forças produtivas,** mas sim do desenvolvimento das forças produtivas **sob as relações sociais de produção capitalistas.**

Retornemos ao exército industrial de reserva. Estudando a sua composição, Marx observou que a superpopulação relativa adquire formas variadas, sendo que três são principais: a *flutuante*, constituída pelos trabalhadores que, nos grandes centros industriais e mineiros, ora estão empregados, ora estão desempregados; a *latente*, que existe nas áreas rurais quando nelas se desenvolvem relações capitalistas e que, surgindo a oportunidade, acaba por migrar para as zonas industriais; e a superpopulação relativa *estagnada*, formada por trabalhadores que jamais conseguem um emprego fixo e perambulam entre uma ocupação e outra. Na base desse contingente, e descontado o *lumpemproletariado* (a parcela degradada do proletariado: vagabundos, criminosos, prostitutas, rufiões), estão os que vegetam na miséria e no pauperismo, trabalhadores aptos mas que há muito não encontram emprego, órfãos, filhos de indigentes, mutilados, viúvas, enfermos etc. O pauperismo em que está imersa essa massa, no dizer de Marx, "constitui o asilo para os inválidos do exército ativo de trabalhadores e o peso morto do exército industrial de reserva" (Marx, 1984, I, 2, p. 209).

A existência de um enorme contingente de desempregados permite ao capitalista pressionar os salários para um nível inferior; essa é a função primária que o exército industrial de reserva desempenha sob o capitalismo. Trata-se de um poderoso instrumento para que o capitalista incremente a exploração da força de trabalho — pode-se mesmo afirmar que, *grosso modo*, "os movimentos gerais do salário são exclusivamente regulados pela expansão e contração do exército industrial de reserva" (*id.*, p. 204). Mas a existência do exército industrial de reserva cumpre mais que essa importantíssima função; por exemplo, ela oferece ao capital um volume de força de trabalho que pode ser mobilizado a qualquer momento, recrutado para um ramo de produção que experimenta uma conjuntura favorável e até mesmo deslocado geograficamente, em processos migratórios, inclusive para atender a demandas de empreendimentos capitalistas temporários. Assim, se esse exército industrial de reserva inicialmente resulta da acumulação capitalista, torna-se em seguida indispensável ao prosseguimento dela; por isso mesmo, constitui um componente ineliminável da dinâmica capitalista.

Entretanto, a acumulação capitalista não impacta o proletariado tão-somente com o desemprego. Os trabalhadores experimentam, no curso do desenvolvimento capitalista, processos de *pauperização* que decorrem necessariamente da essência exploradora da ordem do capital. A pauperização pode ser *absoluta* ou *relativa*. A pauperização absoluta registra-se quando as condições de vida e trabalho dos proletários experimentam uma degradação geral: queda do salário real, aviltamento dos padrões de alimentação e moradia, intensificação do ritmo de trabalho, aumento do desemprego. A pauperização relativa é distinta: pode ocorrer mesmo quando as condições de vida dos trabalhadores melhoram, com padrões de alimentação e moradia mais elevados; ela se caracteriza pela redução da parte que lhes cabe do total dos valores criados, enquanto cresce a parte apropriada pelos capitalistas.[8]

A análise dos processos de pauperização exige estudos apoiados em verificação empírica e deve considerar as particularidades das economias nacionais e a própria diferenciação existente no interior do proletariado (é frequente a ocorrência de processos de pauperização diferentes conforme as diversas categorias de trabalhadores). Considerados os países capitalistas mais desenvolvidos, registrou-se, historicamente, uma maior ocorrência da pauperização absoluta no desenvolvimento do capitalismo até finais do século XIX; desde então e até à oitava década do século XX, o que neles se constatou foi sobretudo a pauperização relativa. Mas daí não se pode concluir que a pauperização absoluta tenha sido suprimida — pode-se apenas assinalar que, em certas conjunturas históricas, é possível limitar e, mesmo, reverter a sua incidência.

5.5. Acumulação capitalista e "questão social"

Iniciamos este capítulo assinalando que, assim como ocorre em todas as formas de sociedade, na sociedade fundada no MPC a produção é também

---

8. O exemplo norte-americano é ilustrativo: as condições de vida do proletariado dos Estados Unidos melhoraram sensivelmente entre 1890 e finais dos anos sessenta do século XX; entretanto, a sua parte na renda nacional veio caindo: em 1890, 56% da renda nacional lhe cabia; em 1923, sua participação caiu para 54% e, nos finais dos anos sessenta, baixou para cerca de 40%.

reprodução — vale dizer: enquanto processo que deve dispor de continuidade, a produção traz consigo os elementos que, ao fim de cada fase produtiva, lhe permitem reiniciar-se. Nisso consiste a reprodução: ao cabo de uma fase produtiva, estão repostos todos os requisitos para que a produção tenha prosseguimento.

Por isso mesmo, a produção capitalista não é tão-somente produção e reprodução de mercadorias e de mais-valia: **é produção e reprodução de relações sociais**. Vimos, quando distinguimos a produção mercantil simples da produção mercantil capitalista (capítulo 3, item 3.2), que a essência da produção capitalista está no trabalho assalariado e nas condições gerais que o possibilitam; isto é: a produção capitalista supõe relações sociais no interior das quais existem sujeitos que podem comprar a mercadoria força de trabalho para empregá-la na produção de mercadorias e sujeitos que são obrigados a vender força de trabalho, já que esta é o único bem que possuem. Assim, a produção capitalista só pode ter continuidade se também for contínua a produção das relações sociais que engendram aqueles sujeitos. Em suma: *a reprodução capitalista só é viável se ela reproduzir as relações sociais que põem frente a frente capitalistas e proletários.*

E é precisamente isto o que ocorre ao fim de cada fase produtiva: nele, não encontramos apenas um conjunto de novas mercadorias — encontramos aí, sobretudo, as *relações sociais* que estavam no seu início. Se o leitor retornar à fórmula elementar que expressa o movimento do capital aplicado à produção (**D — M — D'**), verá que seu resultado, *em termos de relações sociais*, reproduz a sua base inicial: a separação entre as condições que propiciam o trabalho e a força de trabalho, encarnadas num sujeito que dispõe de meios para comprar força de trabalho e outro que só tem de seu a força de trabalho e, portanto, para sobreviver, é obrigado a vendê-la como uma mercadoria qualquer.

Com efeito, ao fim de cada fase produtiva, a resultante social são dois sujeitos que se defrontam tal como no início da fase precedente: a classe que detém o capital mantém-se proprietária dele, a classe que porta a força de trabalho continua a só dispor dela. Ao fim de cada fase produtiva, defrontam-se capitalistas e proletários, tal como é necessário para que a produção capitalista se inicie.[9] Em poucas e claras palavras:

---

9. Isso não significa que a sociedade capitalista seja desprovida de *mobilidade social* (tanto horizontal quanto vertical); significa, apenas, que as possibilidades reais de tal mobilidade jamais afetam as bases da existência e da reprodução das duas classes sociais fundamentais.

O processo de produção capitalista reproduz [...], mediante seu próprio procedimento, a separação entre força de trabalho e condições de trabalho. Ele reproduz e perpetua, com isso, as condições de exploração do trabalhador. Obriga constantemente o trabalhador a vender sua força de trabalho para viver e capacita constantemente o capitalista a comprá-la para se enriquecer. [...] O processo de produção capitalista, considerado como um todo articulado ou como processo de reprodução, produz por conseguinte não apenas a mercadoria, não apenas a mais-valia, mas produz e reproduz a própria relação capital, de um lado o capitalista, do outro o trabalhador assalariado. (Marx, 1984, I, 2, p. 161)

Desenvolvendo-se a reprodução ampliada, ou seja, a acumulação, é evidente que, na relação capital/trabalho, a condição dos portadores da mercadoria força de trabalho torna-se progressivamente mais vulnerabilizada (basta pensar, aqui, nos processos de pauperização). E a análise teórica e histórica da acumulação revela resultantes e implicações tão reiterativas que é inteiramente legítimo mencionar-se uma **lei geral da acumulação capitalista**. Com efeito, desde a constituição da base urbano-industrial da sociedade capitalista, o que tem resultado da acumulação é, *simultaneamente*, um enorme crescimento da riqueza social e um igualmente enorme crescimento da pobreza. Da dinâmica do MPC — ou, se se quiser, da sua lógica — resulta que o avanço da acumulação polarize, de um lado, uma gigantesca massa de valores e, de outro, uma imensa concentração de pobreza. Independentemente das características particulares das economias nacionais, em todos os espaços em que se desenvolveu e desenvolve a acumulação capitalista, o resultado é essa polarização riqueza/pobreza; evidentemente, a consideração de ambas (riqueza e pobreza sociais) deve ser contextualizada historicamente — entretanto, mesmo com essa contextualização, o que resulta da acumulação capitalista é a polarização mencionada. De fato,

> todos os métodos de produção da mais-valia são, simultaneamente, métodos da acumulação e toda expansão da acumulação torna-se, reciprocamente, meio de desenvolver aqueles métodos. [...] Portanto, [...] à medida que se acumula capital, a situação do trabalhador, qualquer que seja o seu pagamento, alto ou baixo, tem de piorar. [... A acumulação] ocasiona uma acumulação de miséria correspondente à acumulação de capital. A acumulação da riqueza num pólo é, portanto, ao mesmo tempo, a acumulação de miséria, tormento de trabalho, escravidão, ignorância, brutalização e degradação moral no pólo oposto [...]. (Marx, 1984, I, 2, p. 210)

Daí que Marx enuncie a lei geral da acumulação capitalista que, como toda lei histórico-social, tem caráter *tendencial*:

> Quanto maiores a riqueza social, o capital em funcionamento, o volume e a energia de seu crescimento, portanto também a grandeza absoluta do proletariado e a força produtiva do seu trabalho, tanto maior o exército industrial de reserva. A força de trabalho disponível é desenvolvida pelas mesmas causas que a força expansiva do capital. A grandeza proporcional do exército industrial de reserva cresce, portanto, com as potências da riqueza. [... E] quanto maior, finalmente, a camada lazarenta da classe trabalhadora e o exército industrial de reserva, tanto maior o pauperismo oficial (Marx, 1984, I, 2, p. 209).

Essa formulação teórica data de 1867 — e o desenvolvimento das sociedades capitalistas vem comprovando a referida tendência histórica. Retorne o leitor a essas duas últimas transcrições que fizemos da análise de Marx e verifique como, escritas há quase cento e cinquenta anos, resistem ao confronto com a evolução do capitalismo. É evidente que nesse decurso temporal, o capitalismo experimentou grandes transformações (que estudaremos nos Capítulos 8 e 9); também é evidente que as fronteiras entre riqueza e pobreza sociais se alteraram muito; enfim, a análise da relação riqueza/pobreza sociais mostra grandes diferenças nas várias economias nacionais. Entretanto, mesmo considerando tudo isso, o que permanece como **fato** e **processo** constitutivos e inelimináveis da acumulação capitalista são a perdurabilidade do exército industrial de reserva[10] e a polarização — maior ou menor, mas **sempre** constatável — entre uma riqueza social que pode se expandir exponencialmente e uma pobreza social que não pára de produzir uma enorme massa de homens e mulheres cujo acesso aos bens necessários à vida é extremamente restrito.[11]

---

10. Cf. a nota 6 deste capítulo e os dados recolhidos em J. Rifkin, *O fim dos empregos* (São Paulo: Makron Books, 1995).

11. A bibliografia sobre as condições contemporâneas da vida de amplos setores da população, inclusive de países capitalistas desenvolvidos, revela que, a partir da oitava década do século XX, à pauperização relativa voltou a somar-se uma pauperização absoluta que se acreditava pertencer ao passado. Para documentar esse ponto, recorra-se a Hans Peter Martin e Haraid Schumann, *A armadilha da globalização. O assalto à democracia e ao bem-estar social* (Lisboa, Terramar, 1998) e a Pierre Salama e Blandine Destremau, *O tamanho da pobreza. Economia política da distribuição de renda* (Rio de Janeiro: Garamond, 1999).

A prova cabal da vigência dessa lei geral da acumulação capitalista, para além das suas evidências factuais e empíricas, está no próprio debate sobre a chamada "questão social" engendrada pelo capitalismo. Surgindo na terceira década do século XIX, justamente quando a base urbano-industrial do capitalismo começava a se firmar e quando a acumulação dava seus primeiros passos consistentes, esse debate prossegue até os dias atuais, quando ideólogos a serviço da classe capitalista e mesmo intelectuais desavisados se põem a mencionar uma pretensa "*nova* questão social" — como se houvesse uma "questão social" que não derive da lei geral da acumulação. Ora, a "questão social" é determinada por essa lei; tal "questão", obviamente, ganha novas dimensões e expressões à medida que avança a acumulação e o próprio capitalismo experimenta mudanças. Mas ela é **insuprimível** nos marcos da sociedade onde domina o MPC. Imaginar a "solução" da "questão social" mantendo-se e reproduzindo-se o MPC é o mesmo que imaginar que o MPC pode se manter e se reproduzir sem a acumulação do capital.[12]

Sugestões bibliográficas

A base da argumentação desenvolvida neste capítulo encontra-se em K. Marx, *O capital. Crítica da economia política* (São Paulo: Abril, 1984, I, 2, caps. XXI a XXIII). A exposição marxiana é clara, límpida, e deve ser consultada para o exame mais aprofundado das questões que abordamos; há

No mesmo período, os países capitalistas periféricos (pertencentes ao chamado Terceiro Mundo) e, com eles, muitos dos que precedentemente faziam parte do extinto "bloco socialista" e então dispunham de padrões de vida bem melhores, apresentam um quadro social que mostra a persistência das condições de miséria que o jovem Engels descreveu magistralmente na sua obra sobre a situação da classe trabalhadora na Inglaterra (Engels, 1986); para documentar fartamente esse ponto, recorra-se ao trabalho de Michel Chossudovsky, *A globalização da pobreza. Impactos das reformas do FMI e do Banco Mundial* (São Paulo: Moderna, 1999) e, ainda, a Pierre Salama, *Pobreza e exploração do trabalho na América Latina* (São Paulo: Boitempo, 2002).

12. Evidentemente, a constatação da causalidade essencial da "questão social" não é justificativa para que não se tomem medidas e providências (econômicas, sociais e políticas) para tentar reduzir seus impactos e efeitos. Importante, porém, é assinalar os *limites* de tais medidas e providências: elas são absolutamente impotentes para "solucionar" a "questão social".

que observar, porém, que os *exemplos* ali oferecidos, acerca do impacto da acumulação sobre os trabalhadores, são fortemente datados. Fonte subsidiária para estudar a dinâmica da acumulação está no capítulo VI do livro *Los límites del capitalismo y la teoría marxista*, de D. Harvey (México: Fondo de Cultura Económica, 1990).

Debatem os problemas da relação entre acumulação, salários e pauperização textos de E. Mandel (*A formação do pensamento econômico de Karl Marx*. Rio de Janeiro: Zahar, 1968, p. 143-157) e de R. Rosdolsky (*Gênese e estrutura de* O capital *de Karl Marx*. Rio de Janeiro: Contraponto/UERJ, 2001, p. 237-260). A apreciação atual da importância do *exército industrial de reserva* é subsidiada pelo trabalho de Meneleu Neto, *in* Francisco J. S. Teixeira, Giovanni Alves, Meneleu Neto e Manfredo A. Oliveira (orgs.), *Neoliberalismo e reestruturação produtiva* (São Paulo/Fortaleza: Cortez/UECE, 1998).

O alcance do complexo debate acerca dos *esquemas de reprodução*, a que aludimos na nota 2 deste capítulo, pode ser vislumbrado em Paul M. Sweezy, *Teoria do desenvolvimento capitalista* (Rio de Janeiro: Zahar, 1962, p. 240-250) e em Antonio R. Bertelli, *Marxismo e transformações capitalistas* (São Paulo: IPSO/IAP, 2000, p. 62-93) e, ainda, no prefácio de Jorge Tula a H. Grossmann, *La ley de la acumulación y del derrumbe del sistema capitalista* (México: Siglo XXI, 1984) e na apresentação de Paul Singer ao livro de Rosa Luxemburg, *A acumulação de capital. Contribuição ao estudo econômico do imperialismo* (São Paulo: Nova Cultural, 1985), aliás um dos detonadores daquele debate. Também no capítulo 30 da obra de R. Rosdolsky, referida no parágrafo anterior, esse debate é tema de ricas reflexões.

Biagio de Giovanni discute cuidadosamente a questão da acumulação e a reprodução das classes sociais em *La teoría política de las clases en El capital* (México: Siglo XXI, 1984, p. 238-260). Uma síntese do pensamento marxiano no que toca à produção capitalista como produção e reprodução de relações sociais foi oferecida por Marilda V. Iamamoto, *in* Marilda V. Iamamoto e Raul de Carvalho, *Relações sociais e Serviço Social no Brasil* (São Paulo: Cortez/Celats, 1983, parte I, cap. I).

Referências pertinentes ao debate contemporâneo sobre a "questão social" encontram-se nos textos reunidos na revista da Associação Brasileira de Ensino e Pesquisa em Serviço Social, *Temporalis* (Brasília: Abepss/Grafline, ano II, n. 3, jan.-jun. 2001) e na útil síntese preparada por Alejandra Pastorini (*A categoria "questão social" em debate*. São Paulo: Cortez, 2004).

Filmografia

Sacco e Vanzetti. Itália. 1971. Direção: Giuliano Montaldo. Duração: 120 min.

Atas de Marusia. México. 1975. Direção: Miguel Littin. Duração: 115 min.

O homem que virou suco. Brasil. 1980. Direção: João Batista de Andrade. Duração: 94 min.

Pelle, o conquistador. Dinamarca/Suécia. 1988. Direção: Bille August. Duração: 148 min.

Capítulo 6

Mais-valia, lucro e queda da taxa de lucro

Na análise a que estamos submetendo o MPC, temos reiterado que o sentido da ação capitalista, em todos os seus movimentos — dos passos para a produção de mais-valia aos procedimentos que conduzem à acumulação —, é a busca e a obtenção do lucro. É em função do lucro que age o capitalista como representante do capital. O movimento do capital, a que aludimos no Capítulo 5 e a que retornaremos novamente, opera-se na ação do capitalista, mas só é compreensível quando apreendido em escala social, isto é, quando a análise considera a *classe* capitalista e o circuito que vai da *produção* das mercadorias à sua *realização* (ou seja, a sua venda).

Devemos agora retomar algumas ideias já enunciadas para avançar, no próximo capítulo, com a explicitação direta das *contradições* que tensionam o MPC. Esta retomada permitirá o esclarecimento de problemas e aspectos que não foram abordados anteriormente — especialmente o que se refere à *tendência à queda da taxa de lucro*, questão crucial no desenvolvimento capitalista.

6.1. A mobilidade do capital: a taxa média de lucro

Vimos há pouco (Capítulo 5, item 5.2) que a *rotação do capital* configura o movimento do capital: ele sai da esfera da circulação (capital monetário), ingressa na esfera da produção (capital produtivo) e retorna à esfera da circulação quando a mercadoria é finalmente comercializada e, pois, realizada (de novo, capital monetário). Mas agora veremos que o movimento do capital não se reduz à sua rotação.

A repartição da mais-valia gerada na produção sob a forma de lucros entre industriais, banqueiros e comerciantes, que apontamos anteriormente (Capítulo 4, item 4.7), corresponde à separação do capital total (que alguns autores designam como *capital social*) em capitais específicos (industrial, bancário e comercial). Essa separação torna-se necessária para a realização da mercadoria que, ao fim das contas, representa a realização da mais-valia — numa economia capitalista que se desenvolve continuamente, seria inviável ao capitalista industrial levar a cabo sozinho todas as atividades exigidas para a rotação do capital. Os possuidores daquelas parcelas do capital total constituem os diferentes grupos que compõem a burguesia (não distinguimos, aqui, os capitalistas que investem em atividades agrícolas, uma vez que operam tal como os capitalistas industriais) e eles protagonizam papéis diversos no conjunto das atividades econômicas:

> A função dos capitalistas industriais consiste em extrair diretamente o máximo de sobretrabalho [trabalho não pago] da classe operária para a produção de mais-valia. A função dos capitalistas comerciais consiste em transformar as mercadorias em capital monetário. A função dos banqueiros consiste em concentrar e disponibilizar o capital monetário. Cada grupo de capitalistas retira a sua parte da mais-valia criada pela classe operária (Nikitin, s.d., p. 105).[1]

Como todos os capitalistas — industriais, banqueiros ou comerciantes — têm no lucro o objetivo da sua ação, é fácil compreender por que entre eles reina uma intensa concorrência: não apenas entre esses três grupos (com industriais, banqueiros e comerciantes competindo pela maior parcela da mais-valia produzida pelos trabalhadores), mas ainda entre os componentes de cada grupo (industriais concorrendo com industriais, banqueiros com banqueiros, comerciantes com comerciantes). A natureza dessa concorrência transforma-se com o aparecimento dos monopólios (de que trataremos no Capítulo 8); entretanto, qualquer que seja a sua natureza, a concorrência é

---

1. Ao lado desses grupos burgueses, também os *proprietários fundiários* figuram entre os exploradores — a *renda fundiária* é, como vimos, igualmente parte da massa total de mais-valia.

um componente da dinâmica do MPC: não existe capitalismo sem ela. Afinal, todos os capitalistas, não importa a que setor econômico pertençam, disputam entre si, sob a forma de lucro, a mais-valia produzida pelos trabalhadores.

Recordemos algo sobre o lucro: como vimos no Capítulo 4 (cf., ali, a nota 12), a taxa de lucro *não se identifica* com a taxa de mais-valia, que é também a taxa de exploração; se esta última

$$m' = \frac{m}{v}$$

considera a taxa de mais-valia (**m'**) como relação entre a mais-valia (**m**) e o capital variável (**v**), a taxa de lucro (**p**)

$$p = \frac{m}{c + v}$$

é calculada considerando-se a relação entre mais-valia e o investimento total, ou seja, a soma de capital constante e capital variável (**c + v**). Tomando-se cada empresa em particular, em cada uma delas a taxa de lucro é sempre inferior à taxa de mais-valia.

O capitalista não distingue os gastos com **c** e **v**: na sua contabilidade, tudo é investimento; assim, ele calcula a sua taxa de lucro levando em conta o investimento total (**c** e **v**). O lucro é a forma metamorfoseada com que a mais-valia aparece ao capitalista, e é esta forma a que imediatamente lhe interessa — com efeito, a rentabilidade de uma empresa é determinada pela sua taxa de lucro.

Ora, se o objetivo do capitalista é *aumentar sempre* (ou, no linguajar técnico, *maximizar*) a sua taxa de lucro, é facilmente compreensível que ele queira investir o seu capital naquela empresa ou naquele ramo produtivo em que a taxa de lucro é mais alta e, na realidade, *as taxas de lucro variam entre empresas do mesmo ramo e entre empresas de ramos diferentes*. Essa variação é explicável pela diferente composição orgânica do capital (seja em empresas do mesmo ramo, onde umas se encontram mais avançadas que outras, seja em empresas de ramos distintos, com diversificados graus de mecanização), o que faz com que iguais investimentos totais obtenham taxas de lucro diferenciadas. Entretanto, tal variação está sempre posta em questão e há formas de travá-la transitoriamente.

Tomemos um primeiro exemplo. Suponha o leitor duas empresas do mesmo ramo, nesta ilustração o têxtil: a *empresa A* e a *empresa B*. Admitamos que, em ambas, a taxa de mais-valia seja a mesma (100%) e que o investimento total dos capitalistas (**c** e **v**) seja o mesmo, da ordem de R$ 10.000.000,00, mas que a composição orgânica seja distinta: em *A*, **c** equivale a R$ 5.000.000,00 e **v** a R$ 5.000.000,00, enquanto em *B*, respectivamente, a R$ 8.000.000,00 e a R$ 2.000.000,00. Neste caso, se os tecidos produzidos fossem vendidos pelo seu valor, a taxa de lucro seria muito diferente: em *A*, 50% e, em *B*, 20%. Se assim fosse, o capital, nesse ramo, para obter mais lucros, se moveria, numa verdadeira **migração** (movimento distinto da *rotação* que já examinamos), para as empresas mais atrasadas, de mais baixa composição orgânica do capital: o capitalista proprietário da empresa *B* trataria, bem depressa, de tornar a sua empresa igual à *A*. Todavia, a análise da dinâmica capitalista demonstra e comprova que **não** é assim que as coisas se passam — passam-se exatamente ao contrário.

Vejamos a razão desse fenômeno. No caso do exemplo acima, dada a diferente composição orgânica do capital, o *valor* das mercadorias (tecidos) produzidas pelas duas empresas será também diferente; entretanto, a concorrência entre elas fará com que o *preço* dos tecidos seja determinado não pelo valor das mercadorias que cada uma delas produz, mas pelo valor *socialmente determinado*, que corresponde ao *tempo de trabalho socialmente necessário* nessa conjuntura para a produção de tecidos. Isso significa uma vantagem para as empresas mais avançadas, com mais alta composição orgânica do capital; mas em pouco tempo, essa vantagem desaparecerá: a concorrência obrigará a empresa menos avançada a se modernizar, alcançando os ganhos da outra (caso contrário, ela será alijada da competição) — e não é preciso dizer que esse movimento é infindável, reproduzindo sempre um relativo desnível entre todas as empresas do ramo; também não é preciso dizer que, nesse processo interminável, muitas empresas sucumbem e outras se fortalecem. Mas o que esta ilustração indica — e este é o fato a ser ressaltado — é que as taxas de lucros das empresas tendem, ao cabo de certo tempo, a se *nivelar*: se, inicialmente, as empresas mais avançadas obtêm um *lucro adicional* (ou *superlucro*), logo depois as outras também alcançarão a mesma taxa de lucro.

Tomemos agora, como exemplo para ilustrar com indústrias de ramos diferentes, três empresas, uma do setor têxtil (*empresa X*), uma do setor metalúrgico (*empresa Y*) e uma do setor de produção de bens de capital (*empresa Z*).[2] Suponhamos que, em todas elas, o investimento total (**c** e **v**) tenha sido o mesmo: R$ 10.000.000,00; mas admitamos que a composição orgânica de cada uma delas seja diferente: na *empresa X*, **c** equivale a R$ 7.000.000,00 e **v** a R$ 3.000.000,00; em *Y*, **c** equivale a R$ 8.000.000,00 e **v** a R$ 2.000.000,00 e, em *Z*, **c** equivale a R$ 9.000.000,00 e **v** a R$ 1.000.000,00; admitamos, também, que em todas elas a taxa de mais-valia seja a mesma: 100%. Nesse caso, se as mercadorias fossem vendidas pelo seu valor (**c** + **v** + **m**), a taxa de lucro seria muito diferente: 30% na empresa *X*, 20% em *Y* e 10% em *Z*. Ora, pelo caráter mesmo da produção capitalista, que visa ao lucro, isso ocasionaria a **migração do capital** para os setores *mais lucrativos* — o capitalista da empresa *Z* trataria rapidamente de abandonar a sua área de produção para investir numa empresa similar à *X*.

Essa migração de capitais efetivamente existe e constitui, ela também, parte do movimento do capital: "os capitalistas abandonam os setores menos rentáveis da produção em troca daqueles que são capazes de lhes oferecer altas taxas de lucro" (Salama e Valier, 1975, p. 19).[3] Mas também aqui a migração *não se opera* do modo como, aparentemente, ela se realizaria no exemplo que acabamos de oferecer: de um setor onde as forças produtivas se mostram mais avançadas (a empresa *Z*, com elevada composição orgânica do capital) para um setor de menor desenvolvimento (a empresa *X*, com baixa composição orgânica do capital). Não é isso o que de fato ocorre na dinâmica capitalista; ao contrário, *o que se passa é a migração de capitais para os setores mais avançados (com composição orgânica de capital mais alta) da economia.*

Vejamos as nossas empresas *X*, *Y* e *Z*. Se as suas mercadorias fossem vendidas pelo equivalente ao seu valor, a taxa de lucro beneficiaria a empre-

---

2. Seguindo a distinção feita anteriormente, na nota 2 do Capítulo 5, as duas primeiras pertencem ao departamento II e a terceira ao departamento I da produção.

3. Para estes dois autores, na mesma obra e página, tal movimento é que, rigorosamente, configura a *concorrência* entre os capitalistas, que se caracteriza como *livre* "quando não existe nenhum obstáculo para a mobilidade dos capitais (deslocamentos de um setor para outro) e quando a força de trabalho pode ser facilmente impelida de um para outro ramo da produção. Ela é *imperfeita* ou *monopolista* quando as empresas são suficientemente importantes para impedirem a entrada de outros capitalistas em seus terrenos. Esses obstáculos são de variados tipos: cartel, utilização do progresso técnico etc. [...] Tais obstáculos são perpetuamente questionados. Essa é a razão pela qual a concorrência monopolista consiste em *fabricar* continuamente novos obstáculos. Com efeito, é o meio privilegiado para esse ou aquele monopólio preservar por algum tempo sua taxa de lucro dos assaltos desse ou daquele grupo".

sa X, fazendo com que o capitalista da empresa Z migrasse para o setor têxtil. Haveria, pois, uma oferta aumentada de têxteis, o que levaria os capitalistas, pressionados pela concorrência, a reduzirem a sua taxa de lucros para poder vendê-los — uma redução, por exemplo, a 20%. Por outra parte, a produção de máquinas, permanecendo a mesma demanda, tornar-se-ia menor, permitindo ao capitalista que nela permanece aumentar o preço de suas mercadorias e elevar a sua taxa de lucro, por exemplo, para 20%. Evidentemente, esses ajustes demandam algum tempo, mas acabam, por fim e por algum período, por estabelecer uma taxa de lucro similar (neste exemplo, da ordem de 20%) em todos os ramos e setores.

De fato, a dinâmica capitalista — entendida como o movimento *total* do capital, e não apenas suas expressões particulares — engendra uma tendência ao **nivelamento das taxas de lucro**.[4] Daí que se tenha uma **taxa média de lucro**, que não resulta apenas da exploração a que cada capitalista particular submete os trabalhadores que subordina e que proporciona **por algum tempo** *um lucro similar a capitais de mesmo volume investidos em diferentes ramos da produção*. É por isso que a migração de capitais, mesmo ocorrendo, não compromete a reprodução — comprometeria se essa taxa média não fosse assegurada pelo próprio movimento total do capital. Mas note o leitor que, aqui como em todas as outras situações, estamos mencionando a *dinâmica* capitalista; isso significa, mais uma vez, que, sendo o movimento a própria condição para a valorização do capital, os equilíbrios alcançados são sempre relativos e momentâneos — a taxa média de lucro também varia e está sempre em modificação.

Enfim, cabe salientar a diferença entre *taxa de lucro* e *massa de lucro*. Esta sinaliza não uma relação determinada, mas o *volume total* dos lucros obtidos pelos capitalistas na realização das suas mercadorias. As variações na massa de lucro não correspondem, pois, necessariamente às variações na taxa de lucro: esta pode decrescer, enquanto aquela pode manter-se inalterada ou mesmo crescer.

6.2. Preço de produção e mercado

Todas as vezes que mencionamos as relações entre *valor* e *preço* tivemos o cuidado de indicar que não se trata de categorias idênticas — o preço é a

---

4. Alguns economistas designam esse nivelamento como *equalização* ou *perequação das taxas de lucro*.

expressão monetária do valor e pode variar em relação a ele. Mas também dissemos, ao iniciar o nosso exame do MPC, que trabalharíamos com a hipótese segundo a qual as mercadorias são vendidas pelo seu valor — isto é, com a hipótese de que o preço é o equivalente monetário do valor. Trata-se de uma hipótese fundada, uma vez que, analisando-se séries históricas mais longas, constata-se que os preços tendem a se aproximar dos valores. Por outro lado, essa hipótese não aprisiona a relação preço/valor numa rígida camisa-de-força; de fato,

> a suposição de que as mercadorias das diversas esferas da produção se vendem por seus valores só significa [...] que seu valor é o centro de gravitação em torno do qual giram seus preços e em relação ao qual suas contínuas altas e baixas se compensam (Marx, 1984, III, 1, p. 138).

Ora, ao se defrontar com o que acabamos de escrever no item anterior, o leitor verificou que tal hipótese foi deixada de lado: realmente, para introduzir a questão da formação da taxa média de lucro, argumentamos que as mercadorias produzidas pelas empresas dos nossos exemplos — A, B e X, Y e Z — não tinham preços equivalentes ao seu valor. Vamos esclarecer este ponto, o que, ao mesmo tempo, nos permitirá clarificar melhor *o papel do mercado na determinação dos preços*.

Já vimos (Capítulo 4, item 4.2) que o valor de troca de uma mercadoria qualquer se exprime pela fórmula **c + v + m**, isto é, o tempo de trabalho morto (contido em **c**, capital constante) mais o tempo de trabalho vivo (**v**) e a mais-valia que nele o trabalhador cria (**m**). Todavia, também vimos que o que conta para a sociedade não é o tempo de trabalho vivo gasto para a produção de uma mercadoria particular e sim o tempo de *trabalho socialmente necessário*. É exatamente o que se passou no caso das empresas têxteis *A* e *B*, que utilizamos como ilustração no item anterior: o capital não migrou de *B* para *A* porque, na concorrência, os preços dos tecidos produzidos pela empresa *A* inviabilizariam a sua realização (venda) — o mercado não reconheceria o tempo de trabalho nela desperdiçado, uma vez que era superior ao tempo de trabalho socialmente necessário (justamente aquele que, na empresa *B*, determinava um valor menor da mercadoria produzida por esta última). Compreende-se, pois, que o mercado *penalize* — o termo é de Salama e Valier — as empresas que não se modernizam e não incorporam o desenvolvimento das forças produtivas, elevando a composição orgânica do seu capital; elas são penalizadas porque consagram à produção das suas mercadorias mais tempo que o socialmente necessário. Essa penalização se expressa através da tendência ao nivelamento da taxa de lucro que, no caso do nosso exemplo, reduzirá a da empresa *A* e elevará a da empresa *B*. O processo não é diferente do que se passa no exemplo das empresas *X*, *Y* e *Z*: retorne o leitor ao item anterior e verá que, com a tendência ao nivelamento, a taxa de lucro da empresa menos avançada (*X*) caiu, enquanto a da empresa mais avançada (*Z*) foi elevada.

A partir do momento em que o movimento do capital estabelece, numa conjuntura econômica determinada, uma certa taxa média de lucro (que se torna conhecida pelos capitalistas, através de cálculos mais ou menos precisos), as mercadorias deixam de ser vendidas pelo equivalente de seu valor ($c + v + m$); elas passam a ser vendidas pelo equivalente do valor do capital investido (c e v) mais a taxa média de lucro (que designaremos por p'); a fórmula, pois, deixa de ser $c + v + m$ e passa a ser $c + v + p'$ e expressa o que se denomina **preço de produção**. O preço de produção, assim, resulta da tendência ao nivelamento da taxa de lucro (ou, se se quiser, da determinação do lucro médio). Compreende agora o leitor por que, nos exemplos oferecidos no item anterior, as mercadorias não se vendiam pelo equivalente ao seu valor — vendiam-se pelo preço de produção.

Duas anotações são de extrema importância, a esta altura da nossa argumentação. Uma diz respeito à *relação entre preço de produção e valor*. À primeira vista, o fato de o preço de produção (pelo qual a mercadoria é vendida) não expressar o valor de uma mercadoria poderia indicar uma violação da *lei do valor*. Não é este o caso. O preço de produção é uma expressão metamorfoseada do valor e através dele a lei do valor se realiza, uma vez que, se é verdade que alguns capitalistas vendem suas mercadorias a um preço superior a seu valor, outros vendem-nas a preços a ele inferiores — e, *em seu conjunto*, os capitalistas realizam a massa global de valor de suas mercadorias: "na escala da sociedade tomada em sua totalidade, a soma dos preços de produção equivale à soma dos valores de todas as mercadorias" (Nikitin, s.d., p. 111).

A segunda observação relaciona-se ao papel do mercado — mais particularmente, da chamada "lei da oferta e da procura" — na determinação do valor e dos preços das mercadorias. Pelo caráter da nossa análise do MPC, que confere *centralidade à produção* para compreender a vida econômica e social, é evidente que consideramos superficiais e puramente ideológicas as explanações que tratam a atividade econômica nos termos abstratos de uma pretensa "lei da oferta e da procura"; com efeito, as próprias oferta e procura só são compreensíveis *a partir* da produção, da destinação do excedente econômico (que, em se tratando do MPC, é a destinação da mais-valia) e das suas bases sociais. E isso, entre outras razões, porque a "necessidade social", ou seja, aquilo que regula o princípio da procura,

> é essencialmente condicionada pela relação das diversas classes entre si e por sua respectiva posição econômica, nomeadamente portanto, primeiro, pela proporção entre a mais-valia global e o salário e, segundo, pela proporção entre as diversas partes em que a mais-valia se divide (lucro, juros, renda fundiária, impostos etc.); e assim evidencia-se aqui também mais uma vez que absolutamente nada pode ser explicado pela relação entre procura e oferta antes de a base sobre a qual esta relação atua estar desenvolvida (Marx, 1984, III, 1, p. 141).

Mas isso não significa que oferta e procura sejam alheias à dinâmica capitalista: *a sua ação, concretizada no mercado, interfere no preço mediante o qual as mercadorias se realizam* (isto é: o preço efetivo pelo qual elas são vendidas). Esse preço, geralmente designado como **preço de mercado**, nem sempre coincide com o preço de produção; pode ficar acima ou abaixo dele e essa variação deve-se à relação oferta/procura. E, em geral, é possível afirmar que a ação da oferta e da procura tende a alinhar o preço de mercado ao preço de produção.

Como o leitor pode constatar, a conversão de valor em preço (ou, se se quiser, as *metamorfoses do valor*) põe um conjunto de problemas específicos cujo tratamento escapa a um livro de caráter introdutório como este — e problemas que constituem objeto de um aceso debate entre os economistas. De qualquer maneira, o significado *essencial* da lei do valor permanece válido, significado que consiste no fato demonstrado de que, independentemente do modo pelo qual os preços se regulem ou variem,

> a lei do valor domina seu movimento, no sentido de que a diminuição ou o aumento do tempo de trabalho exigido para a produção faz, respectivamente, cair ou subir os preços de produção (Marx, 1974, 3, IV, p. 203).[5]

---

5. Nesta citação, recorremos também à edição d'*O capital* mencionada na nota 19 do Capítulo 4.

6.3. A tendência à queda da taxa de lucro

O leitor certamente se recorda de uma observação que fizemos quando iniciamos o estudo de algumas das categorias da Economia Política; logo na abertura daquele Capítulo 2 (e na respectiva nota 1), sugeríamos que o conhecimento *teórico* quase sempre contraria o que a experiência *imediata* parece tornar evidente — e supomos que, ao longo deste livro, por várias vezes o nosso leitor teve (e terá) a impressão de que a análise aqui conduzida levava (e levará) exatamente a isto: a contrariar muito da sua experiência *imediata*. Mas temos também a esperança de que, a esta altura, o leitor já não se surpreenda com essa impressão: é que a *aparência* dos fenômenos pouco nos diz da sua *essência*. E mais: julgamos que ele já tenha compreendido que a análise da sociedade (e a crítica da Economia Política deve ser o fundamento dessa análise) não se opera apenas considerando os dados e os fatos na sua singularidade — a teoria social, fundada na crítica da Economia Política, precisa dar conta da *dinâmica da totalidade social*.

Sabemos, a partir das determinações explicitadas no Capítulo 1 (item 1.2), que não existe sociedade sem os seus membros (homens e mulheres) singulares, assim como sabemos que homens e mulheres singulares não existem fora da sociedade; sabemos mais: a sociedade não é a soma dos seus membros, mas é o *sistema de relações* que se estabelece entre eles. Por isso, a análise social só pode conduzir-se adequadamente se buscar as *legalidades objetivas* que se verificam na sociedade, isto é, o conjunto de *tendências* (como, por exemplo, a *lei geral da acumulação*) que acaba por se constituir no movimento da vida social, independentemente da vontade dos membros da sociedade. Isso significa que, sem desconsiderar essa vontade, há que pesquisar *em que ela se transforma* no sistema das relações sociais. Ao fim, aliás sempre provisório, dessa pesquisa, fica revelado que as tendências (leis) do movimento social resultam em realidades que não estavam na vontade nem no horizonte dos membros da sociedade.

Essas observações são pertinentes quando devemos abordar uma das tendências (leis) mais importantes do desenvolvimento do capitalismo: **a tendência à queda da taxa de lucro.** Essa regularidade, que está presente no desenvolvimento do capitalismo desde fins do século XVIII (e tanto que foi objeto, por exemplo, das investigações de Ricardo, entre outras passagens nos caps. VI e XXI dos seus *Princípios de economia política e tributação*, publicados em 1817), demonstra cabalmente como a realização da vontade dos sujeitos *singulares* acaba por produzir processos *globais* inteiramente contraditórios aos fins visados pelos sujeitos. Vejamos:

> Nenhum capitalista emprega um novo método de produção, por mais produtivo que seja ou por mais que aumente a taxa de mais-valia, por livre e espontânea vontade, tão logo ele reduza a taxa de lucro. Mas cada um desses novos métodos de produção barateia as mercadorias. Ele as vende, portanto, originalmente acima do seu preço de produção, talvez acima do seu valor. Embolsa a diferença entre os custos de produção e o preço de mercado das demais mercadorias, produzidas a custos de produção mais elevados.[6] Pode fazê-lo porque a média do tempo de trabalho socialmente exigido para a produção dessas mercadorias é maior que o tempo de trabalho exigido pelo novo método de produção. [...] Mas a concorrência generaliza-o e submete-o à lei geral [do valor]. Então se inicia o descenso da taxa de lucro [...], o que é totalmente independente da vontade dos capitalistas. (Marx, 1984, III, 1, p. 198)

Expressa-se no parágrafo que acabamos de transcrever o paradoxo: o mesmo movimento que atende ao interesse *particular* de cada capitalista é o que colide com o interesse do *conjunto* dos capitalistas (da *classe* capitalista). Um capitalista inovador introduz um método produtivo que reduz seus custos e, assim, ao vender sua mercadoria ao preço de mercado, apropria-se de uma mais-valia adicional: o novo método, reduzindo o tempo de trabalho socialmente necessário para produzir a mercadoria, reduz-lhe o valor, mas os capitalistas que não dispõem desse método mantêm o preço de mercado acima daquele valor — e é desse diferencial que se aproveita o capitalista inovador. Mas a pressão da concorrência obriga os outros capitalistas a adotarem o novo método; assim que ele está gene-

---

6. Para que o leitor compreenda a categoria *preço de custo*, sobre a qual não nos deteremos, vale o seguinte esclarecimento: "O que a mercadoria custa ao capitalista e o que custa mesmo a produção da mercadoria são [...] duas grandezas completamente diferentes. A parte de valor da mercadoria que consiste em mais-valia não custa nada ao capitalista, exatamente porque custa trabalho não-pago ao trabalhador. Como, no entanto, na base da produção capitalista o trabalhador, depois do seu ingresso no processo de produção, constitui um ingrediente do capital produtivo posto em função e pertencente ao capitalista, sendo o capitalista, portanto, o verdadeiro produtor da mercadoria, então o preço de custo da mercadoria aparece necessariamente para ele como o verdadeiro custo da própria mercadoria. Denominemos p o preço de custo, então a fórmula $M = c + v + m$ se transforma na fórmula $M = p + m$, ou valor-mercadoria = preço de custo + mais-valia" (Marx, 1984, III, 1, p. 24).

ralizado, cai o preço de mercado e desaparece a vantagem obtida pelo capitalista inovador.

Em suma: **na medida em que cada capitalista procura maximizar seus lucros, a taxa de lucro tende a cair**. A concorrência obriga cada capitalista a tomar uma decisão (a de incorporar inovações que reduzam o tempo de trabalho necessário à produção da sua mercadoria) que lhe é *individualmente* vantajosa, mas que, ao cabo de algum tempo imitada pelos outros, tem como resultado uma queda da taxa de lucro para *todos os capitalistas*.

A lei *tendencial* que leva à queda da taxa de lucro não tem nada de misterioso. Recordemos que a taxa de lucro se expressa pela fórmula

$$p = \frac{m}{c + v}$$

(**p**, taxa de lucro; **m**, mais-valia; **c**, capital constante e **v**, capital variável); ora, se se eleva **c** — e é isso o que ocorre com a introdução de novos métodos produtivos —, **p** necessariamente cai. **O significado crucial desse fenômeno é que ele demonstra que a produção capitalista, no seu próprio desenvolvimento, engendra *barreiras* e *obstáculos* à sua expansão:**

> Por um lado, a crescente composição orgânica do capital é a expressão da crescente produtividade do trabalho; por outro lado, a decrescente taxa de lucro que a acompanha deve, em última análise, obstruir os canais da iniciativa capitalista (Sweezy, 1962, p. 131).

Entretanto, estamos em face de uma tendência que é constitutiva do MPC — trata-se mesmo de **tendência**: se ela se realizasse integralmente, o MPC entraria em colapso. A história do MPC é também a história de como a classe capitalista, a burguesia, tem desenvolvido meios para aumentar e conservar a taxa de lucro ou, se se quiser, para reverter a tendência à queda da taxa de lucro; a simples existência desses meios (que operam como *contratendências*) é uma comprovação adicional dessa lei. Entre tais meios, contam-se:

- *o barateamento do capital constante* — com isso, mesmo que se eleve a composição orgânica do capital, seu valor pode continuar o mesmo ou até cair;

- *a elevação da intensidade da exploração* — através do incremento da produção de mais-valia absoluta ou relativa;
- *a depressão dos salários abaixo do seu valor* — através da implementação de reduções de salariais;
- *o exército industrial de reserva* — a "superpopulação relativa" é utilizada pelos capitalistas ou para reduzir os salários ou para aproveitá-la em empresas com baixa composição orgânica do capital que, assim, tornam-se competitivas;
- *o comércio exterior* — o comércio entre um país mais desenvolvido e um menos desenvolvido dá vantagens especiais (superlucros) aos capitalistas do primeiro.

Além desses meios, o surgimento do *capitalismo monopolista* (configurando o estágio **imperialista**, que estudaremos no Capítulo 8) vai introduzir novas contratendências à *lei da queda da taxa de lucro*. Nenhuma delas, porém, invalidará essa lei tendencial: com efeito, ela constitui um componente das inelimináveis **contradições** que fazem parte do MPC. É a tais contradições, bem como às suas expressões privilegiadas, as crises, que dedicaremos o próximo capítulo.

Sugestões bibliográficas

As questões da taxa média de lucro e da lei tendencial da queda da taxa de lucro foram especialmente tratadas por Marx no livro terceiro d'*O capital. Crítica da economia política* (São Paulo: Abril, III, 1, 1984, caps. VIII a XIV). Uma síntese bastante didática desses aspectos teóricos encontra-se no segundo capítulo do opúsculo de E. Mandel, *Iniciação à teoria econômica marxista* (Lisboa: Antídoto, 1978).

O debate extremamente complexo da conversão do valor em preço — que, de fato, subjaz a toda a argumentação expendida neste capítulo — é de algum modo tematizado por Paul M. Sweezy, na sua *Teoria do desenvolvimento capitalista* (Rio de Janeiro: Zahar, 1962, cap. VII). Tal debate, num alto nível de elaboração, comparece nos capítulos 6 e 7 da obra de M. Morishima e G. Catephores, *Valor, exploração e crescimento. Marx à luz da teoria econômica moderna* (Rio de Janeiro: Zahar, 1980).

Duncan Foley, no capítulo VIII de *Para entender* El capital. *La teoría económica de Marx* (México: Fondo de Cultura Económica, 1989), sem aludir ao debate mencionado, apresenta um bom resumo das teses marxianas. Já as soluções oferecidas por P. Salama e J. Valier para esse complexo de questões não se referem ao debate, mas procuram incorporar os problemas nele postos, como se verifica nas seções I e II do capítulo 1 e nas seções I a III do capítulo 5 de *Uma introdução à economia política* (Rio de Janeiro: Civilização Brasileira, 1975).

É parte constitutiva daquele debate, sugerindo concepções teóricas criadoras e polêmicas, o clássico ensaio de Piero Sraffa, *Produção de mercadorias por meio de mercadorias*, incluído no volume da coleção "Os economistas" dedicado a M. Kalecki, P. Sraffa e J. Robinson (São Paulo: Nova Cultural, 1985).

Filmografia

Cidadão Kane. Estados Unidos. 1941. Direção: Orson Welles. Duração: 119 min.

A classe operária vai ao paraíso. Itália. 1971. Direção: Elio Petri. Duração: 115 min.

Capítulo 7

As crises e as contradições do capitalismo

A história, real e concreta, do desenvolvimento do capitalismo, a partir da consolidação do comando da produção pelo capital, é a história de uma sucessão de **crises econômicas** — de 1825 até às vésperas da Segunda Guerra Mundial, as fases de prosperidade econômica foram *catorze vezes* acompanhadas por crises; a última explodiu em 1937/1938, mas foi interrompida pela guerra. Em pouco mais de um século, como se constata, a dinâmica capitalista revelou-se profundamente *instável*, com períodos de expansão e crescimento da produção sendo bruscamente coartados por depressões, caracterizadas por falências, quebradeiras e, no que toca aos trabalhadores, desemprego e miséria.

Inicialmente, tais crises eram mais ou menos localizadas (a primeira, de 1825, envolveu praticamente apenas a Inglaterra); desde 1847-1848, elas passaram a ganhar dimensão mundial — e a mais grave do século XIX foi a que eclodiu em 1873. No século XX, a crise que se abriu em 1929 teve consequências catastróficas. A partir do segundo pós-guerra, foram implementadas políticas macroeconômicas e surgiram instituições nacionais e supranacionais com o objetivo de reduzir o impacto das crises, como veremos nos Capítulos 8 e 9. Apesar dessas providências, que sinalizam o redimensionamento do papel do Estado em face da dinâmica econômica, o desenvolvimento do capitalismo, ao longo de toda a segunda metade do século XX e na entrada do século XXI, continuou alternando prosperidade e depressão (ou *recessão*, que designa uma depressão menos violenta) — o que aponta para o caráter **ineliminável** das crises.

A análise teórica e histórica do MPC comprova que a crise não é um acidente de percurso, não é aleatória, não é algo independente do movimento do capital. Nem é uma enfermidade, uma anomalia ou uma excepcionalidade que pode ser suprimida no capitalismo. Expressão concentrada das contradições inerentes ao MPC, a crise é *constitutiva* do capitalismo: **não existiu, não existe e não existirá capitalismo sem crise.**

7.1. As crises capitalistas e o ciclo econômico

As palavras com que terminamos o parágrafo anterior não significam uma *naturalização* da crise econômica — como se *toda* organização da economia, não importa sua contextualização histórica, experimentasse crises. Uma tal significação é pretendida pelas ideologias burguesas, que buscam transformar as crises (e suas terríveis consequências para os trabalhadores) em algo absolutamente imprevisível, parecido a um acidente da natureza que escapa ao controle da sociedade, como um terremoto que perturba inesperadamente a tranquilidade da vida de uma população. Deixemos bem claro: **as crises são inevitáveis** *sob o capitalismo;* **mas é perfeitamente possível e viável uma organização da economia** *estruturalmente diferente* **da organização capitalista, capaz de suprimir as causas das crises.**

Evidentemente, podem ocorrer crises econômicas em sociedades onde não é dominante o MPC. Em sociedades pré-capitalistas, registraram-se perturbações na produção que acarretaram empobrecimento e miséria. A característica dessas crises pré-capitalistas reside no fato de elas resultarem da destruição dos produtores diretos ou dos meios de produção, ocasionada por desastres naturais (por exemplo, grandes epidemias — como a *peste negra* — dizimando os produtores) ou por catástrofes sociais (por exemplo, guerras destruindo meios de produção e forças produtivas). A consequência imediata dessas crises é uma carência generalizada dos bens necessários à vida social; mais exatamente, tais crises indicam uma insuficiência na produção de valores de uso e, por isso, podem ser designadas como *crises de subprodução de valores de uso.*

As crises próprias do MPC são inteiramente diferentes. Se, na crise pré-capitalista, é a diminuição da força de trabalho (uma epidemia ceifando vidas de trabalhadores) que ocasiona a redução da produção, na crise capitalista ocorre exatamente o contrário: é a redução da produção que ocasiona a diminuição da força de trabalho utilizada (isto é, o desemprego) — o que numa é causa, noutra é efeito. E há, sobretudo, uma diferença essencial: a crise capitalista aparece, inversamente à crise pré-capitalista, como uma *superprodução de valores de uso* — mais precisamente: não há insuficiência na produção de bens, não há carência de valores de uso; o que ocorre é que os valores de uso não encontram escoamento, não encontram consumidores que possam pagar o seu valor de troca[1] e, quando isto se evidencia, os capitalistas tendem a travar a produção; na crise capitalista, a oferta de mercadorias torna-se excessiva em relação à procura (demanda) e, então, restringe-se ao limite a produção. Resumindo: "Todo ou parte do valor de troca criado (na produção) não pode ser realizado (através da venda no mercado): as mercadorias [...] *não podem ser vendidas por seu valor*, tendo em vista a insuficiência da demanda" (Salama e Valier, 1975, p. 114) — e, diante disso, os capitalistas tratam de conter e até mesmo suspender o volume da produção.

Retornemos, mais uma vez, à fórmula geral do movimento do capital: **D — M — D'**: o capitalista investe **dinheiro** para produzir **mercadorias** com o único objetivo de obter **mais dinheiro do que investiu** — a mercadoria produzida só se realiza quando pode ser convertida em (mais) dinheiro. A crise, imediatamente, é a interrupção desse movimento: a mercadoria produzida não se converte em (mais) dinheiro. O movimento do capital fica em suspenso: a reprodução ampliada — isto é, a acumulação — não pode prosseguir; crise, como disse Marx (1980, II, p. 939), "é justamente a fase de estorvo e interrupção do processo de acumulação". Vale transcrever aqui uma argumentação que mostra um pouco da dinâmica da crise:

> A crise é assim a expressão do caráter particularmente contraditório assumido pela acumulação do capital. Contraditório porque os interesses *do* capitalista entram em frequente oposição, mais ou menos aguda, com seus interesses enquanto integrante da *classe* capitalista. Vejamos um exemplo: se o capitalista A vê cair a sua taxa de lucro, ele pode inicialmente dispensar trabalhadores e

---

1. No linguajar dos economistas, não há aqui *insuficiência de produção*, mas *insuficiência da demanda solvável de mercadorias*.

aumentar a intensidade do trabalho, esperando assim diminuir os custos e reencontrar suas margens de ganho. Mas, se muitos capitalistas fizerem o mesmo — e o capitalista A não pode impedi-los de fazê-lo —, a meta buscada não é alcançada. Longe de se restabelecer, a taxa de lucro cai e a crise se generaliza. O capitalista A obtém o inverso do que busca, precisamente porque não domina as leis do mercado e essas se voltam contra ele. A criação do desemprego, resultante da sua ação e daquela de seus imitadores, não permite — embora diminua provisoriamente seus custos — que as mercadorias sejam vendidas pelo seu valor. A mais-valia não se realiza ou não se realiza integralmente. O crescimento do desemprego significa menos dispêndio de salários e, portanto, menos possibilidades de escoar as mercadorias. A forma dinheiro é insuficiente em relação à forma mercadoria, impedindo que essa seja escoada pelo seu valor (Salama e Valier, 1975, p. 115).

Entre uma crise e outra, decorre o **ciclo econômico**[2] e nele podem distinguir-se, esquematicamente, quatro fases: a crise, a depressão, a retomada e o auge.

A *crise* pode ser detonada por incidente econômico ou político qualquer (a falência de uma grande empresa, um escândalo financeiro, a falta repentina de uma matéria-prima essencial, a queda de um governo).[3] Bruscamente, as operações comerciais se reduzem de forma dramática, as mercadorias não se vendem, a produção é enormemente diminuída ou até paralisada, preços e salários caem, empresas entram em quebra, o desemprego se generaliza e as camadas trabalhadoras padecem a pauperização absoluta.

À crise, segue-se a *depressão*: o desemprego e os salários mantêm-se no nível da fase anterior, a produção permanece estagnada, as mercadorias estocadas ou são destruídas ou parcialmente vendidas a baixo preço. As empresas que sobrevivem procuram soluções tecnológicas para continuar com

---

2. Até a crise de 1929, os ciclos tinham uma duração aproximada entre 8 e 12 anos; a partir da Segunda Guerra Mundial, esses ciclos foram encurtados, ao mesmo tempo em que os impactos das crises tornaram-se menos catastróficos que aqueles da de 1929.

3. Adverte um mestre da crítica da Economia Política: "Mas o detonador não é a *causa* da crise. Apenas a precipita [...]. Para que ele possa [desencadeá-la], é necessário que coincida toda uma série de pré-condições que não decorrem em medida alguma da influência autônoma do detonador. Assim, a falência retumbante de uma grande casa comercial ou de um grande banco não estrangulará, em geral, uma conjuntura no início de uma fase de *boom*, de expansão acelerada. Terá tal efeito somente ao final dessa fase, porque todos os elementos da crise próxima estão já reunidos e esperam um elemento catalisador para se manifestar" (Mandel, 1990, p. 212).

alguma escala de produção, mesmo com preços baixos para as suas mercadorias; buscam, sobretudo, apoderar-se de mercados e fontes de matérias-primas — quando esse movimento, mais a concorrência entre elas, sinaliza a possibilidade de recuperação, criam-se estímulos para fomentar a produção.

Este é o quadro da *retomada* (ou *reanimação*): as empresas que sobrevivem absorvem algumas das que quebraram, incorporam seus equipamentos e instalações, renovam seus próprios equipamentos e começam a produzir mais. O comércio se reanima, as mercadorias escoam, os preços se elevam e pouco a pouco diminui o desemprego. A produção se restaura nos níveis anteriores à crise e se transita para a fase seguinte, e última, do ciclo.

Trata-se da fase do *auge* (*boom*): a concorrência leva os capitalistas a investir nas suas empresas, a abrir novas linhas e frentes de produção e esta é largamente ampliada, lançando no mercado quantidades cada vez maiores de mercadorias. O crescimento da produção é impetuoso e a euforia toma conta da vida econômica: a prosperidade está ao alcance da mão. Até que... um *detonador* qualquer evidencia de repente que o mercado está abarrotado de mercadorias que não se vendem, os preços caem e sobrevém nova crise — e todo o ciclo recomeça.

7.2. As crises: pluricausalidade e função

As crises capitalistas, demarcando os ciclos econômicos, não têm uma única causa: elas são o resultado da *dinâmica contraditória* do MPC — as múltiplas contradições que constituem o MPC convergem nas crises. Vejamos quais causas são as mais determinantes para que a prosperidade (o *auge*) seja bruscamente interrompida:

a) a *anarquia da produção*

A produção capitalista, progressivamente mais organizada, planejada e racionalizada no interior das unidades produtivas, não obedece a *nenhum* planejamento ou controle global: assim, o mercado é inundado por mercadorias cuja destinação é incerta, uma vez que a sua produção é comandada exclusivamente por cada capitalista, tendo em vista apenas a obtenção do lucro, com a frequente desproporcionalidade entre os vários ramos e setores da produção (especialmente entre o Departamento I e o Departamento II, mencionados na nota 2 do Capítulo 5). Ao contrário da produção de cada empresa, o *conjunto* da produção de todos os capitalistas escapa a qualquer controle racional;

b) a *queda da taxa de lucro*

Já vimos (no item anterior e também no Capítulo 6, item 6.3) a forma como cada capitalista, individual e privadamente, responde à queda da *sua* taxa de lucro; então, verificamos que a resultante da resposta da *maioria* dos capitalistas a essa tendência contraria a intencionalidade de *cada um* deles e seu efeito, enfim, acaba por efetivamente contribuir para a eclosão das crises;

c) o *subconsumo das massas trabalhadoras*

Enquanto os capitalistas inundam o mercado com as suas mercadorias, a capacidade de consumir dos contingentes trabalhadores permanece limitada; esse descompasso entre a magnitude da produção de mercadorias e a possibilidade de sua realização deve-se ao fato de as massas trabalhadoras não disporem de meios para comprá-las. Por isso, não é exagero afirmar-se que "a razão última de todas as crises reais é sempre a pobreza e a restrição ao consumo das massas em face do impulso da produção capitalista a desenvolver as forças produtivas como se apenas a capacidade absoluta de consumo da sociedade constituísse seu limite" (Marx, 1985, III, 2, p. 24).

Não são essas as *únicas* causas das crises, mas certamente elas sempre concorrem para a sua eclosão. E ainda que seja intenso o debate sobre a causalidade das crises, parece não haver dúvidas quanto à sua função: *é através delas que a lei do valor se impõe*. Veja-se a anotação de Ernest Mandel:

> No início de cada ciclo [...], há racionalização, intensidade crescente do trabalho, progresso técnico acentuado[...]. Em uma economia mercantil, a alta acentuada da produtividade significa sempre a baixa do valor unitário das mercadorias [...]. No entanto, é justamente em um período de "superaquecimento" [... que] os capitalistas proprietários de mercadorias — sobretudo os industriais que já aplicaram as técnicas mais avançadas — podem com mais ou menos sucesso *manter os preços antigos em vigor*, o que lhes assegura abundantes superlucros. A venda insuficiente, a superprodução, a ruptura brutal do equilíbrio entre a oferta e a procura constituem o mecanismo que gera a baixa dos preços, isto é, que impõe os novos valores das mercadorias que resultam do aumento da produtividade, provocando uma grande perda de lucros e uma excessiva desvalorização de capitais para os capitalistas (Mandel, 1990, p. 213).

Esclareçamos: uma vez iniciado um ciclo, à medida que ele avança, as mercadorias postas à venda pelos capitalistas não têm o mesmo *valor* — as produzidas pelos capitalistas que modernizaram as suas indústrias (reduzindo o tempo de trabalho *socialmente* necessário para fabricá-las) têm um valor *menor*, mas continuam sendo vendidas pelos preços daquelas produzidas por capitalistas cujas indústrias incorporam mais tempo de trabalho que o *socialmente* necessário. Enquanto persiste essa situação, na qual se registra uma desproporção entre o tempo de trabalho *efetivamente despendido* para a produção de mercadorias e o tempo de trabalho *socialmente necessário*, há superlucro para os capitalistas que se valem de métodos mais avançados; ora, a crise põe fim, transitoriamente, àquela desproporção: a brutal queda nos preços estabelece a quantidade de trabalho socialmente necessário, o que significa, em outros termos, a imposição da lei do valor.

As crises, expressando a contraditoriedade inerente ao MPC, são elas mesmas contraditórias: *de uma parte, trazem à luz as contradições do MPC; de outro, criam as condições para uma reanimação e um novo auge*, isto é, para um novo ciclo. De fato, elas significam uma *descapitalização* e uma *depreciação do capital* (falências e quebras, fechamento de empresas, perda e destruição de mercadorias, queda do preço de equipamentos e instalações), oferecendo uma solução provisória para o fenômeno da superacumulação (que mencionamos no Capítulo 5, item 5.1); mas, simultaneamente, abrem a via para uma recuperação (aumento) transitória da taxa média de lucro. Em suma: se "é através das crises que se realiza a queda tendencial da taxa de lucro", elas, "ao mesmo tempo, constituem a reação do sistema [capitalista] contra essa queda" (Salama e Valier, 1975, p. 121).

Assim, as crises são *funcionais* ao MPC: constituem os mecanismos mediante os quais o MPC *restaura*, sempre em níveis mais complexos e instáveis, as condições necessárias à sua continuidade. Por isso mesmo, as crises — por mais brutais que sejam os seus efeitos e por mais graves que sejam as suas consequências — não têm o dom de conduzir o MPC ao colapso ou a faculdade de destruí-lo; deixadas à sua lógica, das crises capitalistas só resulta o próprio capitalismo.[4]

---

4. A substituição do capitalismo por uma outra forma de organização econômico-social só pode ser o produto de uma **ação coletiva** fundada numa **vontade política** que expresse o interesse **histórico** dos trabalhadores. Com efeito, "as crises são a mais nítida manifestação da contradição fundamental do regime [capitalista] e o aviso periódico de que está condenado a morrer tarde ou cedo. Mas não morrerá

7.3. As contradições do capitalismo

As crises não interessam a nenhum dos sujeitos sociais em presença na sociedade burguesa — nem aos capitalistas, nem aos trabalhadores. É evidente que seus impactos atingem muito diferentemente as classes sociais; não há o mesmo custo para todos: *os trabalhadores sempre pagam o preço mais alto*. No entanto, também são penalizados segmentos do capital, especialmente os pequenos e médios capitalistas, os primeiros (entre os membros da classe exploradora) onerados pela crise: as falências e quebras ocorrem basicamente entre eles;[5] porém, conforme a profundidade da crise, mesmo setores do grande capital são vulnerabilizados. Por outra parte, uns poucos representantes do capital tiram vantagens da crise, que também tem por efeito favorecer os mecanismos de concentração e centralização que já estudamos (Capítulo 5, item 5.3).

Apesar disso, as crises são inelimináveis porque expressam o caráter contraditório do MPC — em si mesmas, elas são a demonstração cabal de que esse modo de produção é constituído e dinamizado por contradições e só se desenvolve com a reprodução e a ampliação dessas mesmas contradições. No item anterior deste capítulo, ao tratar das causas das crises, fizemos menção a três dessas contradições: 1ª) a contradição entre a *progressiva racionalidade* que organiza a produção nas empresas capitalistas (planejamento, cálculo das relações custo/benefício etc.) e a *irracionalidade do conjunto da produção capitalista* (a ausência de um planejamento *global* dessa mesma produção);[6] 2ª) a contradição entre a necessária ação de cada capitalista para *maximizar seus lucros* e o resultado objetivo dessa ação, a *queda da taxa de lucro*; e, 3ª) o crescimento da produção de mercadorias *sem* um correspondente crescimento da capacidade aquisitiva (a "demanda solvável") das massas

---

jamais de morte automática. Será sempre preciso dar-lhe um piparotezinho consciente para o condenar definitivamente, e esse piparote é [...] ao movimento operário que compete dar-lho" (Mandel, 1978, p. 69).

5. Na nota 9 do Capítulo 5, fizemos menção à *mobilidade social* — nas crises, ela se manifesta claramente, com capitalistas (especialmente os pequenos) sendo rebaixados a uma condição de classe inferior.

6. Num sentido mais amplo, essa contradição se manifesta em todos os âmbitos da produção capitalista — veja-se, por exemplo, a indústria bélica (a que voltaremos no Capítulo 8, item 8.4.): valendo-se do que há de mais avançado nas conquistas racionais da humanidade (os conhecimentos científicos), empregam-se recursos sofisticados (as tecnologias mais refinadas) para a *produção de armas*, cuja única utilidade é *destruir* e *matar*. Não é preciso dizer que, do ponto de vista da obtenção de lucros — que é o ponto de vista que vale para os capitalistas —, a irracionalidade que apontamos aqui é inexistente.

trabalhadoras; como dizia Engels, "a expansão dos mercados não pode de-senvolver-se ao mesmo ritmo que a da produção" (*in* Marx-Engels, 1961, v. 2, p. 329).

Essas e outras contradições derivam daquela que podemos considerar a **contradição fundamental** do MPC: a contradição entre a *produção sociali-zada* e a *apropriação privada*. É preciso atentar para essa contradição e nada melhor que retomar uma sintética e clara lição:

> Na produção mercantil, tal como se tinha desenvolvido na Idade Média, não podia surgir o problema de a quem deveriam pertencer os produtos do tra-balho. Geralmente, o produtor individual criava-os com matérias-primas que lhe pertenciam, produzidas regra geral por si próprio, com a ajuda dos seus próprios meios de trabalho e do seu trabalho manual ou de sua família. Não tinha necessidade de apropriar-se dos produtos, pois já eram seus pelo simples fato de ter sido ele a produzi-los. A propriedade dos produtos tinha, deste modo, por base o *trabalho pessoal*. Mesmo nos casos em que se utilizava a ajuda de outrem, esta era, regra geral, acessória e, além do salário, havia frequentemente outra remuneração: o aprendiz e o oficial das corporações trabalhavam mais pelo fato de aprender a ser mestres um dia do que pela alimentação e salário. Foi assim que apareceu a concentração dos meios de produção nas grandes oficinas e fábricas, e a sua transformação em meios de produção realmente sociais. Mas esses meios de produção e seus produtos sociais continuaram a ser considerados como o eram antes: meios de produ-ção e produtos individuais. E, se até aqui o proprietário dos meios de trabalho se apropriava do produto porque, em regra, era o seu próprio produto, e a ajuda de outrem era uma exceção, agora o proprietário dos meios de trabalho continuava a apropriar-se do produto, apesar dele não ser mais o *seu* produ-to, mas exclusivamente fruto do *trabalho alheio*. Assim, os produtos criados agora socialmente não voltaram a ser propriedade daqueles que tinham pos-to realmente em marcha os meios de produção e fabricado os produtos, mas eram apropriados pelo *capitalista*. Os meios de produção transformaram-se em fatores sociais. No entanto, foram submetidos a uma forma de apropriação que pressupõe a produção privada individual, isto é, aquela em que cada um é dono e leva ao mercado o seu próprio produto. O modo de produção vê-se sujeito a esta forma de apropriação apesar de destruir o pressuposto sobre o qual se baseia. Nesta contradição, que confere ao novo modo de produção o seu caráter capitalista, *existem já, em embrião, todos os conflitos do presente*. E quanto mais o novo modo de produção dominar em todos os setores funda-mentais da produção e em todos os países economicamente importantes, [...]

melhor se evidenciará *a incompatibilidade entre a produção social e a apropriação capitalista*. (Engels, 1976, p. 79-80)

Eis a contradição fundamental do MPC: a produção torna-se *socializada*; mais: essa socialização é *progressivamente aprofundada*, envolvendo o conjunto das atividades econômicas em escala mundial; a apropriação, porém, permanece *privada*: o conjunto dos produtores diretos (os trabalhadores) cria um enorme *excedente* que é apropriado pelos donos dos meios de produção (os capitalistas).

Para apreender o significado fundamental dessa contradição, o leitor deve ter bem presentes algumas das categorias que estudamos no Capítulo 2 (especialmente nos itens 2.1. e 2.2). As relações *sociais* de produção decorrem do regime de propriedade e este determina a repartição (ou distribuição) do excedente — e tal regime, no MPC, é o da propriedade *privada* dos meios fundamentais de produção. Então, por mais socializada que esteja a produção (e a produção capitalista tende à socialização infinita), o caráter privado da apropriação do excedente permanece intocado; assim, estabelece-se a contradição que, substantivamente, conduz àquela que faz colidir as relações sociais de produção com o desenvolvimento das forças produtivas. Se as relações sociais de produção capitalistas substituíram as anteriores (pré-capitalistas, feudais) porque favoreciam o desenvolvimento das forças produtivas, a partir de um certo grau de consolidação e maturação do capitalismo, elas passaram a *travar* aquele desenvolvimento; a partir de então, a *correspondência* inicial entre relações de produção/desenvolvimento das forças produtivas converteu-se na *contradição* assinalada.

Em função do que já estudamos, é desnecessário acrescentar que essa contradição se expressa, no nível sociopolítico e histórico, como um processo específico de *lutas de classes*: "**a contradição entre a produção social e a apropriação capitalista [privada] reveste a forma de antagonismo entre o proletariado e a burguesia**" (Engels, *op.* e *loc. cit.*, p. 81). E é exatamente no nível sociopolítico que essa contradição fundamental — como, aliás, todas as contradições do MPC —, que se manifesta agudamente por ocasião das crises capitalistas, pode ser solucionada: a solução reside em substituir o modo de produção capitalista por uma organização superior e mais avançada da vida econômica, mediante um protagonismo político dos trabalhadores que dirija um processo de *transição socialista*. Enquanto essa solução não se viabiliza, o desenvolvimento capitalista avança reiterando o conjunto de suas contradições e, ao desencadear novos fenômenos e processos, instaura *novas* contradições. É o que veremos no próximo capítulo, que tem por objeto um estágio mais alto do capitalismo.

Sugestões bibliográficas

As principais investigações de Marx pertinentes à questão das crises econômicas encontram-se especialmente no livro terceiro d'*O capital. Crítica da economia política* (São Paulo: Abril, 1985, III, 2, caps. XXX a XXXII) e no capítulo XVII das *Teorias da mais-valia. História crítica do pensamento econômico* (São Paulo: Difel, 1983, II).

Uma exposição muito didática das contradições inerentes ao MPC é fornecida por Engels em *Do socialismo utópico ao socialismo científico* (Lisboa: Estampa, 1976).

Uma notável síntese da análise marxista das crises é oferecida por E. Mandel no capítulo XXV do seu livro *A crise do capital. Os fatos e sua interpretação marxista* (São Paulo/Campinas: Ensaio/Unicamp, 1990). Muito útil é, também, a leitura do VII capítulo do texto de D. Harvey, *Los límites del capitalismo y la teoría marxista* (México: Fondo de Cultura Económica, 1990), assim como a exposição mais simples e direta feita por P. Salama e J. Valier no capítulo 6 de *Uma introdução à economia política* (Rio de Janeiro: Civilização Brasileira, 1975). E há elementos valiosos na contribuição de Duncan K. Foley, no capítulo IX de *Para entender* El capital. *La teoría económica de Marx* (México: Fondo de Cultura Económica, 1989).

Acerca das polêmicas relacionadas à temática tratada neste capítulo, cabe recorrer a H. Grossmann, *La ley de la acumulación y del derrumbe del sistema capitalista* (México: Siglo XXI, 1984, caps. 1 e 2), a Paul M. Sweezy, *Teoria do desenvolvimento capitalista* (Rio de Janeiro: Zahar, 1962, cap. XI) e ao ensaio de Elmar Altvater publicado na *História do marxismo*, que E. J. Hobsbawm organizou (Rio de Janeiro: Paz e Terra, 1989, v. 8, p. 79-133).

Filmografia

A noite dos desesperados. Estados Unidos. 1969. Direção: Sidney Pollack. Duração: 120 min.

As vinhas da ira. Estados Unidos. 1940. Direção: John Ford. Duração: 129 min.

Wall Street. Estados Unidos. 1987. Direção: Oliver Stone. Duração: 124 min.

Capítulo 8

O imperialismo

Na segunda década do século XX, teóricos de distintas posições políticas, mas vinculados à tradição inaugurada por Marx, aprofundaram investigações visando compreender fenômenos e processos ocorrentes na sociedade capitalista que não tinham sido analisados pelo autor d'*O capital* — entre outras razões porque tais fenômenos e processos inexistiam à época da pesquisa marxiana.

Assim é que, entre 1910 e o imediato primeiro pós-guerra, apoiando-se nas tendências que Marx descobrira no movimento do capital e procurando empregar o seu método de análise, alguns marxistas desenvolveram estudos que indicaram que o sistema capitalista vinha experimentando, desde os últimos trinta anos do século XIX, uma série de substantivas transformações.[1] Nenhuma delas lhe retirava a sua estrutura essencial; mas todas confluíam para configurar um *novo estágio* na história do capitalismo, a que se denominou **imperialismo**.

Pesquisas posteriores ratificaram os principais conteúdos daqueles estudos e tornou-se mais ou menos consensual, entre os críticos da Economia

---

1. São dignas de nota, entre outras, as contribuições de R. Hilferding, *O capital financeiro* (São Paulo: Abril, 1985), de Rosa Luxemburg, *A acumulação de capital. Contribuição ao estudo econômico do imperialismo* (São Paulo: Abril, 1985), de V. I. Lênin, *O imperialismo, fase superior do capitalismo. Ensaio popular* (*in Obras escolhidas em três tomos*. Lisboa/Moscou: Avante!/Progresso, 1, 1977) e de Nicolai Bukharin, *A economia mundial e o imperialismo. Esboço econômico* (São Paulo: Nova Cultural, 1986).

Política, caracterizar como *imperialismo* o capitalismo que domina ao longo do século XX — e, *com novas determinações*, ingressa no século XXI.

8.1. A evolução do capitalismo

O leitor terá observado que nosso interesse em compreender a estrutura e a dinâmica capitalistas, de que nos ocupamos a partir do Capítulo 3, fez com que nossa atenção se dirigisse especialmente para os aspectos imanentes e estruturais do MPC. Não nos detivemos na *história* do capitalismo — e cumpre sublinhar que essa dimensão é absolutamente central para a sua correta compreensão.

Capital, como vimos, é *relação social* e as relações sociais são, antes de mais, relações de essência histórica: são mutáveis, transformáveis. Resultantes da ação dos homens, exercem sobre eles pressões e constrangimentos, acarretam efeitos e consequências que independem da sua vontade; mas, igualmente, são alteráveis e alteradas pela vontade coletiva e organizada das classes sociais — nas palavras de Marx, "os homens fazem sua própria história, mas não a fazem como querem; não a fazem sob circunstâncias de sua escolha e sim sob aquelas com que se defrontam diretamente, legadas e transmitidas pelo passado" (Marx, 1968, p. 17). Também assinalamos o *caráter processual* do capital, que é valor que precisa valorizar-se, expandir-se — capital é *movimento*, dinamizado pelas suas *contradições*. Por essas razões (entre outras), o capitalismo não só é história, mas tem a sua *própria* história: produto de transformações operadas ainda no seio da ordem feudal, a partir do momento em que se impôs instaurou mecanismos e dispositivos de desenvolvimento que lhe são peculiares.

Ao longo de sua existência, o capitalismo moveu-se (move-se) e transformou-se (transforma-se); mobilidade e transformação estão sempre presentes nele: *mobilidade e transformação constituem o capitalismo*, graças ao rápido e intenso desenvolvimento de forças produtivas que é a sua marca. A expressão sociopolítica das suas contradições, que surge nas *lutas de classes*, permeia e penetra todos os passos da sua dinâmica. A história do capitalismo — a sua evolução —, portanto, é produto da interação, da imbricação, da intercorrência do desenvolvimento de forças produtivas, de alterações nas atividades estritamente econômicas, de inovações tecnológicas e organizacionais e de processos sociopolíticos e culturais que envolvem as classes sociais em presença numa dada quadra histórica. E todos esses vetores não só se transformam eles mesmos: as suas interações também se alteram no curso do desenvolvimento do MPC.

Vimos, no Capítulo 2 (item 2.5), como a crise do feudalismo resultou de múltiplos processos, desde os imediatamente ligados à atividade econômica àqueles derivados das lutas de classes. Na sequência, apontamos como o ciclo da Revolução Burguesa assentou em processos igualmente diferenciados, mas que convergiram no surgimento de uma ordem social substantivamente diversa da do *Antigo Regime* — a ordem burguesa, construída pelo protagonismo revolucionário da burguesia e do bloco social que ela hegemonizou (o *Terceiro Estado*).

Se, com base nesta linha de análise, procurássemos estabelecer uma periodização histórica do desenvolvimento do capitalismo, registraríamos primeiro a existência de um estágio que começa com a *acumulação primitiva* (cf. Capítulo 3, item 3.3) e vai até os primeiros passos do capital para controlar a produção de mercadorias e, nela, comandar o trabalho, mediante o estabelecimento da *manufatura* (cf. Capítulo 4, item 4.5), cobrindo do século XVI a meados do século XVIII. Trata-se do estágio inicial do capitalismo, no qual o papel do grupo social dos comerciantes/mercadores foi decisivo — estágio por isso mesmo designado como **capitalismo comercial** (ou **mercantil**).

No curso desse estágio, a burguesia — nascendo especialmente dos grupos mercantis que acumularam grandes capitais comerciais — afirma-se como classe que tem nas mãos o controle das principais atividades econômicas e confronta-se com os privilégios da nobreza fundiária. É então uma *classe revolucionária*, cujos interesses se conjugam com os da massa da população; sobretudo, é a classe que tem por tarefa liberar as forças produtivas dos limites que lhes eram colocados pelas relações feudais de produção e seu específico regime de propriedade. Temos, à época, uma burguesia de caráter audacioso, uma burguesia empreendedora, heróica mesmo, como se verifica dos seus inícios à sua marcha triunfal rumo à construção da nova sociedade.

Tal caráter foi amplamente reconhecido até mesmo pelos seus críticos mais ácidos.[2] No que toca aos seus inícios, recorde-se a saga da expansão

---

2. Escrevendo em 1848, Marx e Engels anotaram que "a burguesia, com seu domínio de classe de apenas um século, criou forças produtivas mais massivas e mais colossais do que todas as gerações

marítima conduzida pelos grupos mercantis do sul da Europa (especialmente da Península Ibérica), que abriram as rotas para o Oriente e para as Américas. Nesse primeiro movimento, no qual já se revela a tendência do capital para a *mundialização*,[3] encontram-se entrelaçados processos extremamente progressistas e processos enormemente bárbaros (pense-se, por exemplo, no confronto entre os espanhóis e os impérios asteca e inca), preludiando a inextricável teia de contradições da nova sociedade. No que tange aos momentos finais da Revolução Burguesa, que se esgotará no final do século XVIII e de que é emblemática a Revolução Francesa, o caráter heróico dos representantes políticos da burguesia, já distinta de grupos mercantis, não deixa lugar a dúvidas.

Na segunda metade do século XVIII, o capitalismo ingressa num novo estágio evolutivo. Essa passagem a outro nível vincula-se diretamente a mudanças políticas (está a completar-se a Revolução Burguesa, com a tomada do poder de Estado) e técnicas (vai irromper a Revolução Industrial);[4] nesse estágio, o capital — organizando a produção através da nascente *grande indústria* — dará curso ao processo que culminará na *subsunção real* do trabalho (cf. Capítulo 4, item 4.5). Aproximadamente a partir da oitava década do século XVIII, configura-se esse segundo estágio do capitalismo, o **capitalismo concorrencial** (também chamado de "liberal" ou "clássico"),[5] que perdurará até o último terço do século XIX. No decurso desse período, de cerca de cem anos, o capitalismo vai se consolidar nos principais países da Europa Ocidental, nos quais erradicará ou subordinará à sua dinâmica as relações econômicas e sociais pré-capitalistas, e revelará as suas principais

---

passadas juntas. A subjugação das forças naturais, a maquinaria, a aplicação da química à indústria e à agricultura, a navegação a vapor, as ferrovias, o telégrafo elétrico, o arroteamento de continentes inteiros, a canalização de rios, populações inteiras brotando do solo como por encanto — que século anterior teve ao menos um pressentimento de que estas forças produtivas estavam adormecidas no seio do trabalho social?" (Marx-Engels, 1998: 10).

3. É então que, rigorosamente, começa o movimento de *unificação* da humanidade, que se concretiza quando se consolida o mercado mundial (cf. Capítulo 1, último parágrafo do item 1.2.). Devemos observar, desde já, que por isso mesmo é profundamente enganoso situar esse movimento como algo recente, tal como o fazem os ideólogos da "globalização".

4. Cf., no Capítulo 2, a nota 15.

5. A qualificação "liberal" advém da colagem da burguesia revolucionária à teoria política liberal, que exprimia seus interesses e da qual, como vimos na Introdução (cf. o item relativo à "Economia Política clássica"), a Economia Política sofre forte influência. O adjetivo "clássico" remete ao fato de que é então que o regime econômico burguês explicita as suas características estruturais.

características estruturais (explicitando as suas tendências mais profundas, condensadas nas leis que estudamos anteriormente).

Sobre a base da *grande indústria* (a *indústria moderna*), que provocará um processo de *urbanização* sem precedentes,[6] o capitalismo concorrencial criará o *mercado mundial*: os países mais avançados (e, nesse período, a liderança estará com a Inglaterra) buscarão matérias brutas e primas nos rincões mais afastados do globo e inundarão todas as latitudes com as suas mercadorias produzidas em larga escala — estabelecem-se vínculos econômicos (e culturais) entre grupos humanos separados por milhares e milhares de quilômetros. Povos, nações e Estados situados fora da Europa, que se mantinham isolados resistindo com recursos de força, são agora integrados mais pela via da invasão comercial que pela intervenção militar (ainda que esta nunca tenha sido deixada de lado, como veremos no item 8.3). É supérfluo acrescentar que essa integração se operou entre parceiros que dispunham de condições socioeconômicas muito desiguais e suas consequências contribuíram para ampliar e aprofundar tal desigualdade. Mas, de fato, durante a vigência do capitalismo concorrencial, estabeleceu-se o que, no estágio subsequente do capitalismo, haverá de consolidar-se e desenvolver-se: um sistema econômico internacional — mais exatamente: uma *economia mundial*.

A caracterização desse estágio como concorrencial explica-se em função das relativamente amplas possibilidades de negócios que se abriam aos pequenos e médios capitalistas: na escala em que as dimensões das empresas não demandavam grandes massas de capitais para a sua constituição, a "livre iniciativa" ("iniciativa privada") tinha muitas chances de se consolidar em meio a uma concorrência desenfreada e generalizada — embora as quebras e falências durante as crises afetassem especialmente os pequenos e médios capitais, estes dispunham de oportunidades de investimento lucrativo que, no futuro, seriam cada vez menores, já que, à medida que se desen-

---

6. "Se, em 1770, 40% dos ingleses residiam nos campos, aí só permanecem, em 1841, 26% deles. As cidades crescem notavelmente: em 1750, só 2 delas aglomeravam mais de 50.000 habitantes; em 1801, esse número era de 8 e, em 1851, de 29 (e 9 tinham mais de 100.000 habitantes). [...] A população total do Reino Unido [...] triplica entre 1750 e 1850, duplica entre 1800 e 1850. O crescimento demográfico e a urbanização conectam-se diretamente à industrialização — evidencia-o a hipertrofia das cidades industriais que, em apenas 40 anos (1801-1841), sofrem o seguinte acréscimo no seu número de habitantes: Manchester — 35.000/353.000; Leeds — 53.000/152.000; Birmingham — 23.000/181.000; Sheffield — 46.000/111.000" (Netto, in "Prólogo" a Engels, 1986, p. III-IV).

volvia o capitalismo, mais se faziam sentir os efeitos da concentração e da centralização (cf. Capítulo 5, item 5.3).

Sob o capitalismo concorrencial surgem as lutas de classes na sua modalidade moderna, ou seja, as lutas fundadas na contradição entre capital e trabalho. Tais lutas, antagonizando a burguesia e os trabalhadores (elementarmente, a burguesia e o proletariado) e que, a partir daí, estarão *sempre* presentes na ulterior evolução do capitalismo, adquirem inicialmente formas grosseiras, mas, pouco a pouco, avançam para uma crescente *politização*, que as torna mais conscientes — tal foi, na primeira metade do século XIX, o trânsito do *ludismo* ao *cartismo* (a que nos referimos na Introdução, item "A crise da Economia Política clássica"). A violência dos primeiros protestos operários era a reação inevitável à brutalidade da exploração capitalista, então basicamente centrada no incremento do excedente mediante a extensão da jornada de trabalho (mais-valia absoluta) — inexistiam quaisquer garantias para os trabalhadores, indefesos diante da rapacidade da burguesia.

E a resposta burguesa ao protesto operário não se esgotou na repressão pura e simples; tomou também a forma de incorporação de novas tecnologias à produção, de modo a atemorizar os proletários com a ameaça do desemprego pela redução da demanda de *trabalho vivo*. Na verdade, as inovações funcionam como uma arma nas lutas de classes; controladas pelos capitalistas, servem na guerra contra os trabalhadores — a propósito dos aperfeiçoamentos industriais ocorridos a partir da primeira crise capitalista, foi observado que, "desde 1825, quase todas as novas invenções resultaram das colisões entre o operário e o patrão, que, a qualquer preço, procura depreciar a especialidade do operário. Depois de cada nova greve de alguma importância, surgia uma nova máquina" (Marx, 1982a, p. 131). Como se vê, **as lutas de classes influem fortemente no desenvolvimento das forças produtivas**.

Mencionamos a ausência de garantias aos trabalhadores — realmente, eles estavam à mercê do patronato, uma vez que o Estado, nas mãos dos capitalistas (ou de seus representantes políticos), atendia praticamente apenas aos interesses do capital. O essencial das funções do Estado burguês restringia-se às tarefas repressivas: cabia-lhe assegurar o que podemos chamar de *condições externas* para a acumulação capitalista — a manutenção da propriedade privada e da "ordem pública" (leia-se: o enquadramento dos trabalhadores). Tratava-se do Estado reivindicado pela teoria liberal: um Estado com mínimas atribuições econômicas; mas isso não significa um Estado alheio à atividade econômica — pelo contrário: ao assegurar as condições externas para a acumulação capitalista, o Estado intervinha no exclusivo interesse do capital (e era exatamente essa a exigência liberal).

Evidentemente, tal Estado se fundava numa participação social extremamente restrita: o direito de voto, por exemplo, era muito limitado. Foi precisamente a ação dos trabalhadores que forçou a lenta *democratização* da sociedade burguesa (observemos que o *cartismo* teve como ponto de partida a exigência de uma reforma eleitoral para ampliar o direito de voto): a democracia política, quando triunfou, não foi produto da teoria liberal ou de seus representantes políticos, mas uma *conquista* do movimento operário.[7]

Esse quadro sofrerá substantivas alterações na segunda metade do século XIX, resultantes dos eventos revolucionários de 1848 (a cujo significado aludimos na Introdução, no item "A crise da Economia Política clássica"). Então, **as lutas de classes se elevam a um novo patamar**.

De um lado, as vanguardas operárias ganham consciência do antagonismo entre proletariado e burguesia; superado o impacto da derrota de 1848, a partir dos anos sessenta, elas encontrarão formas de articulação internacional e nacional — em âmbito internacional, a *Associação Internacional dos Trabalhadores* (1864-1876) e a *Internacional Socialista* (criada em 1889 e cuja crise se manifestou em 1914);[8] em âmbito nacional, o moderno *movimento sindical*, que se tornará muito significativo desde o último decênio do século, e os *partidos políticos operários* (socialistas e social-democratas). Com efeito, a dolorosa experiência de 1848 contribuiu decisivamente para converter o operariado de "classe em si" em "classe para si",[9] situando-o como o *sujeito*

---

7. É absolutamente importante sublinhar o fato de que a *democracia política* constitui, historicamente, uma conquista do movimento operário, uma vez que as ideologias burguesas sempre se empenham em mistificar a construção da democracia, identificando mentirosamente liberalismo/capitalismo/democracia. A análise histórica, quando levada a cabo objetivamente, mostra que *o capitalismo tem caráter antidemocrático*; somente a pressão das massas trabalhadoras torna-o, em alguma medida, compatível com a democracia política.

8. Depois conhecidas, respectivamente, como a Primeira e a Segunda Internacionais.

9. "As condições econômicas, inicialmente, transformaram a massa [...] em trabalhadores. A dominação do capital criou para esta massa uma situação comum, interesses comuns. Esta massa, pois, é

revolucionário potencialmente capaz para promover a transformação da ordem burguesa numa sociedade sem exploração.

De outro lado, atemorizada pela explosão de 1848, a burguesia converteu-se em *classe conservadora*: seu objetivo passou a ser a *manutenção* das relações sociais assentadas na propriedade privada dos meios fundamentais de produção, suportes da acumulação capitalista. Inicia-se o ciclo da sua *decadência ideológica*, com o completo abandono dos ideais emancipadores que animaram a sua luta contra o *Antigo Regime* (cf. a Introdução, item "A crise da Economia Política clássica").

O conservadorismo burguês, porém, não impediu que segmentos capitalistas mais lúcidos compreendessem a ineficácia de respostas puramente repressivas ao movimento operário. Com essa compreensão, tais segmentos deixaram de se opor a medidas estatais que oferecessem mínimas garantias aos trabalhadores (como a limitação legal da jornada de trabalho, a regulamentação do trabalho feminino e infantil etc.) e passaram até a defender *reformas sociais* que reduzissem os *efeitos* da exploração sobre os trabalhadores.[10] Evidentemente, esse reformismo burguês tinha um limite absoluto: a propriedade privada dos meios fundamentais de produção — o direito a ela permaneceria intocado, como se fosse um *direito natural*. Essencialmente, as reformas aceitas por esses setores capitalistas estavam conformes ao espírito de Tancredi, personagem d'*O leopardo*, notável romance do italiano Giuseppe Lampedusa (1896-1957): "É preciso mudar algo para que tudo permaneça como está".

8.2. A transição a um novo estágio

Concomitantemente a essas mudanças de natureza sociopolítica, operavam intensamente, na segunda metade do século XIX, três outros processos:

---

já, em face do capital, uma classe, mas ainda não o é para si mesma. Na luta [contra os capitalistas] esta massa se reúne, se constitui em classe para si mesma. Os interesses que defende se tornam interesses de classe" (Marx, 1982a, p. 159).

10. Recorde-se que são da segunda metade do século XIX empreendimentos expressivos para uma abordagem não-repressiva da "questão social" — empreendimentos afinados com esse reformismo burguês foram iniciativas para racionalizar a filantropia (lembre-se a fundação, em Londres, em 1869, da *Charity Organization Society*) e, também, os enunciados católicos de Leão XIII na *Rerum Novarum* (1891).

um de caráter científico-técnico, dois de natureza estritamente econômica — mas todos interligados.

Importantes desenvolvimentos estavam se realizando no domínio das ciências naturais, estimuladas pelas demandas da indústria e fortemente marcadas pelo positivismo: novas concepções abriam caminho na biologia, a química avançava e a física registrava progressos. Os impactos desses desenvolvimentos na produção (afetando insumos, meios de produção e mercadorias) foram de tal ordem que alguns historiadores caracterizam o último terço do século XIX como o de uma "segunda revolução industrial" (ou o de uma "segunda fase" da Revolução Industrial). Graças a Bessemer (1813-1898) e aos irmãos Siemens (Friedrich, 1826-1904 e Wilhelm, 1823-1883), o aço passa a ser produzido em grande escala e substitui o ferro como material básico; a aplicação da química permite obter papel a partir da polpa de madeira (1855) e alumínio a partir da bauxita (1886) e revoluciona a produção de álcalis e de tintas e colorantes e dá nascimento à indústria de fármacos; a energia mais utilizada recebe um novo impulso, com a turbinação do vapor (Parsons, 1884); os motores de combustão interna são produzidos a partir de 1876 (Otto) e, com a abertura dos campos de Bornéu (1898), o petróleo generaliza-se como combustível; enfim, a eletricidade faz sua entrada em cena: em 1881, em Godalming (Inglaterra), inaugura-se a primeira central elétrica pública da Europa.

Resumindo esse processo, afirma um estudioso:

> O desenvolvimento das forças produtivas fez grandes progressos no último terço do século XIX. Na siderurgia, os novos métodos de produção do aço [...] exigiram a substituição de pequenas fundições semi-artesanais, existentes até então, pelas grandes usinas siderúrgicas. Ao mesmo tempo, vários e numerosos inventos [...] fomentaram avanços na indústria e nos transportes [...]: os bondes, os automóveis, a locomotiva Diesel e o avião.[11] Os êxitos da ciência e da técnica possibilitaram a produção e o emprego da energia elétrica.
>
> Antes, o papel predominante pertencia à indústria leve, mas, a partir do último terço do século XIX [...], a indústria pesada passou a primeiro plano. Seus ramos começaram a crescer rapidamente: entre 1870 e 1900, a fundição mundial de

---

11. Não há, aqui, imprecisão cronológica (o avião é de 1906) — nas partes da citação que suprimimos, fica claro que o autor, mencionando esse invento, está considerando os desdobramentos das invenções do último terço do século XIX.

aço aumentou 56 vezes, a produção de petróleo 25 vezes e a extração de hulha mais que triplicou (Nikitin, s.d., p. 149).

No plano da economia, também especialmente nos últimos trinta anos do século XIX, dois processos faziam-se notáveis: o *surgimento dos monopólios* e a modificação do papel dos *bancos*.

Ao longo do capitalismo concorrencial, a classe capitalista foi se diferenciando em razão do volume de capital nas mãos de cada capitalista — existiam grandes, médios e pequenos capitalistas. A concorrência entre eles, como observamos, era desenfreada e, naturalmente, os grandes capitalistas tinham maiores chances de levar a melhor na luta que todos travavam entre si. Na segunda metade do século XIX, especialmente na sequência imediata da grande crise de 1873, esse quadro será estruturalmente modificado: as tendências do capital que já conhecemos, à concentração e à centralização, confluíram na criação dos modernos **monopólios**. Do ponto de vista teórico, o surgimento dos monopólios não constituía novidade; afinal,

> tanto mais se aperfeiçoa o maquinismo, mais aumenta [...] a composição orgânica do capital necessário para que [uma] empresa possa obter o lucro médio. O capital médio necessário para poder abrir uma nova empresa capaz de alcançar esse lucro médio cresce na mesma proporção. Disso se segue que a dimensão média das empresas também aumenta em cada ramo industrial. [...] A evolução do modo de produção capitalista, por conseguinte, implica necessariamente numa centralização e concentração do capital. A dimensão média das empresas cresce incessantemente. Um elevado número de pequenas empresas é derrotado na concorrência por um número restrito de grandes empresas, que controlam uma fração crescente do capital, dos trabalhadores e da produção. [...] Alguns grandes monopólios centralizam o essencial dos meios de produção e dos trabalhadores (Salama e Valier, 1975, p. 62-63).

No entanto, na efetividade da vida econômica, o surgimento dos monopólios teve um enorme impacto. O aparecimento, em menos de trinta anos, de grupos capitalistas nacionais controlando ramos industriais inteiros, empregando enormes contingentes de trabalhadores e influindo decisivamente nas economias nacionais alterou de modo extraordinário a dinâmica econômica.[12] Em poucas décadas, esses gigantescos monopólios (centrados na

---

12. Apenas dois exemplos dessa alteração: 1) na Alemanha, o grupo Krupp empregava 16.000 pessoas em 1873, 24.000 por volta de 1890, 45.000 por volta de 1900 e quase 70.000 por volta de 1912;

indústria pesada) extravasariam as fronteiras nacionais, estendendo a sua dominação sobre enormes regiões do globo. Mas, já então, entre fins do século XIX e os primeiros anos do século XX, o grande capital — a partir daí geralmente conhecido como **capital monopolista** —, firmemente estabelecido na produção industrial, se constituía como a coluna vertebral da economia capitalista, articulando formas específicas de controle das atividades econômicas (o *pool*, o *cartel*, o *sindicato*, o *truste* etc.). Uma vez estruturados e consolidados esses monopólios, mudou a fisionomia do capitalismo; consumada a monopolização,

> a unidade econômica típica na sociedade capitalista não é a firma pequena que fabrica uma fração desprezível de uma produção homogênea, para um mercado anônimo, mas a empresa em grande escala, à qual cabe uma parcela significativa da produção de uma indústria, ou mesmo de várias indústrias, capaz de controlar seus preços, o volume de sua produção e os tipos e volumes dos seus investimentos (Baran e Sweezy, 1974, p. 15-16).

O surgimento dos monopólios industriais ocorreu mais ou menos simultaneamente à mudança do papel dos **bancos**. Produtos da evolução das "casas bancárias" que operavam ao tempo do capitalismo comercial, os bancos, inicialmente, funcionavam como intermediários de pagamentos; com o desenvolvimento do capitalismo, tornaram-se as peças básicas do *sistema de crédito*. Reunindo capitais inativos de capitalistas e a soma das economias de um grande contingente de pessoas, os bancos passaram a controlar massas monetárias gigantescas, disponibilizadas para empréstimos — e a concorrência entre os capitalistas industriais levou-os a recorrer ao crédito bancário para seus novos investimentos. Nesse contexto, os bancos contribuíram ativamente para implementar o processo de centralização do capital.[13]

50% da produção de carvão estava, em 1893, nas mãos de um único grupo produtor; 2) nos Estados Unidos, a um único grupo, em 1901, cabiam 66% da produção de aço; aí, em 1904, 0,9% do total das empresas industriais respondia por 38% da produção industrial do país.

13. É no processo de centralização da segunda metade do século XIX que vão surgir as modernas *sociedades anônimas* (ou *sociedades por ações*). Nelas, "a grande maioria dos proprietários [acionistas] perde o controle em favor de uma pequena minoria de proprietários [acionistas]. A grande sociedade anônima não significa [...] nem a democratização nem a abolição das funções de controle da propriedade", mas sim a sua concentração numa camada "relativamente pequena de grandes capitalistas, cujo controle se estende muito além dos limites da sua propriedade" (Sweezy, 1962, p. 306). De fato, "a experiência demonstra que basta possuir 40% das ações para dirigir os negócios de uma sociedade anônima, pois

Ora, conhecendo as estruturas internas das firmas capitalistas e suas possibilidades e limites, na medida em que detinham as contas correntes dos capitalistas, os bancos desfrutavam de posição de força para condicionar os créditos que ofereciam e, sobretudo, participar dos melhores negócios empresariais (inclusive adquirindo o controle desses negócios, mediante a compra de ações). Por outra parte, essa mudança no papel dos bancos — de intermediários de pagamentos a associados de capitalistas industriais — ocorreu ao mesmo tempo em que o processo de concentração/centralização se estendia dos ramos industriais ao próprio setor bancário. *O surgimento dos monopólios industriais é acompanhado pela monopolização também no âmbito do capital bancário.*[14]

Esse entrelaçamento entre monopólios industriais e monopólios bancários, que começa a se efetivar a partir do último terço do século XIX, deu origem a uma nova forma do capital, diferente das até então conhecidas (capital comercial, capital industrial e capital bancário). Com efeito, nesse processo,

> os bancos compram ações dos monopólios [...] e se convertem em seus co-proprietários. Por seu turno, os monopólios industriais também possuem ações dos bancos com que se relacionam. Em consequência, produz-se o enlace, a *fusão* do capital monopolista bancário com o capital monopolista industrial (Nikitin, s.d., p. 160).

Essa fusão dos capitais monopolistas industriais com os bancários constitui o **capital financeiro**, que ganhará centralidade no terceiro estágio evolutivo do capitalismo — o **estágio imperialista**, que se gestou nas últimas três décadas do século XIX e, experimentando transformações significativas, percorreu todo o século XX e se prolonga na entrada do século XXI.

8.3. O estágio imperialista

O capitalismo, nos últimos anos do século XIX, ingressa no estágio imperialista, em que o capital financeiro desempenha papel decisivo. Nesse

---

uma certa parte dos pequenos acionistas, que se encontram dispersos, não tem na prática possibilidade alguma de assistir às assembleias gerais etc." (Lênin, 1977, 1, p. 611).

14. Dois exemplos da monopolização no setor bancário: 1) em 1909, 9 grandes bancos de Berlim — e as casas bancárias a eles associadas — controlavam 83% de todo o capital bancário alemão; 2) na França, os três bancos mais importantes, entre 1870 e 1909, decuplicaram os capitais alheios sob sua guarda.

estágio, chamado simplesmente de **imperialismo**, a forma empresarial típica será a monopolista (e, por isso, alguns autores denominam-no *capitalismo monopolista*), sem que ela elimine as pequenas e médias empresas; de fato, estas subsistirão e até mesmo poderão se multiplicar, *mas agora inteiramente subordinadas às pressões monopolistas.*

A interpretação clássica do imperialismo foi oferecida por Lênin, em seu estudo de 1916, intitulado *O imperialismo, fase superior do capitalismo*, no qual, além de suas próprias pesquisas, incorporou análises de teóricos que o precederam. Para o máximo dirigente bolchevique, "o imperialismo é a fase monopolista do capitalismo", com os seguintes traços principais:

> 1) a concentração da produção e do capital levada a um grau tão elevado de desenvolvimento que criou os monopólios, os quais desempenham um papel decisivo na vida econômica; 2) a fusão do capital bancário com o capital industrial e a criação, baseada neste *capital financeiro*, da oligarquia financeira; 3) a exportação de capitais, diferentemente da exportação de mercadorias, adquire uma importância particularmente grande; 4) a formação de associações internacionais monopolistas de capitalistas, que partilham o mundo entre si; e 5) o termo da partilha territorial do mundo entre as potências capitalistas mais importantes (Lênin, 1977, I, p. 641-642)..

E Lênin resume:

> O imperialismo é o capitalismo na fase de desenvolvimento em que ganhou corpo a dominação dos monopólios e do capital financeiro, adquiriu marcada importância a exportação de capitais, começou a partilha do mundo pelos *trusts* internacionais e terminou a partilha de toda a terra entre os países capitalistas mais importantes (id., ibid.).

Dos cinco traços pertinentes ao imperialismo listados por Lênin, o primeiro e o segundo já foram abordados por nós.[15] Apenas há que esclarecer, no tocante ao segundo, a noção de *oligarquia financeira*: uma vez estabelecido

---

15. De qualquer forma, valem exemplos de meados do século XX (extraídos de Nikitin, s.d.: 155 e ss): em 1954, nos Estados Unidos, 17 empresas controlavam 94% da produção de aço; apenas um monopólio (*Standard Oil*) controlava a indústria do petróleo e, em 1958, três grupos (*General Motors, Ford* e *Chrysler*) detinham 93% da produção de veículos; na Inglaterra, à mesma época, um grupo (*Imperial Chemical Industries*) controlava 95% de toda a produção química básica; na França, também

o imperialismo, um número reduzido de grandes capitalistas (industriais e banqueiros) concentra nas suas mãos a vida econômica do país — e, claro, não só dos *seus* países, mas ainda daqueles em que seus grupos econômicos atuam. Na medida em que detêm o poder econômico, esses poucos monopolistas dispõem de enorme influência política — em escala nacional e internacional. Ao longo de todo o século XX, são inúmeros os exemplos da ação concentradora (na economia) e antidemocrática (na política) conduzida pela oligarquia financeira.[16]

Vimos que sob o capitalismo concorrencial criou-se o mercado mundial: a circulação de mercadorias conectou praticamente todo o mundo aos centros capitalistas — então, a *exportação de mercadorias* (o *comércio externo*) constituiu a principal vinculação entre os países. Sob o imperialismo, o comércio externo não perdeu importância; no entanto, ganhou enorme relevância a *exportação de capitais* que, anteriormente, não era tão expressiva. A exportação de capitais realiza-se sob duas formas: 1ª) *capital de empréstimo*: capitalistas concedem créditos, em troca de juros determinados, a governos ou capitalistas de outros países; 2ª) *capital produtivo*: capitalistas implantam indústrias em outros países.[17] Nos dois casos, o que estimula a exportação de capital é a

---

na década de cinquenta, 4 grupos monopolistas controlavam 96% da produção de veículos, 1 grupo toda a produção de alumínio e outro 80% da produção de colorantes químicos.

16. Alguns poucos exemplos, referentes a meados do século XX e retirados do estudo de Nikitin (s.d.: 160 e ss.): nos Estados Unidos, 8 grupos controlavam a economia do país (Morgan, Rockfeller, Mellon, Du Pont, o "grupo de Chicago" e o "grupo de Cleveland", Bank of America, First National City Bank); a economia da Inglaterra estava também nas mãos de 8 grupos. Em geral, a ação da oligarquia financeira se efetiva com a intervenção das *mesmas pessoas* nos conselhos de direção de inúmeras empresas, bancos e também na gestão governamental (frequentemente ocupando cargos muito influentes nos governos); dois exemplos, da década de cinquenta do século passado: nos Estados Unidos, um grupo de cerca de 400 industriais e banqueiros ocupava uns 1.200 lugares de direção nas 250 corporações mais importantes do país; na França, os diretores do *Banque de Paris et des Pays Bas* ocupavam 190 postos de direção em conselhos de diferentes companhias.

A influência internacional antidemocrática dessa oligarquia financeira também é bastante conhecida. Exemplos latino-americanos: as empresas norte-americanas controladas por essa oligarquia tiveram ativo papel na derrubada dos governos de Jacobo Arbens (Guatemala, 1954), João Goulart (Brasil, 1964) e Salvador Allende (Chile, 1973) — nos três casos, com a sustentação dessa oligarquia, estabeleceram-se, na sequência dos golpes que patrocinaram, regimes ferozmente antidemocráticos.

17. Os efeitos dessa exportação de capital produtivo, quando dirigida a países menos desenvolvidos, são contraditórios. De um lado, permitem a criação ou a ampliação de atividades industriais e a modernização da economia dos países credores; de outro, subordinam a sua economia a decisões tomadas sem o seu controle e, com a repatriação dos lucros dos capitalistas estrangeiros, retiram dos países devedores enormes montantes do excedente produzido por seus trabalhadores.

procura de lucros máximos, seja através dos juros a serem recebidos, seja através dos lucros a serem repatriados — e, nos dois casos, estabelece-se uma relação de *domínio* e *exploração* entre credor e devedor, que se expressa claramente nos vínculos entre os monopólios (e os governos de seus países) e os países (e seus governos) devedores;[18] voltaremos a esses empréstimos no próximo capítulo (item 9.5).

Uma vez controlados os mercados dos seus próprios países (*o controle dos mercados*, como observaremos adiante, *é o objetivo dos monopólios*), as gigantescas empresas monopolistas tratam de ganhar mercados externos — e, nesse processo, elas se associam a empresas similares de outros países capitalistas de forma a selecionar áreas de atuação. De fato, **dividem entre si as regiões do mundo que pretendem subordinar a seus interesses**. Assim, já antes da Primeira Guerra Mundial, o mercado de petróleo foi objeto de acordos entre a *Standard Oil* (norte-americana) e a *Royal Dutch Shell* (anglo-holandesa); na indústria eletrotécnica, em 1907, um acordo entre a *General Electric/GE* (norte-americana) e a *Allgemeine Elektrizitägesellschaft/AEG* (alemã) garantiu à primeira os mercados americanos e à segunda os europeus e parte dos asiáticos. Tais acordos, que não eliminam a concorrência entre os monopólios, mas estabelecem limites temporários a ela, continuaram a se realizar ao longo de todo o século XX, envolvendo os ramos produtivos mais diversos.

Através desses acordos, os grandes monopólios (que são também impropriamente conhecidos como "empresas multinacionais") realizam uma espécie de *partilha econômica* do mundo. Simultaneamente, os Estados capitalistas onde o capitalismo monopolista se desenvolve e cujos interesses representam (que se tornam, pois, Estados *imperialistas*) promovem uma *partilha territorial* do mundo. No período de constituição do imperialismo

---

18. Dois exemplos (extraídos de Salama e Valier, 1975: 154-155) ilustram a exploração assinalada: "de 1950 a 1963, os investimentos líquidos diretos no exterior das firmas norte-americanas eram iguais a 17 bilhões de dólares, enquanto os lucros realizados por esses investimentos no estrangeiro e repatriados para os Estados Unidos eram da ordem de 30 bilhões de dólares; de 1950 a 1965, os Estados Unidos investiram 3,8 bilhões de dólares na América Latina, enquanto repatriaram desse subcontinente, sob a forma de lucros declarados, 11,3 bilhões de dólares". Os mesmos autores já haviam caracterizado antes (p. 150) as relações entre os países imperialistas e os países subdesenvolvidos mediante a *deterioração dos termos de intercâmbio*: entre 1876 e 1948, "a distância entre os preços das mercadorias vendidas pelos países capitalistas desenvolvidos e os preços das mercadorias vendidas pelos países subdesenvolvidos aumentou de 35 a 50%, em detrimento desses últimos". Cf., adiante, a nota 29.

— como vimos, aproximadamente os três últimos decênios do século XIX e os primeiros anos do século XX —, essa partilha tomou a forma de uma verdadeira *recolonização*:

> De 1874 a 1914, as grandes potências se apoderaram de cerca de 25 milhões de quilômetros quadrados de territórios coloniais, ou seja, mais que 50% da superfície das metrópoles. A potência que mais ocupou terras foi a Inglaterra: em 1876, suas possessões coloniais abarcavam 22.500.000 quilômetros quadrados, com 251.900.000 habitantes; em 1914, tais possessões foram acrescidas com uma área de 11.000.000 de quilômetros quadrados e uma população de 141.600.000 habitantes. Em 1876, Alemanha, Estados Unidos e Japão não tinham colônias e a França as tinha poucas. Em 1914, estas quatro potências haviam se apoderado de colônias com uma superfície total de 14.100.000 quilômetros quadrados e uma população de cerca de 100.000.000 habitantes (Nikitin, s.d., p. 168).[19]

Essa partilha territorial do mundo foi posta em questão em 1914: como já não existiam mais territórios "livres", qualquer nova expansão haveria de fazer-se mediante o confronto entre os Estados imperialistas — é assim que explode a Primeira Guerra Mundial, expressão dos conflitos interimperialistas, conflitos que também responderiam pela Segunda Guerra Mundial. De fato, a guerra, no estágio do capitalismo dos monopólios, constitui a forma extrema de partilhas do mundo pelas potências imperialistas.

8.4. A indústria bélica

O desenvolvimento da monopolização, o surgimento do capital financeiro (e da oligarquia financeira), a exportação de capital e a partilha econômica (e territorial) do mundo não são os únicos elementos introduzidos na dinâmica capitalista pelo estágio imperialista. Pelo menos um outro deve ser

---

19. Tal como na expansão ultramarina dos tempos da acumulação primitiva, as Igrejas ocidentais contribuíram ativamente nesse processo, sob o pretexto da "cristianização dos selvagens". Relatando como os "missionários" colaboraram nessa redivisão territorial do mundo, lembra um estudioso: "Um exército de missionários, que com grande energia disseminavam o cristianismo entre os nativos, fazia-lhes sentir a necessidade de se submeter à exploração sem um protesto. É assim que o camponês da África descrevia as 'atividades' dos missionários naquele continente: *Quando eles aqui chegaram, os missionários tinham os dez mandamentos e nós tínhamos a terra; agora, eles têm a terra e nós os dez mandamentos*" (Varga, 1963: 19).

citado, para que se possa compreender adequadamente essa fase do desenvolvimento capitalista. Trata-se do papel da *indústria bélica*.

Sabe-se que as guerras precedem largamente a história do capitalismo, assim como também se sabe que a história do capitalismo sempre foi marcada por guerras. No entanto, é sob o imperialismo que as atividades diretamente vinculadas à guerra adquirem um novo significado — sob o imperialismo, **a indústria bélica (e as atividades a ela conexas) torna-se um componente central da economia**. Apenas um exemplo: dois competentes analistas, escrevendo na primeira metade dos anos sessenta do século XX, concluíram que os gastos militares foram

> o fator chave da história econômica dos Estados Unidos no pós-guerra. Cerca de seis a sete milhões de trabalhadores, ou mais de 9% da força de trabalho, dependem hoje, em seus empregos, do orçamento militar. Se as despesas militares fossem novamente reduzidas às proporções anteriores à Segunda Guerra Mundial, a economia norte-americana voltaria a um estado de depressão profunda, caracterizada por taxas de desemprego de 15% e mais, como ocorreu durante a década de 1930 (Baran e Sweezy, 1974, p. 157).

A produção de artefatos bélicos, no século XX cada vez mais dependente da aplicação da ciência a fins destrutivos e mortais, concentra-se nas mãos dos grandes monopólios e oferece, comparativamente a outros setores produtivos, fabulosos superlucros (nos anos setenta do século passado, nos Estados Unidos, enquanto a taxa geral de lucro na indústria de transformação era de cerca de 20%, monopólios da indústria bélica auferiam lucros que variavam de 50 a 2.000%). Além disso, a inovação científico-técnica — que é decisiva na produção bélica[20] — permite testar processos produtivos e componentes que depois serão transladados para a indústria civil (são os chamados "subprodutos" da indústria bélica, que ulteriormente constituem elementos comuns a outros ramos da produção).

É evidente que a indústria bélica envolve interesses econômicos e políticos de enorme magnitude, mormente porque a sua clientela básica são os Estados, de cujos orçamentos os monopólios vinculados à produção de armas

---

20. Compreende-se que a inovação seja decisiva nessa indústria — afinal, os seus produtos não precisam ter o seu valor de uso esgotado para serem repostos: uma arma, mesmo sem ser utilizada, torna-se ultrapassada e deve ser substituída logo que uma inovação ofereça outra mais eficaz que ela.

passam a depender. Por isso mesmo, é constante a pressão que os monopólios realizam sobre os Estados, no sentido de estimular um clima de belicismo e militarismo — interessa a tais monopólios a existência de "inimigos externos", capazes de justificar uma permanente *corrida armamentista*.[21]

O mais importante, porém, é que o desenvolvimento da indústria bélica introduz duas variáveis muito significativas na dinâmica capitalista — a primeira delas diz respeito ao fato de tal indústria servir para travar ou reverter um dos fatores de crise. Se, como vimos no Capítulo 7 (item 7.2), o *subconsumo* das massas constitui uma das várias causas das crises, as grandes encomendas estatais à indústria bélica operam como um contrapeso a tal tendência. Nesse sentido, a indústria bélica e seus negócios funcionam como um elemento de *contenção* das crises.

Em segundo lugar, a indústria bélica oferece uma espécie de solução alternativa (ainda que sempre provisória) ao problema que abordamos no Capítulo 5, o problema da *superacumulação*: ali (item 5.1), tivemos oportunidade de mencionar que a superacumulação se resolve pela desvalorização dos capitais durante uma crise — mas essa resolução, pelos próprios efeitos das crises, é extremamente onerosa. Com o incremento da indústria bélica, grandes massas de capitais que, em outras aplicações, não poderiam ser valorizadas, encontram ocasião de propiciar volumosos lucros a seus proprietários. Também nesse sentido, a indústria bélica funciona como um fator anticrise, em especial porque, no estágio imperialista, há uma tendência crescente à superacumulação (voltaremos a isso mais adiante, no item 8.6).

Em suma: a indústria bélica e sua consequência, a *guerra*, são um excelente negócio para os monopólios nela envolvidos: a enorme destruição de forças produtivas que a guerra realiza abre um imenso campo para a retomada de ciclos ameaçados pela crise.[22]

---

21. Sabe-se como, ao longo do século XX, os orçamentos dos Estados imperialistas beneficiaram os monopólios armamentistas a pretexto de "combater o comunismo", representado então pela União Soviética e seus aliados, chegando mesmo à delirante proposta — formulada nos anos oitenta pelo governo norte-americano (Reagan) — da "guerra nas estrelas". Uma síntese do papel político dos Estados Unidos na "cruzada anticomunista" é oferecida por Octavio Ianni, no ensaio "Sociologia do terrorismo", publicado em Dowbor, Ianni e Antas Jr., orgs. (2003).

22. Não é por acaso, assim, que o século do imperialismo, o século XX, tenha sido o *século das guerras*: estima-se que elas mataram cerca de 190 milhões de pessoas, sem contar os tantos milhões de mutilados. Informações encontram-se em G. Perrault (org.), *O livro negro do capitalismo* (Rio de Janeiro: Record, 1999).

Essas duas variáveis não resolvem, é claro, a problemática das crises, que são inerentes ao capitalismo. No entanto, operam como um redutor a curto prazo da sua incidência e, por isso mesmo, conferem à indústria bélica um papel de primeiro plano no estágio imperialista.

8.5. A constituição de um sistema econômico mundial

No estágio mercantil do capitalismo, o comércio vinculou povos e regiões que até então não mantinham relações econômicas; estendendo e estreitando essas relações, o capitalismo concorrencial criou, como vimos, o mercado mundial — vê-se, assim, o caráter abrangente e inclusivo das atividades capitalistas, explicável pela lógica do capital, valor que tem que se valorizar, potência que tem que se expandir para além de qualquer fronteira. Numa palavra, é traço constitutivo do capitalismo a sua *mundialização*.

O desenvolvimento capitalista implicou sempre uma crescente divisão social do trabalho, própria da produção mercantil (cf. Capítulo 3, item 3.1. e Capítulo 4, item 4.5). Tal divisão, porém, não se restringiu às unidades produtivas ou mesmo a uma região: no curso da sua mundialização, o capitalismo induziu a uma *divisão internacional do trabalho*, com espaços nacionais especializando-se (sob o comando do capital) em determinados tipos de produção. Por isso mesmo, o desenvolvimento do capitalismo, do ponto de vista internacional, resultou sempre numa determinada *hierarquização* entre os países, com os mais desenvolvidos estabelecendo as relações de domínio e exploração, a que nos referimos há pouco, sobre os menos desenvolvidos.[23]

De fato, na sua expansão mundial, o desenvolvimento capitalista apresentou-se sempre com uma dupla característica — *desigual* e *combinado*. Trata-se de um *desenvolvimento desigual*: em função de razões históricas, políticas e sociais, a dinâmica capitalista opera em ritmos diferenciados nos

---

23. Tais países, ao longo do último século, tiveram designações variadas: países coloniais, países semicoloniais, países subdesenvolvidos, países dependentes, países periféricos, países do Terceiro Mundo, países emergentes etc. Nos anos mais recentes, para designar a distinção entre países desenvolvidos e países subdesenvolvidos, alguns autores passaram a usar a oposição "Norte/Sul", remetendo-se ao fato de que a maioria dos subdesenvolvidos encontra-se no hemisfério sul.

diversos espaços nacionais, afetando tanto os países capitalistas como as relações entre eles. Assim, não se distinguem apenas países desenvolvidos e países atrasados, mas também a liderança entre países desenvolvidos revelou-se mutável (pense-se na sucessão histórica desses países líderes: Portugal, Espanha, Holanda, Inglaterra, Estados Unidos) e, ainda, países atrasados puderam tornar-se países desenvolvidos e vice-versa (compare-se a situação da Alemanha e do Japão nos meados do século XIX e no século XX ou a de Portugal nos séculos XVI e XX).[24] Ademais disso, o desenvolvimento capitalista revelou-se, no que diz respeito aos países atrasados, um *desenvolvimento combinado*, na feliz expressão de Leon Trótski (1879-1940): pressionados pelo capital dos países desenvolvidos, os atrasados progridem aos saltos, *combinando* a assimilação de técnicas as mais *modernas* com relações sociais e econômicas *arcaicas* — e esse progresso não lhes retira a condição de economias dependentes e exploradas.

Todos esses traços e essas características se explicitaram e se aprofundaram com nitidez no estágio imperialista. A razão desse aprofundamento está no fato de o capitalismo, na fase de dominação dos monopólios, ter efetivamente se constituído como um **sistema econômico mundial**: o imperialismo levou a cabo e consolidou a vinculação de nações e Estados de todo o planeta, estabelecendo um fluxo de conexões que acabou por configurar uma economia em que todos são interdependentes (sem prejuízo das hierarquias e das relações de dominação e exploração).[25] Essa economia,

> sendo uma economia produtora de mercadorias, não é regulada segundo um plano que determine o crescimento sincronizado de suas várias partes componentes. Essas partes se desenvolvem [...] aos saltos e em proporções desiguais. Qualquer equilíbrio que possa haver resulta acidentalmente de sua interação mútua [... e] possui um caráter puramente temporário (Sweezy, 1962, p. 334-335).

24. É preciso assinalar, contudo, que o estágio imperialista praticamente bloqueou a possível evolução da maioria dos países atrasados à condição de países desenvolvidos. Observe-se que, no começo do século XX, a relação entre a renda média do país mais rico do mundo e a do mais pobre era de 9 para 1 e, no final do mesmo século, era de 60 para 1 (Fiori, in Fiori, org., 1999, p. 24).

25. Evidentemente, a competição estabelecida, de 1917 a 1989, entre o imperialismo e as experiências socialistas do século XX afetou a dinâmica do sistema capitalista; no entanto, essa competição não impediu a constituição do sistema mundial aqui referido.

8.6. A economia do imperialismo

O imperialismo é um estágio de desenvolvimento do capitalismo; por isso mesmo, as leis (tendências) que comandam a dinâmica desse modo de produção continuam operando nesse estágio. No entanto, fazem-no sob condições novas e dessas novas condições, que modificam a operação daquelas leis, decorrem processos e fenômenos antes inexistentes (ou que antes não tinham a relevância que, com o imperialismo, passam a ter).

Os monopólios representam um recurso do capital para *aumentar* lucros. Como Mandel salientou,

> confrontado com o aumento da composição orgânica do capital e com os riscos crescentes da amortização do capital fixo, numa época em que as crises periódicas são consideradas inevitáveis, o capitalismo dos monopólios visa, antes de mais nada, preservar e aumentar a taxa de lucro dos trustes (Mandel, 1969, v. 3, p. 94).[26]

Quer dizer: o objetivo da organização monopolista é duplo — obter lucros acima da média (*lucros extraordinários monopolistas*) e escapar dos efeitos da tendência à queda da taxa de lucro. Para isso, entre outros procedimentos, é necessário um incremento da exploração dos trabalhadores; o monopólio realiza de fato esse incremento,[27] mas encontra limites *políticos* para fazê-lo a seu bel-prazer (cf. os itens 8.7 e 8.8). Por isso, os lucros extraordinários de que se beneficia o monopólio advêm basicamente de:

a) fixação de um preço **superior** (*preço de monopólio*) ao preço de mercado (cf. Capítulo 6, item 6.2) — através de acordos entre si, os setores monopolistas produtores de uma mesma mercadoria que, por serem poucos, controlam a sua oferta no mercado, aumentam os seus preços;[28] aqui se evi-

---

26. O capital fixo foi caracterizado na nota 6 do Capítulo 4.

27. Cf. a nota 8 do Capítulo 5 e, ainda: "Em 1910, era de 50 o número de horas de trabalho por semana nas categorias sindicalizadas, mas nos ramos não sindicalizados era, em média, de 60 a 65. Na indústria norte-americana do ferro e do aço um dia de trabalho de 12 horas ainda era considerado uma coisa normal até 1914. Na Grã-Bretanha e na Alemanha, a semana de trabalho antes da Primeira Guerra Mundial era de 48 a 60 horas" (Varga, 1963, p. 36).

28. O poder dos monopólios, aliás, está diretamente ligado ao *controle* dos mercados; Sweezy (1962, p. 308) observou que as organizações monopolistas têm por objetivo, "deliberadamente, [...] aumentar os lucros por meio do controle monopolista do mercado".

dencia claramente a diferença entre o capitalismo concorrencial e o capitalismo monopolista: no primeiro, "a empresa individual aceita os preços [de mercado], ao passo que no capitalismo monopolista a grande empresa é quem faz o preço" (Baran e Sweezy, 1974, p. 61);

b) apropriação de parte da mais-valia de setores não-monopolizados pelos monopólios, através da imposição (pelos grupos monopolistas) de preços inferiores ao valor das mercadorias que compram dos setores não-monopolizados; essa pressão dos monopolistas sobre os não-monopolistas é sublinhada por Sweezy (1962, p. 318), ao lembrar que um lucro extra "dos monopolistas vem principalmente dos bolsos de seus colegas capitalistas";

c) vantagens de que as empresas monopolistas, dadas as suas dimensões, desfrutam em relação às empresas médias e pequenas e aos setores não-monopolizados. Tais vantagens revelam-se especialmente em termos de *eficiência*: de acordo com Mandel (1969, 3, p. 104), tomando por base dados ingleses e norte-americanos, verifica-se que o "produto líquido por assalariado" cresce à medida que cresce o número de assalariados.

Não se pode, contudo, encontrar uma *única causa* que explique os lucros monopolistas; de fato, tais lucros também se devem a outras variáveis. Por exemplo: os favores e o tratamento diferenciado que os monopólios recebem do Estado, que controlam e que defende os seus interesses; ou o mais fácil acesso dos monopólios às inovações tecnológicas; ou ainda: os ganhos extraordinários que a exportação de capital produtivo aos países subdesenvolvidos propicia aos monopólios.[29]

O que importa ressaltar é que os lucros monopolistas não violam a lei do valor nem suprimem a concorrência e a anarquia do mercado. De uma parte, a lei do valor se mantém porque os superlucros de firmas "operando com uma produtividade do trabalho acima da média só poderão ser explicados por uma transferência de valor à custa das firmas que operam com uma produtividade do trabalho abaixo da média" (Mandel, 1982, p. 69) — assim, a existência de superlucros implica a existência de lucros abaixo da média, confirmando, pois, as implicações da lei do valor: "a massa total de mais-valia [...] é dada pelo processo de produção [...] e a soma total dos preços de

---

29. Quando aplicados produtivamente nos países subdesenvolvidos, os capitais monopolistas são investidos em setores onde a taxa de lucro se apresenta superior à taxa média de lucro dos países centrais. *Todos* os estudos mostram que, assim aplicados, os capitais monopolistas têm taxas de lucros muito maiores no exterior que em seus próprios países.

produção deve corresponder à soma total dessa mais-valia" (id., ibid., p. 68).
De outra, o controle dos mercados pelos monopólios em nada se assemelha
a um planejamento racional para suprir a necessidade social de bens;[30] de fato,
o "capitalismo organizado" dos monopólios, reduzindo o peso da concorrência generalizada que caracterizou o estágio anterior do capitalismo, pôs no
centro da atividade econômica a concorrência entre os monopólios; os acordos
que fazem entre si são sempre alianças temporárias, conjunturais:

> Os cartéis fixam cotas de produção e de exportação, dividem o mercado mun-
> dial conforme a capacidade e a produtividade das empresas que deles partici-
> pam no momento de constituição do cartel. Mas essas relações mútuas são
> instáveis. Bastam avanços técnicos, invenções ou uma expansão da capacidade
> que provoquem uma mudança na correlação de forças entre essas empresas
> para aquela que se sente mais forte na concorrência romper o acordo, visando
> obter uma parte maior na partilha do mercado (Mandel, 1969, 3, p. 118).

Mesmo os superlucros têm limites: assim como acaba por se estabelecer
uma taxa média de lucro, também acaba por se fixar uma taxa média de
superlucros — e embora a existência de uma *dupla* taxa seja um fenômeno
próprio do imperialismo, salvo conjunturas excepcionais, a tendência à queda da taxa de lucro continua se fazendo sentir no capitalismo dos monopólios.

Fato característico do período imperialista é o crescimento extraordinário do excedente econômico — vale dizer, da massa de mais-valia —, explicável pelo grau de concentração e centralização do capital. Processa-se uma
acumulação tamanha que o fenômeno da *superacumulação* (cf. Capítulo 5,
item 5.1) adquire um peso novo: a própria acumulação é perturbada, uma
vez que não há como encontrar ramos ou setores capazes de oferecer aos
investimentos possíveis os lucros visados pelos monopolistas.

Constata-se que o estágio imperialista, mantendo e acentuando as contradições elementares do modo de produção capitalista, introduz novas
tensões na dinâmica econômica. Duas delas merecem menção.

Uma diz respeito à expansão da produção: todos os estudos mostram
que, sob o domínio dos monopólios, que reúnem condições para promover
um enorme incremento da produção, o crescimento econômico fica *aquém*

---

30. "No conjunto, o capitalismo monopolista é tão sem planificação como o seu predecessor, o
capitalismo competitivo" (Baran e Sweezy, 1974, p. 61).

8.7. A fase "clássica" do imperialismo

Na sua trajetória de pouco mais de um século, o imperialismo sofreu significativas transformações. Na história desse estágio do MPC, podem-se distinguir pelo menos três fases: a fase "clássica" que, segundo Mandel, vai de 1890 a 1940, os "anos dourados", do fim da Segunda Guerra Mundial até a entrada dos anos setenta e o capitalismo contemporâneo, de meados dos anos setenta aos dias atuais. Se, como em toda periodização histórica, essa cronologia é puramente indicativa, o que nos importa sublinhar é que, malgrado todas as transformações que assinalaremos, todo esse estágio do capitalismo se desenvolve sob a égide dos monopólios — o que significa dizer que o imperialismo se mantém em plena vigência na entrada do século XXI.

As características da fase "clássica" do imperialismo, que foi interrompida pela eclosão da Segunda Guerra Mundial, já foram suficientemente mencionadas nos itens precedentes. Muito especialmente, cabe realçar que, nessa fase, as crises se manifestaram com violência (1891, 1900, 1907, 1913, 1921, 1929 e 1937-1938); mas nenhuma delas se compara, pelos seus impactos, com a crise de 1929, que teve magnitude catastrófica. É mesmo possível afirmar que a crise de 1929 obrigou os dirigentes capitalistas a ensaiar alternativas político-econômicas que, na fase seguinte, a dos "anos dourados" (1945-finais dos anos sessenta/inícios dos anos setenta), seriam implementadas pelas principais potências imperialistas.

A crise de 1929 evidenciou para os dirigentes mais lúcidos da burguesia dos países imperialistas a necessidade de formas de intervenção do Estado na economia capitalista. Registramos que o Estado burguês sempre interveio na dinâmica econômica, garantindo as condições *externas* para a produção e a acumulação capitalistas (cf., acima, o item 8.1); mas a crise de 1929 revelou que novas modalidades interventivas tornavam-se necessárias: fazia-se imperativa uma intervenção que envolvesse as *condições gerais* da produção e da acumulação. Essa era uma exigência estritamente econômica; mas o contexto sociopolítico em que ela se punha condicionou largamente a modalidade em que foi implementada.

Esse contexto estava marcado por dois fenômenos, que aliás se interligaram. O primeiro relacionava-se ao nível de organização e combatividade de amplos setores operários: na Europa Ocidental e Nórdica industrializada, partidos políticos representativos dos trabalhadores ganhavam expressão e, vencendo obstáculos legais, desenvolviam políticas de massas e chegavam aos parlamentos; por outra parte, o movimento sindical operário, desde a última década do século XIX, adquiria consistência e densidade, levantando bandeiras que mobilizavam grandes contingentes de trabalhadores. O segundo diz respeito à Revolução de Outubro, dirigida pelos bolcheviques na Rússia, em 1917: a criação do primeiro Estado proletário, simbolizando um conjunto de promessas há muito inscrito no imaginário dos trabalhadores, atraiu a simpatia e a adesão das vanguardas operárias, além de significar um duro golpe contra o imperialismo. Mais do que o efeito econômico da Revolução Russa (que estreitou o mercado externo para os imperialistas), o que produziu um temor real na burguesia do Ocidente foi a possibilidade de "contágio": para ela, tratava-se de isolar a experiência socialista e impedir que os "seus" trabalhadores seguissem o exemplo que vinha do Leste — e, finalizada a Primeira Guerra Mundial, eram muitos os sinais que apontavam nessa direção,[32] inclusive o surgimento de Partidos Comunistas, estimulados pela criação da *Internacional Comunista* (fundada em Moscou, em 1919, e depois conhecida como *Terceira Internacional*).

Na sequência da crise de 1929, naquelas sociedades onde as ideias democráticas tinham raízes mais fundas e/ou o movimento operário e sindical não registrou derrotas, a nova forma de intervenção do Estado na economia não violentou a democracia política, tal como existia — é o que se constata na experiência da Europa Nórdica, da Inglaterra, da França e dos Estados Unidos. Nos países onde tais tradições eram débeis (Itália) e/ou onde o movimento operário foi mais golpeado (Alemanha), a intervenção do Estado deu-se conforme a natureza antidemocrática do capital, levada ao extremo pelos monopólios: com a supressão de todos os direitos e garantias ao trabalho e aos trabalhadores, instaurando-se o regime político mais adequado ao livre desenvolvimento dos monopólios — o *fascismo*.

Com efeito, o fascismo — à parte seus traços adjetivos, como o *racismo*, no caso do nazismo alemão, ou o *clericalismo*, como no caso do Portugal de Salazar (Antônio de Oliveira Salazar, 1889-1970) e no da Espanha de Franco (Francisco Franco, 1892-1975) — é um regime político ideal para os monopólios ou para o estabelecimento da dominação dos monopólios. Não é uma

---

32. Na sequência do fim da Primeira Guerra Mundial, "na Alemanha, 7.000.000 de trabalhadores participaram de greves políticas e econômicas em 1920. De 1918 a 1921, a média anual de trabalhadores que entraram em greve na Grã-Bretanha foi de quase 2 milhões; a greve dos mineiros, em 1921, acarretou a perda de 72.000.000 de dias de trabalho. Houve também grandes greves na França, na Itália e nos Estados Unidos" (Varga, 1963, p. 52).

casualidade que a fase "clássica" do imperialismo tenha sido a da ascensão, do prestígio e da dominação do fascismo. Entretanto, são equivocadas as análises segundo as quais o fascismo tenha se esgotado com a derrota que sofreu em 1945; de fato, *desde que exista o controle monopolista da economia, a possibilidade do fascismo é sempre real.*

A modalidade fascista de intervir na economia para garantir as *condições gerais* da produção e da acumulação capitalistas é conhecida: o terrorismo de Estado imobiliza e/ou destrói as organizações dos trabalhadores, regula a massa salarial conforme o interesse dos monopólios, favorece descaradamente o grande capital, militariza a vida social e investe forte na indústria bélica; no limite, de que é caso exemplar a Alemanha hitlerista (Adolf Hitler, 1889-1945), avança para a ocupação de territórios, assalta suas riquezas e forças produtivas e brinda o grande capital com força de trabalho escravo (não se esqueça que, nos campos de trabalho forçado da Alemanha nazista, os prisioneiros serviam aos grandes monopólios alemães, que não foram penalizados após a capitulação).

Nos países onde o fascismo não se apresentou como a solução possível para o monopólio, nos anos trinta ensaiaram-se encaminhamentos que foram desenvolvidos no pós-45 — compreende-se que tais ensaios não fossem aprofundados naquela década, uma vez que a agressão fascista os tenha interrompido (pense-se nas experiências avançadas da França da "frente popular" de 1936/1939 ou, com menos vigor, as do *New Deal* de Roosevelt [F. D. Roosevelt, 1882-1945]).[33] Tais ensaios consistiam numa ativa intervenção do Estado seja no nível dos investimentos, estimulando-os diretamente (inclusive com o Estado operando como empresário capitalista em setores-chave da economia), seja no tocante à reprodução da força de trabalho, desonerando o capital de parte de suas despesas (através de programas sociais tocados por agências estatais). No imediato pós-guerra, tais ensaios seriam implementados, já agora com o apoio de inovações teóricas e com o objetivo de regular os ciclos econômicos.

Um suporte teórico era mesmo necessário, uma vez que esse tipo de intervenção estatal contrariava os dogmas do pensamento liberal-conservador, para o qual o papel do Estado, formalmente, deveria ser mínimo (o "Estado guarda-noturno"). O principal responsável por essa inovação foi Keynes (cf. a

---

33. Alguns países da Europa Nórdica — Suécia, Finlândia — puderam avançar nessas experiências desde 1930; estudo que parcialmente dá conta disso é o de Adam Przeworsky, *Capitalismo e social-democracia* (São Paulo, Companhia das Letras, 1991).

nota 8 da Introdução): intelectual sofisticado que expressava a vanguarda da burguesia inglesa, cujos interesses econômicos defendeu competentemente, em 1936 publicou a obra — *Teoria geral do emprego, do juro e do dinheiro* — que, por décadas, haveria de legitimar o intervencionismo estatal. De acordo com Keynes, o capitalismo não dispõe espontânea e automaticamente da faculdade de utilizar inteiramente os recursos econômicos; seria preciso, para tal *utilização plena* (que evitasse as crises e suas consequências, como o desemprego maciço), que o Estado operasse como um regulador dos investimentos privados através do direcionamento dos seus próprios gastos — numa palavra, Keynes atribuía papel central ao orçamento público enquanto indutor de investimento. Nas três décadas que se seguiram ao fim da Segunda Guerra Mundial, as ideias de Keynes (as "políticas keynesianas") experimentariam grande êxito.

8.8. Os "anos dourados" da economia imperialista

Entre o fim da Segunda Guerra Mundial e a passagem dos anos sessenta aos setenta, o capitalismo monopolista viveu uma fase única em sua história, fase que alguns economistas designam como os "anos dourados" ou, ainda, as "três décadas gloriosas". Foram quase trinta anos em que o sistema apresentou resultados econômicos nunca vistos, e que não se repetiriam mais: as crises cíclicas não foram suprimidas,[34] mas seus impactos foram diminuídos pela regulação posta pela intervenção do Estado (em geral, sob a inspiração das ideias de Keynes) e, sobretudo, as taxas de crescimento mostraram-se muito significativas.

Vale assinalar este último fenômeno. Entre 1950 e 1970, a produção industrial dos países capitalistas desenvolvidos aumentou, no seu conjunto, 2,8 vezes (Koslov, [dir.], 1977, p. 365); a produção industrial norte-americana cresceu 5,0% entre 1940 e 1966; entre 1947 e 1966, a do Japão cresceu 9,6% e a dos seis países então reunidos na Comunidade Econômica Europeia cresceu 8,9% (Mandel, 1982, p. 99); já o produto interno bruto (PIB/conjunto de todos os bens e serviços produzidos) dos países capitalistas avançados aumentou anualmente, entre 1950 e 1973, em 4,9% e, entre 1960 e 1968, o crescimento médio anual da economia dos Estados Unidos foi de 4,4%, do Japão de 10,4%, da Alemanha Ocidental de 4,1%, da França de 5,4% e da Inglaterra de 3,8%

---

34. Nas "três décadas de ouro", registraram-se crises em 1949, 1953, 1958, 1961 e 1970.

(Harvey, 1993, p. 126-128). Nos anos sessenta, os seis países capitalistas centrais (Estados Unidos, Japão, Alemanha Ocidental, França, Grã-Bretanha e Itália) "registram em média um forte crescimento (entre 5 a 6 por cento ao ano) e um nível de taxa de lucro igualmente elevado" (Husson, 1999, p. 29).

O paradoxal é que esse desempenho foi alcançado num período histórico em que o capitalismo e a ordem burguesa viram-se amplamente criticados e questionados. Três processos, todos mutuamente relacionados, conferiram bases reais e práticas a esse questionamento. De uma parte, tendo sido a força decisiva na vitória contra o fascismo, a União Soviética passou a desfrutar de grande prestígio e poder, agora não mais isolada, mas cercada por um conjunto de países que, libertados da ocupação nazista, romperam com o capitalismo e se dispunham à experiência socialista. De outra, especialmente na Europa Nórdica e Ocidental (à exceção de Espanha e Portugal, onde as ditaduras fascistas se prolongaram até meados dos anos setenta), o movimento operário e sindical e os partidos ligados aos trabalhadores conquistaram enorme legitimidade, impondo limites e restrições efetivos aos monopólios. Nesse mesmo período, ganhou dimensão mundial a mobilização anticolonialista que, ao fim, acabou por destruir os impérios coloniais — com a exitosa luta pela libertação nacional por vezes derivando em expressivas opções pelo socialismo (foi o caso da China, do Vietnã, de várias nações africanas e, na América, de Cuba).

A direção militar, política e econômica do sistema imperialista, a partir da derrota do Eixo (Alemanha/Itália/Japão), transferiu-se da Europa para os Estados Unidos. Também vitoriosos em 1945, mas saindo da guerra em condição de força (recorde-se que seu território não foi palco de operações bélicas), os Estados Unidos impuseram-se às outras potências imperialistas (vitoriosas, como a França e a Inglaterra, e derrotadas, como a Alemanha, a Itália e o Japão) como país líder do mundo capitalista — e essa liderança, apesar das contradições interimperialistas, jamais foi seriamente contestada. Desde então, e até a crise que levou ao colapso as experiências socialistas (1989), os Estados Unidos capitanearam o que designavam "a luta contra o perigo vermelho": o combate ao comunismo e a todas as ideias sociais avançadas teve nos Estados Unidos o seu centro irradiador, seja através da condução da *Guerra Fria* e da corrida armamentista,[35] seja de intervenções abertas (Coreia, 1950-1953, Vietnã,

---

35. Os gastos norte-americanos com armas, durante a *Guerra Fria*, alcançaram cifras estratosféricas: em 1962, foram de 55 bilhões de dólares (Varga, 1963: 150). "Em 1959, os Estados Unidos tinham [...]

1963-1975) ou veladas (Irã, 1952, Congo, 1961, Indonésia, 1965, a lista é infinita...), seja reprimindo a divergência nas suas próprias fronteiras (de que o *macartismo* foi o exemplo mais emblemático, mas não o único).

Precisamente nesse marco, a economia do imperialismo registrou mudanças importantes. A primeira delas refere-se à exportação de capitais, de que já tratamos anteriormente (cf., acima, o item 8.3); a importância dessa exportação não decresce, mas seus fluxos se alteram significativamente: se, na fase anterior (do imperialismo "clássico"), ela se dirigia dos países centrais aos periféricos, agora se dirige especialmente para outros países cêntricos — isto é, o fluxo maior dos capitais imperialistas gira entre os próprios países imperialistas: escrevendo na abertura dos anos sessenta, um ilustre economista notava então que "grande parte do capital exportado vai de um país altamente desenvolvido para outro, principalmente para construir subsidiárias para as firmas monopolizadoras" (Varga, 1963, p. 151). As transferências para países periféricos passaram a ser sobretudo empréstimos de Estado (imperialista) a Estado (periférico).

Mas a mudança que tem merecido a maior atenção dos estudiosos diz respeito à própria organização do trabalho industrial. Ainda na fase "clássica" do imperialismo, a "gerência científica" de Taylor (cf. Capítulo 4, item 4.4) foi objeto de um desenvolvimento significativo, graças às adaptações que sofreu nas mãos de Henry Ford (1863-1947), que se tornaria o chefe de um dos maiores monopólios da indústria automobilística. Inicialmente implementada na produção de veículos automotivos, essa forma de organização — o chamado *taylorismo-fordismo* — acabou por se tornar o padrão para toda a produção industrial e *universalizou-se nos "anos dourados" do imperialismo*. Uma citação, mesmo que longa, é necessária para esclarecer o padrão dominante da indústria capitalista na segunda fase do estágio imperialista: trata-se do padrão baseado

> na *produção em massa* de mercadorias, a partir de uma produção mais *homogeneizada* e enormemente *verticalizada*. Na indústria automobilística taylorista e fordista, grande parte da produção necessária para a fabricação de veículos era realizada internamente, recorrendo-se apenas de maneira secundária ao forne-

---

um total de 275 grandes bases em 31 países e mais de 1.400 bases no exterior [...]. Essas bases custavam aproximadamente 4 bilhões de dólares e eram ocupadas por aproximadamente um milhão de soldados americanos" (Baran e Sweezy, 1974: 192). "Nos Estados Unidos, em 1974, as despesas militares atingiram 31% das despesas do orçamento federal; na França, 17,4%, na República Federal da Alemanha, 21,6% e, na Grã-Bretanha, 20,1%" (Koslov, dir., 1981, p. 264).

cimento externo, ao setor de autopeças. Era necessário também racionalizar ao máximo as operações realizadas pelos trabalhadores, combatendo o "desperdício" na produção, reduzindo o *tempo* e aumentando o *ritmo* de trabalho, visando a intensificação das formas de exploração.

Esse padrão produtivo estruturou-se com base no trabalho *parcelar* e *fragmentado*, na decomposição das tarefas, que reduzia a ação operária a um conjunto repetitivo de atividades cuja somatória resultava no trabalho coletivo produtor de veículos. Paralelamente à perda de destreza do labor operário anterior, esse processo de *desantropomorfização do trabalho* e sua conversão em *apêndice* da máquina-ferramenta dotavam o capital de maior intensidade na extração do sobretrabalho. À mais-valia extraída *extensivamente*, pelo prolongamento da jornada de trabalho e do acréscimo da sua dimensão *absoluta*, intensificava-se *de modo prevalecente* a sua extração *intensiva*, dada pela dimensão relativa da mais-valia. [...]

Uma linha rígida de produção articulava os diferentes trabalhos, tecendo vínculos entre as ações individuais das quais a *esteira* fazia as interligações, dando o ritmo e o tempo necessários para a realização das tarefas. Esse processo produtivo caracterizou-se, portanto, pela *mescla* da *produção em série fordista* com o *cronômetro taylorista*, além da vigência de uma separação nítida entre *elaboração* e *execução*. Para o capital, tratava-se de apropriar-se do *savoir-faire* do trabalho, "suprimindo" *a dimensão intelectual do trabalho operário*, que era transferida para as esferas da gerência científica. A atividade de trabalho reduzia-se a uma ação mecânica e repetitiva (Antunes, 1999, p. 36-37).

A extensão universal (envolvendo todos os países capitalistas centrais e, de algum modo, parte dos países que estavam se industrializando) do padrão fordista-taylorista vinculou-se à hegemonia norte-americana; e também a esta se prendeu a expansão do *american way of life*, isto é, do "estilo de vida" norte-americano, promovida especialmente a partir da década de cinquenta. Nessa expansão, que impôs — não sem resistências — valores especificamente norte-americanos a povos de distintas tradições culturais, inclusive tornando o inglês a "língua mundial", foi relevante o papel da *indústria cultural* (imprensa, rádio, cinema, discos, televisão). Aliás, uma característica dos "anos dourados" do imperialismo foi consolidar (uma vez que os primórdios desse fenômeno vinham da fase anterior) a dominação dos meios de expressão e de circulação de ideias pelo grande capital — no período posterior à Segunda Guerra Mundial, é ilustrativo o papel desempenhado pelos monopólios da produção cinematográfica.

Três outros traços próprios do imperialismo dos "anos dourados" vão se consolidar e estender nesse período. O primeiro refere-se ao crescimento de uma prática que, até às vésperas da Segunda Guerra Mundial, não tinha grande importância na vida econômica: *o crédito ao consumidor*. A partir de finais dos anos quarenta, essa prática se alarga e se converte num mecanismo institucional sem o qual a já conhecida tendência ao subconsumo das massas se tornaria fortíssima; com efeito, o sistema de vendas a crédito ao consumidor, generalizando-se desde então, reduziu a força daquela tendência e ampliou significativamente a possibilidade de realização de um amplo leque de mercadorias (desde as mais leves, como vestuário, até aquelas mais duráveis, como equipamentos domésticos e automóveis).

O segundo relaciona-se à *inflação*. Para que a circulação mercantil possa realizar-se sem problemas, há que se dispor de uma *determinada quantidade (massa) indispensável de dinheiro*. Essa quantidade depende de duas variáveis: 1) da soma dos preços das mercadorias em circulação; e 2) da velocidade de circulação do dinheiro — quanto maior essa velocidade, menor será a quantidade necessária e vice-versa. Suponha-se que num ano vendam-se mercadorias num total equivalente a R$ 1.000.000,00 e que cada real percorra, em média, 50 vezes o ciclo completo da circulação (que consiste em passar do comprador ao vendedor e vice-versa); a massa de dinheiro necessária será a soma dos preços de todas as mercadorias dividida pela velocidade da circulação do dinheiro:

$$\frac{R\$\ 1.000.000,00}{50} = R\$\ 20.000,00$$

Dessa massa de dinheiro devem-se excluir os equivalentes das mercadorias vendidas a crédito e dos pagamentos que se compensam mutuamente, assim como nela devem incluir-se os equivalentes dos créditos a vencerem.

Quando as cédulas e moedas sem valor intrínseco que substituem a forma histórica original do dinheiro (o ouro) têm o seu valor total equivalente à quantidade de ouro necessária à circulação mercantil, seu poder aquisitivo coincide com o dinheiro sob a forma de ouro — diz-se, então, que são *lastreadas*: podem ser convertidas em ouro. Mas, frequentemente, o Estado (que, como autoridade monetária, dispõe do monopólio da emissão de cédulas e moedas e da guarda, no seu Tesouro ou Banco Central, da quantidade de ouro que serve de lastro à sua moeda), para fazer frente a gastos que não pode cobrir com o que arrecada, emite mais cédulas e moedas do que corresponde à sua reserva de ouro. Por exemplo: o Estado emite os R$ 20.000,00 mencionados na ilustração acima, dispondo do equivalente em ouro; mas, vendo-se em face de uma situação extraordinária ou da necessidade de saldar despesas, emite outros R$ 20.000,00, sem que tenha sido alterada a quantidade do lastro ouro e de mercadorias em circulação; então, para adquirir mercadorias que, sem a emissão suplementar, custariam R$ 1,00, agora serão necessários R$ 2,00 — é que a moeda foi *depreciada*, seu poder aquisitivo foi *reduzido*. É nisso que basicamente consiste a **inflação** — que não deriva apenas da emissão extraordinária do Estado, mas também da emissão de títulos de crédito por estabelecimentos bancários.

Esse fenômeno, que pontualmente ocorreu no século XIX, ganha incidência frequente no estágio imperialista e, nos "anos dourados", adquire um peso tal que alguns economistas, como Mandel, chegam ao ponto de se referir a uma *inflação permanente*. No contexto dessa fase do imperialismo, porém, a inflação não apenas penaliza os assalariados em geral e os trabalhadores em particular; ela passa a ser *funcional* ao capitalismo dos monopólios, como esclarece uma analista inspirada em Mandel:

> A expansão do crédito e das medidas anticíclicas por intermédio do poder público (produção de armamentos, políticas sociais etc.) vão impor a emissão de papel-moeda para além do lastro de ouro. Dessa forma, assegura-se o volume de capital *fictício*[36] para evitar as crises de superprodução. A inflação permanente no capitalismo tardio cumpre alguns objetivos, como: ocultar a redução do valor das mercadorias; facilitar a acumulação de capital; dissimular a alta da taxa de mais-valia; e resolver temporariamente as dificuldades de realização por meio da expansão do crédito (Behring, 1998, p. 134).

No imperialismo dos "anos dourados", a inflação tornou-se um instrumento mediante o qual, entre outros expedientes, os monopólios succionaram recursos do conjunto da sociedade e garantiram a elevação dos preços das mercadorias que produziam.

Enfim, outro traço dessa fase do imperialismo foi o enorme crescimento do chamado *setor terciário* — ou *setor de serviços*,[37] onde heterogeneamente se incluem atividades financeiras e securitárias, comerciais, publicitárias,

---

36. Aludiremos ao capital fictício no Capítulo 9, item 9.5.

37. O economista anglo-australiano Colin Clark (1905-1989) dividiu a atividade econômica em três setores: o *primário*, envolvendo a agricultura, a silvicultura, a pecuária, a pesca e as indústrias extrativistas; o *secundário*, envolvendo o conjunto das indústrias (exceto as extrativistas); e o *terciário*,

médicas, educacionais, hoteleiras, turísticas, de lazer, de vigilância privada etc. Esse setor, *onde prevalece nitidamente o trabalho improdutivo* (cf. Capítulo 4, item 4.6), passou a ocupar, progressivamente, uma grande massa de assalariados, muito diferenciados entre si (desde trabalhadores sem nenhuma qualificação a especialistas, técnicos e profissionais de nível universitário). Para que se tenha uma ideia da hipertrofia do setor terciário, basta observar como cresceu a força de trabalho nele ocupada: de 36,8% (1910) para 62,1% (1970), nos Estados Unidos; de 22,2% (1907) para 41,9% (1970) na então Alemanha Federal; de 39,7% (1911) para 50,3% (1966) na Grã-Bretanha; de 26% (1911) para 47,8% (1970) na França e de 16,5% (1920) para 38% (1970) no Brasil (dados compilados por P. Singer, "Apresentação" a Mandel, 1982: XXX).

Ademais de atividades socialmente úteis, como as referidas à educação e à saúde — muitas das quais fomentadas pelas *políticas sociais*, a que aludiremos adiante —, nesse setor geralmente se inscrevem negócios e organizações claramente **parasitários**, alguns limítrofes até da ilicitude, e que operam como mecanismo de "desova" ou "queima" do fabuloso excedente produzido no estágio imperialista. Dois desses mecanismos, aliás lícitos, foram classicamente analisados por Baran e Sweezy (1974, p. 117-179): a *campanha de vendas*, em que é central o papel da publicidade, e os fabulosos gastos com a *administração civil*, mais exatamente a burocracia estatal.

A hipertrofia do *setor terciário*, que prosseguirá na última fase do imperialismo (fase que estudaremos no próximo capítulo), constitui um dos fenômenos mais típicos do capitalismo dos monopólios.[38] Nela se expressa uma das mais fortes tendências do MPC: a tendência a *mercantilizar* todas as atividades humanas, submetendo-as à lógica do capital — com efeito, mediante os "serviços", tomam caráter de mercadoria o trato da educação, da saúde, da cultura, do lazer e os cuidados pessoais (a enfermos, a idosos etc.).

---

cobrindo as demais atividades. Uma crítica às concepções de Colin Clark foi elaborada por Marc Rivière, na obra *Economia burguesa e pensamento tecnocrático* (Rio de Janeiro: Civilização Brasileira, 1966).

38. Escrevendo em princípios da década de sessenta, quando os "anos dourados" estavam no auge, observou corretamente um autor, referindo-se aos serviços públicos: "O capitalismo monopolista caracteriza-se por uma inflação do setor terciário [... que] é relativa: nos Estados capitalistas modernos, se por um lado cresceram desmesuradamente os efetivos do exército e da polícia, por outro lado o número de professores, médicos, enfermeiras é nitidamente inferior às necessidades reais da sociedade" (Rivière, 1966, p. 33).

8.9. A intervenção estatal nos "anos dourados"

Páginas atrás (no item 8.6), sumariamos os traços elementares da economia imperialista. Quando se analisam os "anos dourados", em sintonia com aqueles traços, vemos que neles o capitalismo monopolista explicita mais diretamente as suas características:

a) o investimento se concentra nos setores de maior concorrência, uma vez que a inversão nos setores monopolizados torna-se progressivamente mais difícil;

b) as taxas de lucro tendem a ser mais altas nos setores monopolizados;

c) a taxa de acumulação se eleva, acentuando a tendência decrescente da taxa média de lucro;

d) cresce a tendência a economizar trabalho vivo, com a introdução de inovações tecnológicas;

e) mantém-se, ainda que reduzida, a tendência ao subconsumo;

f) os preços das mercadorias (e serviços) produzidos pelos monopólios tendem a crescer progressivamente;

g) os custos de venda sobem, uma vez que o sistema de distribuição tende à hipertrofia;

h) a inflação se cronifica.

Se o leitor tem presentes todas as determinações teóricas que foram tematizadas anteriormente e considera a argumentação expressa neste capítulo, concluirá — corretamente — que **o estágio imperialista não apresenta qualquer solução efetiva para nenhuma das contradições imanentes ao MPC**. Ao contrário, acentua a anarquia da produção e a concorrência (entre os monopólios, entre os setores monopolizados e os não-monopolizados) e conduz todas as contradições ao nível máximo — especialmente porque aprofunda exponencialmente a contradição básica do MPC: a contradição, agora estendida à escala mundial, entre a *socialização da produção* e a *apropriação privada do excedente* (cf. Capítulo 7, item 7.3). Além disso, introduz novos complicadores que tensionam ainda mais aquelas contradições, entre os quais a "contradição entre os povos coloniais e semicoloniais, de um lado, cuja miséria e cujo desenvolvimento econômico travado representam a principal fonte de superlucros dos monopólios e, doutro, as grandes burguesias metropolitanas" (Mandel, 1969, 3, p. 119).

Para gerir tais contradições, o imperialismo requer um Estado diverso daquele que correspondeu ao capitalismo concorrencial: a natureza da ordem monopólica exige um Estado que, como já assinalamos, vá além da garantia das *condições externas* da produção e da acumulação capitalistas — exige um *Estado interventor*, que garanta as suas **condições gerais**. Vimos que, depois da crise de 1929, vários experimentos indicavam a constituição de um tal Estado; no imediato pós-guerra, ele se configurou plenamente, conjugando-se com a universalização do taylorismo-fordismo e legitimado pelas ideias keynesianas. De fato, o imperialismo levou à *refuncionalização do Estado*: sua intervenção na economia, direcionada para assegurar os superlucros dos monopólios, visa preservar as condições externas da produção e da acumulação capitalistas, mas implica ainda uma intervenção direta e contínua na dinâmica econômica desde o seu próprio interior, *através de funções econômicas diretas e indiretas.*

O Estado passou a se inserir como empresário nos setores básicos não-rentáveis (especialmente os que fornecem aos monopólios, a baixo custo, insumos e matérias-primas fundamentais), a assumir o controle de empresas capitalistas em dificuldades, a oferecer subsídios diretos aos monopólios e a lhes assegurar expressamente taxas de lucro. Suas funções indiretas, além das encomendas/compras aos monopólios, residem nos subsídios mascarados (a renúncia fiscal), nos maciços investimentos em meios de transporte e infraestrutura, nos gastos com investigação e pesquisa;[39] mas residem, sobretudo, no plano *estratégico*: aqui, através de planos e projetos de médio prazo, *o Estado sinaliza a direção do desenvolvimento*, indicando aos monopólios áreas de investimento com retorno garantido no futuro.

Todavia, o grande diferencial que distingue, nos "anos dourados", o Estado a serviço dos monopólios do Estado do capitalismo concorrencial é

---

39. Os grandes monopólios investem em investigação e em pesquisa, mas também recorrem "em vasta escala aos recursos estatais. [... Em meados dos anos setenta] a parte do Estado nestes gastos [atingia], nos Estados Unidos, 63-64%, na França, 63% e, na Inglaterra, 57%. A parte fundamental dos trabalhos de investigação científica concentra-se no fabrico de aviões e foguetes, na eletrotecnia, na eletrônica e na indústria química e reveste um caráter militarista. [...] Na investigação relacionada com o desenvolvimento dos ramos pacíficos da economia não se gasta mais do que 1/4 do total de gastos na investigação científica e na elaboração de projetos" (Koslov, dir., 1977, p. 365).

o seu papel em face da força de trabalho (ou seja, dos trabalhadores), sempre ameaçada pela exploração e pela superexploração. Eis como se resume esse diferencial:

> [...] No capitalismo concorrencial, a intervenção estatal sobre as sequelas da exploração da força de trabalho respondia básica e coercitivamente às lutas das massas exploradas ou à necessidade de preservar o conjunto de relações pertinentes à propriedade privada burguesa como um todo — ou, ainda, à combinação desses vetores; no capitalismo monopolista, *a preservação e o controle contínuos* da força de trabalho, ocupada e excedente, *é uma função estatal de primeira ordem*: não está condicionada apenas àqueles dois vetores, mas às enormes dificuldades que a reprodução capitalista encontra na malha de óbices à valorização do capital no marco do monopólio (Netto, 1992, p. 22).

De fato, o que ocorre é que a intervenção estatal *desonera* o capital de boa parte dos ônus da preservação da força de trabalho, financiados agora pelos tributos recolhidos da massa da população[40] — financiamento que assegura a prestação de uma série de serviços públicos (educação, transporte, saúde, habitação etc.).

Todas essas funções estatais estão a serviço dos monopólios; porém, elas conferem ao Estado comandado pelo monopólio um alto grau de legitimação. E isso porque, *num marco democrático, para servir ao monopólio, o Estado deve incorporar outros interesses sociais; ele não pode ser, simplesmente, um instrumento de coerção* — *deve desenvolver mecanismos de coesão social.*

Vimos (item 8.7) que, nos anos trinta, nos espaços nacionais onde o movimento operário e sindical e as forças democráticas foram derrotados, vicejou o fascismo — e como, nele, o Estado interveio a favor dos monopólios. Onde o movimento operário e sindical e as forças democráticas mostraram-se capazes de resistir, o Estado a serviço do grande capital (vale dizer: do monopólio) foi compelido a legitimar-se para intervir eficazmente. A Europa Nórdica e Ocidental (com a exclusão, já assinalada, da Península

---

40. Se, para a massa da população, os "truques" e "macetes" para fugir das obrigações fiscais e tributárias são limitados, a *evasão fiscal* operada pelos monopólios (frequentemente com suporte legal) é a *norma* — além, naturalmente, do puro e simples calote ao fisco. Na verdade, o grosso dos impostos é bancado pelos trabalhadores: em meados dos anos setenta, nos países imperialistas, sua contribuição respondia por 70/85% das receitas tributárias (Koslov, dir., 1981, p. 374).

Ibérica) experimentou justamente esse quadro nas "três décadas gloriosas": aí, um forte movimento operário e sindical, fortalecido por partidos comunistas e socialistas, o medo burguês em face das experiências socialistas e ideias democráticas revigoradas pela resistência ao fascismo obrigaram os Estados imperialistas a incorporar demandas populares. Mesmo nos Estados Unidos, onde a repressão às ideias socialistas foi capaz de minimizar a influência das correntes de esquerda e a corrupção do movimento sindical pelo patronato revelou-se intensa,[41] o Estado a serviço dos monopólios viu-se obrigado a tomar, ainda que debilmente, medidas de caráter social protetor.

O empenho do Estado a serviço dos monopólios para legitimar-se é visível no seu reconhecimento dos *direitos sociais* — que, juntamente com os direitos *civis* e *políticos*, constituem a "cidadania moderna" (Marshall, 1967). A consequência desse reconhecimento, resultado da pressão dos trabalhadores, foi a consolidação de *políticas sociais* e a ampliação da sua abrangência,[42] na configuração de um conjunto de instituições que dariam forma aos vários modelos de Estado de Bem-Estar Social (*Welfare State*). Nesses modelos, a orientação macroeconômica de matriz keynesiana conjugada à organização da produção taylorista-fordista alcançou o seu apogeu: durante os "anos dourados", o capitalismo monopolista vinculou o grande dinamismo econômico que referimos há pouco com a garantia de expressivos direitos sociais (ainda que somente para os trabalhadores de alguns países imperialistas) — e o fez no marco de sociedades nas quais tinham vigência instituições

---

41. A corrupção de lideranças do movimento sindical é prática comum da classe capitalista, mas ganhou dimensão especial sob o imperialismo. No seu estudo já citado, Lênin mostrou como os superlucros alcançados pelos monopólios com a exportação de capitais serviram para o patronato dos países centrais fomentar uma *aristocracia operária*: "A obtenção de elevados lucros monopolistas pelos capitalistas [...] oferece-lhes a possibilidade econômica de subornarem certos setores operários [...] atraindo-os para o lado da burguesia [...]" (Lênin, 1977, 1, p. 669).

42. Para os assistentes sociais, é *central* o debate das políticas sociais. Entre os vários textos que subsidiam esse debate, consulte-se: Vicente de P. Faleiros, *A política social do Estado capitalista* (São Paulo: Cortez, 1980); José Paulo Netto, *Capitalismo monopolista e Serviço Social* (São Paulo: Cortez, 1992, cap. 1); Elaine R. Behring, *Política social no capitalismo tardio* (São Paulo: Cortez, 1998), Elisabete Borgianni e Carlos Montaño (orgs.), *La política social hoy* (São Paulo: Cortez, 2000) e Evaldo Vieira, *Os direitos e a política social* (São Paulo: Cortez, 2004). Consulte-se também o segundo volume desta "Biblioteca Básica de Serviço Social", *Política social. Fundamentos e história*, de Elaine R. Behring e I. Boschetti (São Paulo: Cortez, 2006).

políticas democráticas, respaldadas por ativa ação sindical e pela presença de partidos políticos de massas.[43]

Mas o "capitalismo democrático" não foi mais que um breve episódio no desenvolvimento do MPC: na passagem dos anos sessenta aos setenta do século XX, ele entrou em crise e mecanismos de reestruturação foram implementados pela burguesia monopolista, revertendo as conquistas sociais alcançadas no segundo pós-guerra (de que o *Welfare State* ficou como emblemático) e instaurando a terceira fase do estágio imperialista, configurada no *capitalismo contemporâneo*, que estudaremos no próximo capítulo.

Sugestões bibliográficas

O contexto histórico em que o imperialismo se desenvolve está suficientemente estudado em duas obras de Eric J. Hobsbawm: *A era dos impérios. 1875-1914* (Rio de Janeiro: Paz e Terra, 1988a) e *Era dos extremos. O breve século XX. 1914-1991* (São Paulo, Companhia das Letras, 1995, partes Um e Dois). Do ponto de vista das relações internacionais, o período de entreguerras é objeto das sofisticadas reflexões de Edward Hallett Carr, *Vinte anos de crise. 1919-1939* (Brasília/São Paulo: Universidade de Brasília/Imprensa Oficial do Estado de São Paulo, 2001).

A análise do surgimento do imperialismo tem sólidas bases nas didáticas formulações de Lênin (*O imperialismo, fase superior do capitalismo*, in *Obras Escolhidas em três tomos*. Lisboa/Moscou: Avante!/Progreso, 1977, v. 1); elementos indispensáveis para a sua compreensão global encontram-se em Paul M. Sweezy, *Teoria do desenvolvimento capitalista* (Rio de Janeiro: Zahar, 1962, parte IV), Paul A. Baran e Paul M. Sweezy, *Capitalismo monopolista* (Rio de Janeiro: Zahar, 1974, caps. 1 a 8), Pierre Salama e Jacques Valier, *Uma introdução à economia política* (Rio de Janeiro: Civilização Brasileira, 1975, cap. 8) e David Harvey, *Los límites del capita-*

---

43. O próprio taylorismo-fordismo, concentrando grandes contingentes de trabalhadores nas unidades produtivas, contribuiu para o associativismo dos trabalhadores.

lismo y la teoría marxista (México: Fondo de Cultura Económica, 1990, cap. XIII; nesta última obra, às p. 310-319, encontra-se uma análise do fenômeno inflacionário). A obra de Ernst Mandel, *O capitalismo tardio* (São Paulo: Abril Cultural, 1982) é de leitura obrigatória para a compreensão dos "anos dourados" (e não só deles, mas também do capitalismo contemporâneo). Texto simples e eficiente, embora marcado pelo triunfalismo marxista da entrada dos anos sessenta, é *Capitalismo do século vinte* (Rio de Janeiro: Biblioteca Universal Popular/Civilização Brasileira, 1963), do importante economista Eugene Varga. Estudo específico sobre a indústria bélica é o de Victor Perlo, *Militarismo e indústria* (Rio de Janeiro: Paz e Terra, 1969); contribuição teórica significativa sobre o "complexo industrial-militar" é oferecida por I. Mészáros, no seu *O poder da ideologia* (São Paulo: Boitempo, 2004, parte II, 5).

Estudos sobre os limites da democracia no capitalismo encontram-se no ensaio de José Paulo Netto, "Notas sobre democracia e transição socialista", inserido no livro *Democracia e transição socialista* (Belo Horizonte: Oficina de Livros, 1990) e na bela obra de Domenico Losurdo, *Democracia ou bonapartismo* (Rio de Janeiro/São Paulo: EDUFRJ/UNESP, 2004). Abordagens sintéticas sobre o fascismo foram oferecidas por Leandro Konder, *Introdução ao fascismo* (Rio de Janeiro: Graal, 1977) e Palmiro Togliatti, *Lições sobre o fascismo* (São Paulo: Ciências Humanas, 1978).

Para a discussão do papel do Estado no estágio imperialista, pode-se recorrer a Ralph Miliband, *O Estado na sociedade capitalista* (Rio de Janeiro: Zahar, 1982), Gilberto Mathias e Pierre Salama, *O Estado superdesenvolvido* (São Paulo: Brasiliense, 1983), H. R. Sonntag e H. Valecillos (orgs.), *El Estado en el capitalismo contemporáneo* (México: Siglo XXI, 1988), Adam Przeworsky, *Estado e economia no capitalismo* (Rio de Janeiro: Relume-Dumará, 1995) e ao primeiro item do primeiro capítulo de *Capitalismo monopolista e Serviço Social*, de José Paulo Netto (São Paulo: Cortez, 1992).

As ideias de Keynes estão bem resumidas no livro de René Villarreal, *A contra-revolução monetarista* (Rio de Janeiro: Record, 1984, p. 55-88); críticas a elas encontram-se em I. Osádchaia, *De Keynes a la síntesis neoclásica: análisis crítico* (Moscou: Progreso, 1975); práticas econômico-sociais keynesianas foram analisadas por John Eaton, nos capítulos 2 a 4 de *Socialismo contemporâneo* (Rio de Janeiro: Zahar, 1963). Elementos para a compreensão do *Welfare State* são acessíveis em *Economía política del estado de bienestar*, de Ian Gough (Madri: H. Blumes, 1982), *Teorías sobre el Estado de Bienestar*, de J. Picó (Madri: Siglo XXI, 1990), *Capitalismo e social-democracia*, de Adam Przeworsky (São Paulo: Companhia das Letras, 1991), *Crisis y futuro del Estado de bienestar*, organizado por G. Cabrero (Madri: Alianza, 1993) e *O Estado-providência na sociedade capitalista*, de R. Mishra (Oeiras: Celta, 1995). Uma competente aproximação aos direitos sociais e ao significado dos serviços sociais comparece em *Relações sociais e Serviço Social no Brasil*, de Marilda V. Iamamoto e Raul de Carvalho (São Paulo: Cortez/Celats, 1983, parte I, cap. 2).

Sobre as *Internacionais*, o breve estudo de Annie Kriegel (*Las Internacionales Obreras. 1864-1943*. Barcelona: Orbis, 1986) continua sendo uma referência extremamente útil.

O debate acerca do taylorismo-fordismo é municiado pelos textos de David Harvey, *Condição pós-moderna* (São Paulo: Loyola, 1993, parte II), Thomas Gounet, *Fordismo e toyotismo na civilização do automóvel* (São Paulo: Boitempo, 1999, p. 18-25 e 57-63), Ricardo Antunes, *Adeus ao trabalho?* (São Paulo: Cortez/Unicamp, 2000, p. 23-46) e *Os sentidos do trabalho* (São Paulo: Boitempo, 1999, cap. III). Valem também as leituras de *Marx, Taylor e Ford. As forças produtivas em discussão*, de Benedito Rodrigues de Moraes Neto (São Paulo: Brasiliense, 1989) e de *Para (re)construir o Brasil contemporâneo. Trabalho, tecnologia e acumulação*, de José Ricardo Tauile (Rio de Janeiro, Contraponto, 2001, p. 85-105). Num registro mais abrangente e universalizante, permanecem dignas de menção as reflexões que Antonio Gramsci desenvolveu nas páginas de "Americanismo e fordismo" (*in Cadernos do cárcere*. Rio de Janeiro: Civilização Brasileira, 2001, 4).

A "indústria cultural" foi um tema original da *Escola de Frankfurt*; para este enfoque, são clássicas as passagens pertinentes contidas em Max Horkheimer e Theodor W. Adorno, *Dialética do esclarecimento* (Rio de Janeiro: Zahar, 1984) e o texto, de Adorno, "A indústria cultural" (*in* Gabriel Cohn, org., *Theodor W. Adorno*. São Paulo: Ática, 1986, col. "Grandes cientistas sociais"). Há elementos importantes nos ensaios de Dieter Prokop (in Ciro Marcondes Filho, org., *Dieter Prokop*. São Paulo, Ática, 1986, col. "Grandes cientistas sociais") e, também, no volume coletivo organizado por Dênis de Moraes, *Globalização, mídia e cultura contemporânea* (Campo Grande: Letra Livre, 1997).

Filmografia

O grande ditador. Estados Unidos. 1940. Direção: Charles Chaplin. Duração: 124 min.

Testa-de-ferro por acaso. Estados Unidos. 1976. Direção: Martin Ritt. Duração: 94 min.

Lawrence da Arábia. Reino Unido. 1962. Direção: David Lean. Duração: 206 min.

Um dia muito especial. Itália/Canadá. 1977. Direção: Ettore Scola. Duração: 105 min.

1900. Itália/França/Alemanha. 1977. Direção: Bernardo Bertolucci. Duração: 243 min.

Mephisto. Hungria/Alemanha. 1980. Direção: István Szabó. Duração: 135 min.

Culpado por suspeita. Estados Unidos. 1991. Direção: Irwin Winkler. Duração: 84 min.

Arquitetura da destruição. Suécia. 1992. Direção: Peter Cohen. Duração: 121 min.

A batalha de Stalingrado. Alemanha/Estados Unidos/Irlanda/Reino Unido. 2001. Direção: Jean-Jacques Annaud. Duração: 131 min.

Tiros em Columbine. Estados Unidos. 2002. Direção: Michael Moore. Duração: 120 min.

Capítulo 9

O capitalismo contemporâneo

A configuração do capitalismo que designamos como contemporânea inicia-se nos anos setenta do século XX e continua a ter no centro da sua dinâmica o protagonismo dos monopólios — vale dizer, **o capitalismo contemporâneo constitui a terceira fase do estágio imperialista**. Entretanto, as alterações experimentadas pela economia que o capital monopolista comanda são de tal ordem que, para caracterizá-la, até mesmo já se propôs a expressão *novo imperialismo* (Harvey).

Com efeito, a profundidade da crise que, na transição da década de sessenta à de setenta, pôs fim aos "anos dourados" levou o capital monopolista a um conjunto articulado de respostas que transformou largamente a cena mundial: mudanças econômicas, sociais, políticas e culturais ocorreram e estão ocorrendo num ritmo extremamente veloz e seus impactos sobre Estados e nações mostram-se surpreendentes para muitos cientistas sociais.

Consumou-se, nesse período de cerca de trinta anos, a *mundialização do capital*, entendida agora estritamente como "o quadro político e institucional que permitiu a emersão, sob a égide dos EUA, de um modo de funcionamento específico do capitalismo, predominantemente financeiro e rentista, situado no [...] prolongamento direto do estágio do imperialismo" (Chesnais, 1997, p. 46). O domínio do capital parece inconteste e, em fins dos anos oitenta, induziu alguns de seus representantes a anunciar o "fim da história": postos como única alternativa o reino do mercado e a democracia política representativa,[1] a evolução da sociedade humana teria alcançado um patamar a partir do qual nenhuma *transformação estrutural* seria pensável e desejável.

Como o leitor há de ver, nada está mais longe da realidade que uma projeção como essa.

9.1. Os "anos dourados": a ilusão chega ao fim

Enfrentando críticas e questionamentos, o capitalismo monopolista ingressou nos anos sessenta mostrando crescimento econômico e taxas de lucro compensadoras (Capítulo 8, item 8.8). Tais questionamentos e críticas pareciam impertinentes: nos países capitalistas centrais, apesar das enormes desigualdades sociais, prometia-se aos trabalhadores a "sociedade afluente" — ademais da proteção social assegurada pelo *Welfare State*, apontava-se para a possibilidade de um consumo de massa, cujo símbolo maior era o automóvel; nos países periféricos, projetos industrializantes apareciam como a via para superar o subdesenvolvimento. Nos centros, chegou-se a apregoar a "integração da classe operária"; nas periferias, o "desenvolvimentismo" era a receita para curar os males do atraso econômico-social.

Aparentemente, o taylorismo-fordismo e o keynesianismo, feitos um para o outro, consolidariam o "capitalismo democrático": a produção em larga escala encontraria um mercado em expansão infinita e a intervenção reguladora do Estado haveria de controlar as crises. Anunciava-se um capitalismo sem contradições, apenas conflitivo — mas no quadro de conflitos que seriam resolvidos à base do *consenso*, capaz de ser construído mediante os mecanismos da democracia representativa.

Essa idealização da dinâmica capitalista procurava justificar-se a partir do acúmulo que vinha do período posterior à derrota do fascismo, da reconstrução que se seguiu à Segunda Guerra Mundial, quando se traçaram novas linhas de convivência política e econômica para o mundo que surgia das ruínas da maior tragédia do século XX e que envolviam novas instituições

---

1. Não se esqueça que, simultaneamente à implementação do conjunto de respostas a que fizemos referência, e que estudaremos a seguir, ocorreu o colapso das experiências de transição socialista.

— na política, a *Organização das Nações Unidas/ONU*; no plano econômico, com os acordos de Bretton Woods, o *Banco Mundial/BM* e o *Fundo Monetário Internacional/FMI*.

Mas o seu verdadeiro suporte, no domínio da economia, era uma **onda longa expansiva**, na qual "os períodos cíclicos de prosperidade [são] mais longos e intensos, e mais curtas e mais superficiais as crises cíclicas" (Mandel, 1982, p. 85): as crises não foram suprimidas, mas seus impactos viram-se reduzidos (em vez das depressões, *recessões*) e as retomadas foram rápidas e intensas; pode-se dizer que as crises constituíram uma série de pequenos *episódios* num arco em que o crescimento econômico mostrou-se *dominante*. Os "anos dourados" expressam exatamente esta *onda longa de expansão econômica* (que não foi a primeira a registrar-se na história do capitalismo), durante a qual crescimento econômico e taxas de lucro mantiveram-se ascendentes entre o fim da Segunda Guerra Mundial e a segunda metade dos anos sessenta.

A partir desses anos, porém, a *onda longa expansiva* esgotou-se. A taxa de lucro, rapidamente, começou a declinar: entre 1968 e 1973, ela cai, na Alemanha Ocidental, de 16,3 para 14,2%, na Grã-Bretanha, de 11,9 para 11,2%, na Itália, de 14,2 para 12,1%, nos Estados Unidos, de 18,2 para 17,1% e, no Japão, de 26,2 para 20,3%. Também o crescimento econômico se reduziu: *nenhum país capitalista central conseguiu manter as taxas do período anterior*. Entre 1971 e 1973, dois *detonadores* (cf. a nota 3 do Capítulo 7) anunciaram que a ilusão do "capitalismo democrático" chegava ao fim: o *colapso do ordenamento financeiro mundial*, com a decisão norte-americana de desvincular o dólar do ouro (rompendo, pois, com os acordos de Bretton Woods que, após a Segunda Guerra Mundial, convencionaram o padrão-ouro como lastro para o comércio internacional e a conversibilidade do dólar em ouro) e o *choque do petróleo*, com a alta dos preços determinada pela *Organização dos Países Exportadores de Petróleo/OPEP*.

Porém, subjacentes a esses *detonadores*, não figuravam apenas a forte redução do ritmo de crescimento e a queda das taxas de lucro. Contavam-se ainda vetores sociopolíticos de importância, dos quais a pressão organizada dos trabalhadores era o mais decisivo: ao longo dos anos sessenta e na abertura dos setenta, o peso do movimento sindical aumentou significativamente nos países centrais, demandando não somente melhorias salariais, mas ainda contestando a organização da produção nos moldes taylorista-fordistas (a mobilização francesa de 1968 e a italiana de 1969 foram extremamente significativas a esse respeito). Além disso, modificações culturais que tinham raízes nos anos imediatamente anteriores — sinalizadas pela *contracultura*, pela *revolução nos costumes* etc. — lançaram outros sujeitos na cena política, com movimentos de categorias sociais específicas, impropriamente designadas como "minorias", nos quais existiam componentes anticapitalistas (nos anos sessenta, a *revolta estudantil* foi notável, assim como a mobilização dos negros norte-americanos em defesa de direitos civis; torna-se mais visível, também, o *movimento feminista*).

A ilusão dos "anos dourados" é enterrada em 1974-1975: num processo inédito no pós-guerra, registra-se então uma *recessão generalizada*, que envolve simultaneamente *todas* as grandes potências imperialistas e a que se seguiu outra, em 1980-1982, na qual se constatou que "as taxas de lucro voltam a descer ainda mais" e o "recuo do crescimento é ainda mais nítido que em 1974-1975" (Husson, 1999, p. 32). **A *onda longa expansiva* é substituída por uma *onda longa recessiva*: a partir daí e até os dias atuais, inverte-se o diagrama da dinâmica capitalista: agora, as crises voltam a ser dominantes, tornando-se episódicas as retomadas.**

Em face dessa inversão, o capital monopolista formulou e implementou o conjunto de respostas a que aludimos na abertura deste capítulo. E trinta anos depois, na entrada do século XXI, tais respostas **não alteraram** o perfil da *onda longa recessiva*: o crescimento permanece reduzido e as crises se amiudaram; entretanto, *as taxas de lucro foram restauradas* — portanto, unicamente sob esse aspecto crucial, não restam dúvidas de que as respostas do capital foram exitosas.

Tais respostas configuram a *restauração do capital*, conforme a feliz expressão de Braga (1996). É possível, na nossa avaliação, sintetizar tais respostas como uma estratégia articulada sobre um tripé: a *reestruturação produtiva*, a *financeirização* e a *ideologia neoliberal*.

9.2. O capital: da defensiva à ofensiva

A conjuntura dos anos 1967-1973 é desfavorável ao imperialismo. As mobilizações anticapitalistas registram então o seu auge, tanto no centro (como vimos há pouco) quanto na periferia, onde se concluía a liquidação dos impérios coloniais — além disso, as experiências socialistas ainda não explicitavam a sua crise e a derrota da principal potência imperialista no Vietnã já era irreversível. Em suma, no plano político o capital monopolista encontrava-se na defensiva.

No domínio da economia, o quadro também não lhe era favorável. Constatava-se, como vimos, uma desaceleração do crescimento, assim como uma rápida queda das taxas de lucro, e aumentavam os custos das garantias conquistadas pelo trabalho, mediante o reconhecimento dos direitos sociais (resultantes das lutas conduzidas pelos trabalhadores), implicando uma carga tributária que o capital aceitara quando as taxas de lucro eram mais altas.

A recessão generalizada de 1974-1975 acende o sinal vermelho para o capital monopolista que, a partir de então, implementa uma *estratégia política global* para reverter a conjuntura que lhe é francamente negativa. O primeiro passo é o ataque ao movimento sindical, um dos suportes do sistema de regulação social encarnado nos vários tipos de *Welfare State* — com o capital atribuindo às conquistas do movimento sindical a responsabilidade pelos gastos públicos com as garantias sociais e a queda das taxas de lucro às suas demandas salariais. Nos finais dos anos setenta, esse ataque se dá por meio de medidas legais restritivas, que reduzem o poder de intervenção do movimento sindical; nos anos oitenta, o assalto do patronato toma formas claramente repressivas — de que são exemplos as ações dos governos Thatcher (Inglaterra) e Reagan (Estados Unidos).

Simultaneamente, começam a ser introduzidas alterações nos circuitos produtivos que deslocam cada vez mais o padrão que se consolidou nos "anos dourados": esgota-se a modalidade de acumulação denominada *rígida*, própria do taylorismo-fordismo, e começa a se instaurar aquela que vai caracterizar a terceira fase do estágio imperialista, a *acumulação flexível*. Esclarece o teórico norte-americano que se dedicou a estudá-la:

A *acumulação flexível* [...] se apoia na flexibilidade dos processos de trabalho, dos mercados de trabalho, dos produtos e padrões de consumo. Caracteriza-se pelo surgimento de setores de produção inteiramente novos, novas maneiras de fornecimento de serviços financeiros, novos mercados e, sobretudo, taxas altamente intensificadas de inovação comercial, tecnológica e organizacional (Harvey, 1993, p. 140).

À base dessa flexibilidade — que, para muitos, assinalaria a fase do "pós-fordismo" — opera-se a *reestruturação produtiva*. De uma parte, a produção "rígida" (taylorista-fordista) é substituída por um tipo diferenciado de produção, que da forma anterior mantém a característica de se realizar em grande escala; todavia, ela destina-se a mercados específicos e procura romper com a estandartização, buscando atender variabilidades culturais e regionais e voltando-se para as peculiaridades de "nichos" particulares de consumo. De outra, o capital lança-se a um movimento de desconcentração industrial: promove a *desterritorialização da produção* — unidades produtivas (completas ou desmembradas) são deslocadas para novos espaços territoriais (especialmente áreas subdesenvolvidas e periféricas), onde a exploração da força de trabalho pode ser mais intensa (seja pelo seu baixo preço, seja pela ausência de legislação protetora do trabalho e de tradições de luta sindical).[2] Tal desterritorialização acentua ainda mais o caráter desigual e combinado da dinâmica capitalista (cf. Capítulo 8, item 8.5).

Essencial à reestruturação produtiva é *uma intensiva incorporação à produção de tecnologias resultantes de avanços técnico-científicos*, determinando um desenvolvimento das forças produtivas que reduz enormemente a demanda de trabalho vivo. Muito especialmente, a introdução da microeletrônica e dos recursos informáticos e robóticos nos circuitos produtivos vem alterando os processos de trabalho e afetando fortemente o contingente de trabalhadores ligados à produção. O impacto desse desenvolvimento das forças produtivas é de tal ordem que alguns pesquisadores chegam ao ponto de mencionar uma "terceira revolução industrial" ou, ainda, uma "revolução informacional" — de fato, *a base produtiva vem se deslocando rapidamente dos suportes eletromecânicos para os eletroeletrônicos*.

Três têm sido as implicações imediatas desse deslocamento. A primeira diz respeito ao *trabalhador coletivo* (cf. Capítulo 4, item 4.6) — efetivamente, as novas condições postas por esse deslocamento ao processo produtivo têm implicado uma *expansão das fronteiras do trabalhador coletivo*, dado que se tornam cada vez mais amplas e complexas as operações e atividades intelec-

---

2. Um exemplo eloquente da desterritorialização é dado pelos monopólios japoneses, que "exportaram" indústrias (inclusive para a China) em larga escala: se, em 1990, havia cerca de 3.500 unidades produtivas no Japão, em 2002 esse número havia caído para cerca de 1.000 (*Valor Econômico*, São Paulo, 13-15 maio 2005). Mas já "em 1982, todas as empresas fabricantes de automóveis dos Estados Unidos tinham suas principais matrizes produtoras no México" (Navarro, *in* Laurell, [Org.], 1995, p. 98).

tuais requeridas para a produção material. Essa ampliação do trabalhador coletivo, observe-se, não está diretamente vinculada ao que alguns autores chamam de "trabalho imaterial".

A segunda implicação refere-se às exigências que são postas à força de trabalho diretamente envolvida na produção — dos trabalhadores aí inseridos se requer uma qualificação mais alta e, ao mesmo tempo, a capacidade para participar de atividades múltiplas, ou seja, essa força de trabalho deve ser *qualificada* e *polivalente*. De fato, nos setores de ponta da produção, "o trabalhador qualificado já não é mais um operário acionador de máquinas complexas [...], mas um 'controlador', 'aplicador' e manipulador de comandos cibernéticos" (Dreifuss, 1996, p. 35). Cabe ressaltar, contudo, que, paralelamente àquelas exigências, ocorre um movimento inverso: muitas atividades laborativas são desqualificadas, de forma a empregar uma força de trabalho que pode ser substituída a qualquer momento. Assim, no conjunto dos trabalhadores, encontra-se uma parte extremamente qualificada, que em geral consegue um mínimo de segurança no emprego, e uma grande parcela de trabalhadores precarizados.

A terceira relaciona-se à gestão dessa força de trabalho: em processos de trabalho diferentes daqueles próprios à *acumulação rígida*, a organização taylorista-fordista é reciclada — o controle da força de trabalho pelo capital recorre a formas diversas daquelas do despotismo fabril, apelando à "participação" e ao "envolvimento" dos trabalhadores, valorizando a "comunicação" e a redução das hierarquias mediante a utilização de "equipes de trabalho"; é nesse quadro que o *toyotismo* ganha relevo nas relações de trabalho, inclusive com o forte estímulo ao "sindicalismo de empresa" (ou "de resultados"). O capital empenha-se em quebrar a consciência de classe dos trabalhadores: utiliza-se o discurso de que a empresa é a sua "casa" e que eles devem vincular o seu êxito pessoal ao êxito da empresa; não por acaso, os capitalistas já não se referem a eles como "operários" ou "empregados" — agora, são "colaboradores", "cooperadores", "associados" etc.

O perfil industrial, no marco dessas e doutras transformações, alterou-se profundamente. De uma parte, os grupos monopolistas tratam de *externalizar* custos, mantendo o *controle* do conjunto da produção, mas repassando a outras empresas (*terceirização* etc.) a efetivação dela, de modo a constituir uma espécie de constelação, na qual gravitam em torno do monopólio, qual satélites dependentes, inúmeros negócios de menor porte. De outra parte, a desterritorialização já mencionada permite o controle do conjunto da produção por um monopólio que, ele mesmo, nada produz — de que é exemplo mundial a *Nike*.[3] Entretanto, e isto é o mais importante, os monopólios, envolvidos na estratégia política global a que fizemos referência na abertura deste item, também se configuram como *corporações estratégicas*: eles passam a assumir "funções de direção geral (sociopolíticas, tecnoculturais) que vão além do horizonte econômico da produção e do âmbito financeiro. Assumem o papel de sistemas de ação tecnopolítica, desenvolvendo a gestão concentrada — embora descentralizada espacialmente — e articulada por meios de comunicação sofisticados, que permitem um estágio superior de comando, controle e coordenação" (Dreifuss, 1996, p. 84). Tornados corporações desse tipo, os monopólios dispõem de um potencial de poder que é superior ao de boa parte dos Estados nacionais — basta lembrar "que apenas duzentas megacorporações transnacionais, 96% delas com suas matrizes em apenas oito países, têm um volume combinado de vendas que supera o PIB de todos os países do globo (exceto os nove maiores!)" (Borón, 2002, p. 150-151).

Todas as transformações implementadas pelo capital têm como objetivo reverter a queda da taxa de lucro e criar condições renovadas para a exploração da força de trabalho. Compreende-se, pois, que os ônus de todas elas recaiam fortemente sobre os trabalhadores — da *redução salarial* (um exemplo: nos Estados Unidos, entre 1973 e 1992, o preço da hora de trabalho daqueles envolvidos diretamente na produção caiu de US$ 10,37 para US$ 8,80) à *precarização do emprego*. Aqui, aliás, reside um dos aspectos mais expressivos da ofensiva do capital contra o trabalho: a retórica do "pleno emprego" dos "anos dourados" foi substituída, no discurso dos defensores do capital, pela defesa de *formas precárias* de emprego (sem quaisquer garantias sociais) e do emprego em *tempo parcial* (também frequentemente sem garantias), que obriga o trabalhador a buscar o seu sustento, simultaneamente, em várias ocupações.[4] Nessa ofensiva do capital, seus porta-vozes vêm afirmando

---

3. "A Nike, uma das 'grandes' no mercado mundial de tênis, não produz um cadarço sequer, e seus 9 mil funcionários diretos constituem-se numa organização de estratégia mercadológica, desenvolvimento de produto e subcontratação de serviços e produção que, através da terceirização de suas atividades, gera 75.000 empregos em outras empresas" (Dreifuss, 1996, p. 54).

4. Na segunda metade dos anos noventa, na França, "a soma dos que se encontram em situação precária (3 milhões) e dos que são obrigados a aceitar tempo parcial (3,2 milhões) chega ao dobro da cifra estimada para os oficialmente desempregados (3 milhões). Desempregados, 'precarizados' e trabalhadores em tempo parcial representam cerca de 37,5% da população economicamente ativa na

que a "flexibilização" ou a "desregulamentação" das relações de trabalho (isto é, a redução ou mesmo a supressão de garantias ao trabalho) ampliaria as oportunidades de emprego (ou seja, expandiria o mercado de trabalho) — argumentação largamente desmentida pelos fatos: **também em *todos* os países onde o trabalho foi "flexibilizado", isso ocorreu juntamente com o *crescimento do desemprego*.**

Na verdade, sob o capitalismo contemporâneo, o mercado de trabalho foi substantivamente alterado: com a *reestruturação produtiva*, nas grandes empresas o conjunto de trabalhadores qualificados e polivalentes que mencionamos há pouco e que dispõem de garantias e direitos constitui um *pequeno núcleo*; o grosso dos outros trabalhadores, conformando uma espécie de anel em torno desse pequeno núcleo, muitas vezes está vinculado a outras empresas (mediante a *terceirização* de atividades e serviços) e submetido a condições de trabalho muito diferentes das oferecidas àquele núcleo — alta rotatividade, salários baixos, garantias diminuídas ou inexistentes etc.

Na fase contemporânea do estágio imperialista, a estratégia do capital impactou fortemente os trabalhadores — e tornou-se lugar-comum salientar as transformações do "mundo do trabalho", entre as quais destacam-se a *crise do movimento sindical* e a redução do contingente dos *operários industriais*. No primeiro caso, conta-se a diminuição dos sindicalizados e a perda de força do sindicalismo; esse processo é inegável e suas consequências são expressivas, na medida em que afetam a capacidade de resistência dos trabalhadores; todavia, não há elementos consistentes para desenhar projeções que descartem a importância do movimento sindical no futuro próximo. Quanto à redução numérica da classe operária, resultante do desenvolvimento das forças produtivas *sob o comando do capital*, ela tem sido utilizada frequentemente para sustentar o "fim do trabalho" e, na mesma linha argumentativa, afirmar a "morte do sujeito revolucionário", posto que, historicamente, as propostas mais consequentes de transformação socialista da sociedade tenham visto no proletariado a classe capaz de promover a supressão do capitalismo. Se a tese do "fim do trabalho" é inteiramente falsa, como já assinalamos (cf. no Capítulo 1, os três últimos parágrafos do item

---

França" (Belluzzo, *in* Oliveira e Mattoso (org.), 1997: 13-14). Principalmente nos países periféricos, mas incidindo também nos países centrais, expandiu-se a chamada *informalidade do trabalho* — que nada mais é que a existência de um enorme contingente de trabalhadores sem quaisquer relações contratuais e, pois, sem *quaisquer* direitos.

1.4), é necessário reconhecer que a redução quantitativa do contingente proletário exige repensar as condições do seu protagonismo político[5] — mesmo que se mantenha, como é o caso dos autores deste livro, a convicção teórica de que somente ao proletariado está aberta a *possibilidade* de conduzir consequentemente a luta contra o capitalismo contemporâneo, capitalismo que representa, nas eloquentes palavras de uma jornalista francesa, *o horror econômico*.

Nesse plano, porém, o mais significativo é o fato de o capitalismo contemporâneo ter transformado o *desemprego maciço* em **fenômeno permanente** — se, nos seus estágios anteriores, o desemprego oscilava entre "taxas aceitáveis" e taxas muito altas, agora todas as indicações asseguram que a crescente enormidade do exército industrial de reserva torna-se irreversível. Nem mesmo os ideólogos da burguesia escamoteiam esse fenômeno — tratam de *naturalizá-lo*, como se não houvesse outra alternativa que a de conviver com ele.

É desnecessário salientar, depois dessas considerações acerca da ofensiva do capital sobre o trabalho, que uma das características mais marcantes do capitalismo contemporâneo é a **exponenciação da "questão social"**[6] (também esta continua sendo naturalizada, mas acrescida da *criminalização* do pauperismo e dos pobres — donde a repressão expandida, das exigências da "tolerância zero" ao crescimento das soluções carcerárias). Aquilo que parecia estar sob controle nos "anos dourados" adquire, na terceira fase do estágio imperialista, magnitude extraordinária e explicita dimensões que, antes, eram mais discretas. A precarização e a "informalização" das relações de trabalho trouxeram de volta formas de exploração que pareciam próprias do passado (aumento das jornadas, trabalho infantil, salário diferenciado para homens e mulheres, trabalho semi-escravo ou escravo) e ao final do

---

5. É este, enfim, o lugar para esclarecer uma questão que vem atravessando as páginas deste livro — a relação entre proletariado e trabalhadores. A classe proletária (ou proletariado) é constituída pelos *operários urbanos e rurais* e se insere no conjunto bem mais amplo dos trabalhadores assalariados (que não constitui, estritamente, *uma* classe); nesse sentido, rigorosamente, proletário não é o mesmo que trabalhador — todo proletário é trabalhador, nem todo trabalhador é proletário. É por isso, aliás, que evitamos a expressão *classe trabalhadora*, ainda que autores clássicos a utilizem.

6. Veja-se a situação dos imigrantes — ao longo de toda a história do capitalismo, a superexploração dos trabalhadores imigrantes sempre foi acentuada; no capitalismo contemporâneo, a situação desses trabalhadores tem sofrido uma brutal deterioração e, ao mesmo tempo, o exército dos imigrantes, na Europa Ocidental e na América do Norte, aumentou consideravelmente.

século XX, ao cabo de vinte anos de ofensiva do capital, a massa trabalhadora não padece apenas nas periferias — também nos países centrais a lei geral da acumulação capitalista mostra o seu efeito implacável:

> [...] Em 1997, a proporção da população que vivia na pobreza chegava a 16,5% nos Estados Unidos e a 15,1% no Reino Unido. [...] Os dois países-símbolo do neoliberalismo são [...] os campeões da pobreza entre os países industrializados [...]. Na Grã-Bretanha, *a desigualdade dos rendimentos* [...] *em 1990 era mais flagrante que nunca desde a Segunda Guerra Mundial e se agravou mais rapidamente que na maioria dos demais países* [...]:[7] em vinte anos, os 10% de rendimentos mais baixos perderam 20% de seu poder aquisitivo, ao passo que o dos 10% mais altos aumentava 65% [...]. Nos Estados Unidos, a parcela do PIB destinada aos 5% mais favorecidos da população passou de 16,5% em 1974 para 21% em 1994, enquanto a dos mais pobres caía de 4,3% para 3,6% (Passet, 2002, p. 184-186).

Se se recorda que esses efeitos se dão no quadro de um crescimento econômico medíocre, residual ou mesmo negativo,[8] o cenário da pauperização contemporânea se completa — tornando-se também mais evidente nas periferias, de que são exemplos países latino-americanos que, entre 1980 e o fim do século, registraram a seguinte queda do PIB *per capita*, em dólares americanos: Argentina, de 3.359 para 2.862; México, de 2.872 para 2.588; Uruguai, de 3.221 para 2.989; Bolívia, de 983 para 724; Nicarágua, de 1.147 para 819; Brasil, de 2.481 para 2.449; Peru, de 1.716 para 1.503 e Costa Rica, de 2.394 para 2.235 (Dreifuss, 1996: 12).

9.3. Os novos domínios do capital e a concentração do poder

Tivemos ocasião de mencionar (Capítulo 8, item 8.8) a hipertrofia do setor de serviços no estágio imperialista — mas, nos "anos dourados", poucos se atreveriam a pensar que aquela gigantesca invasão do capital em

---

7. A frase em itálico é citação de outra fonte.

8. A única exceção mundial expressiva desse quadro de crescimento medíocre é a República Popular da China — o grande país do Oriente tem apresentado taxas de crescimento muito altas, despontando como um provável gigante econômico das primeiras décadas do século XXI. Para uma abordagem inicial do panorama chinês, cf. o ensaio de Carlos A. Medeiros *in* Fiori, org. (1999).

domínios anteriormente a salvo de seu controle pudesse avançar ainda mais. E é uma tal invasão que vem se verificando espetacularmente no capitalismo contemporâneo.

Em áreas onde o comando do capital já existia, registram-se expansões que, dada a sua grandeza, reconfiguram o cenário precedente. É o caso, por exemplo, da "indústria cultural", alargada para os campos da telecomunicação, do entretenimento, do turismo, do lazer e dos esportes, numa conjugação que envolve atividades estritamente industriais (a produção de equipamentos) e de serviços e permite a conexão entre vários ramos produtivos, possibilitando — graças aos progressos da microeletrônica e da informática — um novo entrelaçamento de atividades produtivas e improdutivas. Também na publicidade e na prestação de serviços educacionais e médico-hospitalares verifica-se o seu garroteamento pelo capital. *Em todos esses casos, o controle cabe ao grande capital, comandando monopolisticamente a dinâmica dessas áreas* — por isso, nelas igualmente se constata a tendência à concentração e à centralização. Entretanto, a hipertrofia mais impactante foi a que ocorreu no âmbito das atividades financeiras, em razão do que adiante trataremos — o movimento de *financeirização*.

O peso enorme dos serviços na economia do capitalismo contemporâneo é de tal ordem que alguns analistas pretenderam ver o surgimento de uma "sociedade pós-industrial", com as atividades "terciárias" tornando-se o eixo da dinâmica econômica. Trata-se de um equívoco e o inverso é que é verdadeiro: *controlados pelo grande capital, os serviços passam a obedecer a uma lógica industrial* — primeiro, porque "não há crescimento de atividades de serviço [...] sem crescimento de atividades industriais" (Lojkine, 1995, p. 242); segundo, porque os serviços agora se desenvolvem sob uma *industrialização generalizada*: "a mecanização, a padronização, a super-especialização e a fragmentação do trabalho, que no passado determinaram apenas o reino da produção de mercadorias na indústria propriamente dita, *penetram agora todos os setores da vida social*" (Mandel, 1982, p. 269; os itálicos não são originais).[9]

---

9. Essa industrialização generalizada envolve também as atividades agrícolas: "Todos os traços desse complexo processo de transformação na agricultura contemporânea — a crescente produtividade do trabalho; a penetração do grande capital; os empreendimentos de larga escala; a divisão acelerada do trabalho — podem ser sintetizados sob a rubrica de *industrialização crescente da agricultura*" (Mandel, 1982, p. 266).

Tirante os serviços, porém, nos *novos* domínios em que ingressa é que a expansão do capital tem o seu alcance mais extraordinário.[10] Multiplicam-se as indústrias que operam novos materiais, processando componentes vitro-cerâmicos e termoplásticos e outros gerados pela *engenharia molecular*, na sequência, ainda, de desenvolvimentos da *biotecnologia* (que compreende a *engenharia genética*, que abre a via para a produção de drogas inteligentes e para a terapia genética, e as *energias alternativas*, que põem, entre outras, a possibilidade de converter, através de placas de plástico piezoelétrico anco-radas no fundo dos mares, o movimento das ondas em eletricidade) e da *nanotecnologia* (graças à qual podem produzir-se dispositivos inteligentes hiperminiaturizados).

É nesses domínios que o comando do capital se afirma impetuosamen-te, sempre com a direção monopolista assegurando-lhe não só ganhos extra-ordinários (especialmente os derivados das *rendas tecnológicas* que, segundo Mandel, advêm da redução de custos pela introdução de novas tecnologias), mas sobretudo o *controle estratégico* dos novos recursos necessários à produ-ção de ponta. *Esse controle estratégico é garantido, em primeiro lugar, pelo assom-broso grau de concentração e centralização a que chegou a economia mundial*[11] — sem

---

10. É nesse contexto que se compreende a avidez com que os grupos monopolistas pretendem o controle da *biodiversidade* mundial. Nele também se torna inteligível o avanço de grupos monopolistas sobre recursos naturais até então pouco atingidos pela lógica do capital, como a *água* — cf. a contri-buição de François Polet a Amin e Houtart, orgs. (2003) — objeto de crescente controle por empresas como a Nestlé e a Coca-Cola.

11. Dados reunidos em matéria do *Brasil de Fato* (São Paulo, ano 4, n. 160, mar. 2006) mostram que *grupos de monopólios* comandam, em escala mundial, os seguintes setores: *biotecnologia* (Amgen, Monsanto, Genentech, Serono, Biogen Idec, Genzyme, Applied Byosistems, Chiron, Gilead Sciences, Medimmune); *produtos veterinários* (Pfizer, Merial, Intervet, DSM, Bayer, BASF, Fort Dodge, Elanco, Schering-Plough, Novartis); *sementes* (Monsanto, DuPont, Syngenta, KWS Ag, Land O'Lakes, Sakata, Bayer, Taikki, DLF Trifolium); *agrotóxicos* (Bayer, Syngenta, BASF, Dow, Monsanto, DuPont, Koor, Su-mitomo, Nufarm, Arysta); *produtos farmacêuticos* (Pfizer, Glaxo Smith Kline, Johnson & Johnson, Merck, Astra Zeneca, Hoffman-La Roche, Novartis, Bristol-Meyers Squibb, Wyeth); *alimentos e bebidas* (Nestlé, Archer Daniel Midlands, Altria, Pepsico, Unilever, Tyson Foods, Cargill, Coca-Cola, Mars, Danone). A mesma concentração verifica-se no circuito de distribuição, com redes comerciais de amplitude mundial, onde os grupos dominantes são: Wal-Mart, Carrefour, Metro AG, Ahold, Tesco, Kroger, Costco, ITM Enterprises, Albetson's e Edeka Zentrale. Os movimentos de concentração e centralização do capital revelaram-se intensíssimos nos últimos trinta anos *em todos os ramos e setores econômicos*, envolvendo a produção, a circulação e atividades relativas à reprodução social; para dados gerais, consulte-se Chesnais (1996) e, para específicos, Moraes (1998) e Reis, *in* Ramos, M. G. R., org. (2002) sobre mídia, entretenimento e publicidade e Dreifuss (1996) sobre finanças, indústria da informática, telecomuni-cações e equipamentos aeronáuticos. Um exemplo desses movimentos é o que envolveu a indústria

prejuízo, simultaneamente, da continuidade da concorrência intercapitalista e do aparecimento de novas formas de associação. Em segundo lugar, e em consequência dessa concentração e centralização, os grupos monopolistas (ancorados em organizações que se tornaram *corporações megaempresariais*) desenvolveram interações novas (bem descritas por Dreifuss, 1996, p. 94-126), nas quais a concorrência e a parceria encontram mecanismos de articulação que lhes asseguram *um poder decisório especial*. No topo dessas articulações, figura um restrito círculo de homens (e umas poucas mulheres) que constitui uma *nova oligarquia*, concentradora de um *enorme poder econômico e político*; veja-se a síntese oferecida por um cientista político: representantes do grande capital e formadores de "novas elites",

> esses homens [...], os mais influentes do planeta, possuidores de poderes jamais vistos na história da humanidade, se encontram regularmente em centros de conferências virtuais e em "espaços" privilegiados de articulação, seguros e afastados do "olho público". [...] Com uma visão global e referências mentais supranacionais, as novas elites orgânicas agem transnacionalmente [...], contornam Estados nacionais e governos, reafirmando a autonomia política das corporações estratégicas e contribuindo para a formação do [...] "pensamento único". [... Esse tipo de articulação] viabiliza e perpetua o segredo político-estratégico, subtraindo as questões vitais do olhar público [...]. Por outro lado, muitos dos tradicionais locais de representação e agregação de demandas sociais (congressos, parlamentos, governos estaduais, autarquias estatais, associações e instâncias políticas diversas) se mostram ineficazes, enquanto os mecanismos e as práticas convencionais da política passam a ser vistos como inadequados (Dreifuss, 1996, p. 175-176).

A concentração do poder econômico conduziu e está conduzindo a uma enorme concentração do poder político. Aqui, claramente, revela-se o caráter antidemocrático do capitalismo e, em especial, do capitalismo monopolista (cf. a nota 7 do Capítulo 8): ao mesmo tempo em que desqualificam **a** política, ladeando as instâncias representativas (parlamentos, assembleias legislativas) ou nelas fazendo sentir o peso dos seus *lobbies*, essas "elites orgânicas" do grande capital — empresários, executivos, analistas, cientistas, engenheiros — realizam a **sua** política, tomando decisões estratégicas que

---

automobilística, emblemática dos "anos dourados": as 50 empresas que existiam no mundo, em 1964, em meados dos anos noventa não eram mais que 20 (das europeias, que eram cerca de 40, só restaram 7).

afetam a vida de bilhões de seres humanos, sem qualquer conhecimento ou participação destes. E não é preciso dizer da característica corrupta dessa política.[12]

A política conduzida por essas "elites orgânicas", notadamente a partir dos anos setenta do último século, passou a operar-se também através de instituições, agências e entidades de caráter supranacional — como o *Fundo Monetário Internacional*, o *Banco Mundial* e organismos vinculados à *Organização das Nações Unidas*. Assim, além dos seus dispositivos próprios, o grande capital vem instrumentalizando diretamente a ação desses órgãos para implementar as estratégias que lhe são adequadas. O poder de pressão dessas instituições sobre os Estados capitalistas mais débeis é enorme e lhes permite impor desde a orientação macroeconômica, frequentemente direcionada aos chamados "ajustes estruturais", até providências e medidas de menor abrangência.

9.4. Neoliberalismo: o capital sem controles sociais mínimos

Toda a nossa argumentação, ao longo deste livro, esforçou-se por mostrar que qualquer tipo de controle ou regulamentação repugna à natureza do capital — ele não avança segundo a sua lógica se encontra outras barreiras e limites que aqueles que derivam da estrutura do seu próprio movimento. Dos seus limites e travas imanentes (que se expressam nas crises), ele não pode livrar-se; de regulações e freios sociopolíticos, ele pode liberar-se, como o prova a história dos últimos trinta anos.

Realmente, **o capitalismo contemporâneo particulariza-se pelo fato de, nele, o capital estar destruindo as regulamentações que lhe foram impostas como resultado das lutas do movimento operário e das camadas trabalhadoras.** A desmontagem (total ou parcial) dos vários tipos de *Welfare State* é o

---

12. A corrupção que particulariza a ação política dos grupos monopolistas é "democrática": envolve figurões em todos os quadrantes. A lista de escândalos, com poucos protagonistas sendo punidos, é infinita: Anthony Gebauer (*lobbista* norte-americano), Bernard Tapie (empresário e ex-ministro francês), Roh Tae Woo (ex-presidente da Coreia do Sul), Pierre Suard (ex-presidente executivo da corporação Alcatel Alsthom), Paolo Berlusconi (irmão do ex-primeiro ministro italiano), Willy Claes (ex-secretário geral da Otan), Toshio Yamaguchi (ex-ministro japonês), Thorstein Moland (ex-presidente do Banco Central da Noruega)...

exemplo emblemático da estratégia do capital nos dias correntes, que prioriza a supressão de direitos sociais arduamente conquistados (apresentados como "privilégios" de trabalhadores) e a liquidação das garantias ao trabalho em nome da "flexibilização" já referida.

Entretanto, em escala mundial, a estratégia do grande capital visa romper com *todas* as barreiras sociopolíticas, e não somente com aquelas que dizem respeito às suas relações com o trabalho — donde o empenho das corporações monopolistas na inteira *desregulamentação* das atividades econômicas. Até mesmo as defesas alfandegárias que os países centrais mantiveram nas fases anteriores do estágio imperialista (e que até hoje mantêm em face dos países periféricos, especialmente de seus produtos agrícolas) são agora consideradas "anacrônicas": o grande capital quer romper com elas, com a sua "rigidez", de forma a obter a maior liberdade possível. A pretensão do grande capital é clara: destruir qualquer trava extra-econômica aos seus movimentos.[13]

Para legitimar essa estratégia, o grande capital fomentou e patrocinou a divulgação maciça do conjunto ideológico que se difundiu sob a designação de **neoliberalismo** — a disseminação das teses, profundamente conservadoras, originalmente defendidas desde os anos quarenta do século XX pelo economista austríaco F. Hayek (1899-1992), que dividiu em 1974 o Prêmio Nobel de Economia com Gunnar Myrdal. O que se pode denominar *ideologia neoliberal* compreende uma concepção de homem (considerado atomisticamente como possessivo, competitivo e calculista), uma concepção de sociedade (tomada como um agregado fortuito, meio de o indivíduo realizar seus propósitos privados) fundada na ideia da *natural e necessária desigualdade* entre os homens e uma noção rasteira da liberdade (vista como função da liberdade de *mercado*). Vulgarizando as formulações de Hayek, a ideologia neoliberal, maciçamente generalizada pelos meios de comunicação social a partir dos anos oitenta do século passado, conformou uma espécie de *senso comum* entre os serviçais do capital (entre os quais se contam engenheiros, economistas, administradores, gerentes, jornalistas etc.) e mesmo entre significativos setores da população dos países centrais e periféricos.

---

13. Não é de espantar, pois, que essa "desregulamentação" venha acompanhada do surgimento de verdadeiras empresas transnacionais do crime — cf. a descrição da "criminalização da economia mundial" em Dreifuss (1996, p. 258-263).

Essa ideologia legitima precisamente o projeto do capital monopolista de romper com as restrições sociopolíticas que limitam a sua liberdade de movimento. Seu primeiro alvo foi constituído pela intervenção do Estado na economia: o Estado foi demonizado pelos neoliberais e apresentado como um trambolho anacrônico que deveria ser reformado — e, pela primeira vez na história do capitalismo, a palavra *reforma* perdeu o seu sentido tradicional de conjunto de mudanças para ampliar direitos; *a partir dos anos oitenta do século XX, sob o rótulo de reforma(s) o que vem sendo conduzido pelo grande capital é um gigantesco **processo de contra-reforma(s)**, destinado à supressão ou redução de direitos e garantias sociais.*

A ideologia neoliberal, sustentando a necessidade de "diminuir" o Estado e cortar as suas "gorduras", justifica o ataque que o grande capital vem movendo contra as *dimensões democráticas* da intervenção do Estado na economia. Contudo, melhor que ninguém, os representantes dos monopólios sabem que a economia capitalista *não* pode funcionar sem a intervenção estatal; por isso mesmo, o grande capital continua demandando essa intervenção

> na proteção dos seus mercados consumidores [...]; na garantia de acesso privilegiado (via contratos públicos em setores estratégicos de alta tecnologia [...]); na obtenção de incentivos fiscais [...]; no apoio e assistência regulatória (comercial, diplomática, política e cobertura militar); e no apoio [...] para condicionar os países hospedeiros ou consumidores (Dreifuss, 1996, p. 226-227).

Desmentindo a retórica neoliberal, as demandas do capital ao Estado continuam incidindo fortemente no campo (ligado à indústria bélica) da pesquisa e da investigação; por exemplo: nos anos noventa do século XX, nos "Estados Unidos mais de 80% da pesquisa em engenharia elétrica, 70% em materiais e metalurgia e 55% em ciência da computação são sustentados por programas de pesquisa militar aplicada do governo" (id., ibid., p. 227).

É claro, portanto, que o objetivo real do capital monopolista não é a "diminuição" do Estado, mas a diminuição das funções estatais *coesivas*, precisamente aquelas que respondem à satisfação de direitos sociais. Na verdade, ao proclamar a necessidade de um "Estado mínimo", o que pretendem os monopólios e seus representantes nada mais é que um **Estado mínimo para o trabalho e máximo para o capital**.

O ataque do grande capital às dimensões democráticas da intervenção do Estado começou tendo por alvo a regulamentação das relações de trabalho (a "flexibilização" comentada no item precedente) e avançou no sentido de reduzir, mutilar e privatizar os sistemas de seguridade social. Prosseguiu estendendo-se à intervenção do Estado na economia: o grande capital impôs "reformas" que retiraram do controle estatal empresas e serviços — trata-se do **processo de privatização**, mediante o qual o Estado entregou ao grande capital, para exploração privada e lucrativa, complexos industriais inteiros (siderurgia, indústria naval e automotiva, petroquímica) e serviços de primeira importância (distribuição de energia, transportes, telecomunicações, saneamento básico, bancos e seguros). Essa monumental transferência de riqueza social, construída com recursos gerados pela massa da população, para o controle de grupos monopolistas operou-se nos países centrais, mas especialmente nos países periféricos — onde, em geral, significou uma profunda *desnacionalização* da economia e se realizou em meio a procedimentos profundamente corruptos (de que é exemplo paradigmático a Argentina de Menem). Um competente analista mostra a importância, para os setores monopolistas, da privatização, mediante a qual retornaram à esfera mercantil serviços controlados pelo Estado: "Atualmente, é no movimento de transferência, para a esfera mercantil, de atividades que até então eram estritamente regulamentadas ou administradas pelo Estado, que o movimento de mundialização do capital encontra suas maiores oportunidades de investir" (Chesnais, 1996, p. 186).

Entretanto, caracterizando o seu movimento contemporâneo como *globalização*, o grande capital quer impor uma *desregulamentação universal* — que vai muito além da "desregulamentação" das relações de trabalho. O objetivo declarado dos monopólios é garantir uma plena liberdade em escala mundial, para que os fluxos de mercadorias e capitais não sejam limitados por quaisquer dispositivos. Não empregamos a expressão *objetivo declarado* por acaso: é que, de fato, se os grupos monopolistas e os Estados que os representam declaram que pretendem o fim de todas as barreiras a mercadorias e capitais, *na prática das relações internacionais eles continuam mantendo barreiras e limites que protegem os seus mercados nacionais*[14] — os intermináveis debates que se realizam nos marcos da *Organização Mundial do Comércio/OMC*,

---

14. E não só — quando se trata de "regulamentações" que defendem seus interesses, as corporações monopolistas não vacilam em conduzi-las segundo o máximo rigor, como se verifica na questão

contrapondo países centrais e países periféricos, mostram claramente que os países imperialistas dificilmente "desregulamentam" os seus mercados internos; a receita que recomendam é para "uso externo", ou seja, para os países dependentes e periféricos.

Por outra parte, enquanto desenvolvem a demagogia da *globalização* (tal qual vem sendo conduzida por eles) como um "progresso" para a integração do conjunto da humanidade no capitalismo e insistem na necessidade de pôr fim a quaisquer restrições nos fluxos internacionais, os países imperialistas criam progressivamente novas barreiras aos *fluxos de força de trabalho*, instaurando verdadeiros "cordões sanitários" em suas fronteiras.[15] Para o grande capital, o que interessa é a *sua* livre mobilidade.

9.5. A financeirização do capital

Fluxos econômicos mundiais sempre marcaram o capitalismo e, se o estágio imperialista os acentuou, a fase contemporânea ampliou-os ainda mais. Entretanto, agora eles se apresentam com particularidades que não decorrem apenas da sua grande expansão.

As interações comerciais, por exemplo, intensificaram-se especialmente entre os próprios países centrais — elas hoje são muito mais significativas entre eles do que entre os centros e as periferias. Os três grupos de países que lideram o campo imperialista, constituintes da chamada **Tríade** (Estados Unidos, União Europeia e Japão), realizam entre si o grosso das transações comerciais, fundamentalmente operadas pelos grandes monopólios e processadas entre suas matrizes e filiais/subsidiárias (trata-se do comércio chamado *intracorporativo*).

Um outro elemento diferencial das relações econômicas internacionais, próprio do capitalismo contemporâneo, é a estruturação de *blocos suprana-*

---

das *patentes* e da chamada *propriedade intelectual*; outro exemplo a ser lembrado, aqui, é o seu esforço pela imposição do *Acordo Multilateral de Investimentos* (sigla em inglês: *MIA*).

15. Essa política restritiva tem por alvo trabalhadores com baixo ou médio nível de qualificação; o tratamento dispensado aos intelectuais e cientistas é outro: nas três últimas décadas do século XX, cerca de 500.000 cientistas migraram da Ásia, África e América Latina para os países do Norte e, à época, de cada 11.000 cientistas incorporados anualmente ao mercado de trabalho norte-americano, 5.000 eram estrangeiros (Dreifuss, 1996: 12).

cionais que passam a constituir espaços geoeconômicos regionais, contando com normas específicas para as suas transações e promovendo a integração, sob comando monopolista, de investimentos e mercados. Nesses blocos, há articulações de distinta natureza, desde as mais abrangentes (é o caso da *União Europeia*) às mais limitadas (casos do *Nafta*, envolvendo Estados Unidos, Canadá e México e da *APEC*, que inclui países da área do Pacífico — Ásia e Oceania — e ainda os Estados Unidos e o Chile).[16]

Porém, a mais importante das transformações por que vem passando a economia do imperialismo, nesta sua terceira fase ainda em desenvolvimento, consiste no processo que alguns analistas designam como **financeirização do capital** — tomando-a como a face contemporânea do capitalismo e dando como seu ponto de partida o ano de 1973, o professor norte-americano David Harvey constata que ela

> foi em tudo espetacular por seu estilo especulativo e predatório. Valorizações fraudulentas de ações, falsos esquemas de enriquecimento imediato, a destruição estruturada de ativos por meio da inflação, a dilapidação de ativos mediante fusões e aquisições e a promoção de níveis de encargos de dívidas que reduzem populações inteiras, mesmo nos países capitalistas avançados, a prisioneiros da dívida, para não dizer nada da fraude corporativa e do desvio de fundos [...] decorrente de manipulações do crédito e das ações — tudo isso são características centrais da face do capitalismo contemporâneo (Harvey, 2004, p. 123).

Propiciado pelos recursos informacionais, que garantem comunicações instantâneas entre agentes econômicos situados nos mais distantes rincões do planeta, esse processo tem suportes na gigantesca concentração do sistema bancário e financeiro. Esta, ao longo dos últimos trinta anos, acompanhou a concentração geral operada na economia capitalista; contudo, teve efeitos específicos, dada a amplitude que as atividades especulativas adquiriram nesse mesmo lapso de tempo: menos de 300 bancos (e corretoras de ações e títulos) globais controlam, em finais do século XX, as finanças internacionais.[17]

---

16. Desde os anos oitenta, Brasil, Argentina, Paraguai e Uruguai tentam dar vida ao *Mercosul*, ao qual o imperialismo norte-americano opõe o projeto da *Alca*.

17. A concentração internacional expressa igual fenômeno em escala nacional — em finais do século XX, 25 bancos dos Estados Unidos concentravam 85% dos depósitos norte-americanos; 3 bancos (Mitsubishi-Tokyo, Sumitomo e Sanwa) concentravam os depósitos japoneses. Corretoras como a

Mas a razão essencial da financeirização é outra: ela resulta da superacumulação e, ainda, da queda das taxas de lucro dos investimentos industriais registrada entre os anos setenta e meados dos oitenta. Na medida em que "o capitalismo é um sistema econômico que prefere não produzir em vez de produzir sem lucro" (Husson, 1999, p. 89), compreende-se que um montante fabuloso de capital disponibilizou-se então sob a forma de capital-dinheiro (ou capital monetário — cf. Capítulo 5, item 5.2). Parte desse capital foi investido na produção e, especialmente, no setor de serviços em outros países pelas corporações imperialistas (representando o chamado *investimento externo direto/IED*), aliás um dos dínamos da mundialização. Parte substantiva, porém, permaneceu no circuito da circulação buscando valorizar-se nesta esfera.

Insistimos repetidamente, em passagens anteriores deste livro, que apenas na produção se cria valor — na circulação não há geração de valor; mas também vimos que a realização dos valores se expressa na circulação, como verificamos ao estudar o movimento do capital (Capítulo 4, item 4.7. e Capítulo 5, item 5.2): ele sai da circulação (**D**) e a ela regressa (**D'**). Isso significa que: 1) valorizando-se *realmente* na produção, o capital *aparece* valorizado na circulação; e 2) que quaisquer ganhos efetivos na esfera da circulação só podem resultar de valores criados na esfera da produção. *Em suma: **D** só pode transformar-se em **D'** pela mediação da produção* — por isso, ao mencionarmos a repartição da mais-valia (Capítulo 4, item 4.7), indicamos, por exemplo, que os *juros* constituem uma dedução da mais-valia criada na produção.

A existência de uma certa massa de capital sob a forma de capital dinheiro é indispensável à dinâmica do capitalismo e essa massa é remunerada através dos juros. À medida que o capitalismo se desenvolveu, um segmento de capitalistas passou a viver exclusivamente desse capital que conservaram sob forma monetária — trata-se da camada de capitalistas *rentistas*, que não se responsabilizam por investimentos produtivos. O que vem se passando no capitalismo contemporâneo *é o fabuloso crescimento* (em função da superacumulação e da queda das taxas de lucros) *dessa massa de capital dinheiro que não é investida produtivamente*, mas que succiona seus

---

Merryl Linch (norte-americana), a Daiwa, Nomura e Nikko (japonesas) e SBC Warburg (anglo-suíça) operam mundialmente.

ganhos (juros) da mais-valia global — trata-se, como se vê, de uma sucção *parasitária*.

A esse fenômeno se agrega, no capitalismo contemporâneo, o brutal crescimento do *capital fictício*. Entende-se por capital fictício "as ações, as obrigações e os outros títulos de valor que não possuem valor em si mesmos. Representam apenas um título de propriedade, que dá direito a um rendimento [...]" (Koslov, dir., 1, 1981, p. 217). Assim como o capitalismo não pode funcionar sem uma determinada massa de capital conservada enquanto capital dinheiro, também não pode funcionar sem capitais fictícios — mas, do mesmo modo que contemporaneamente aquela massa cresceu de forma espetacular, igualmente cresceu, de modo assombroso, o montante do capital fictício. Esse crescimento tem sido de caráter nitidamente especulativo, ou seja: *não guarda a menor correspondência com a massa de valores reais*.

A financeirização do capitalismo contemporâneo deve-se a que as transações financeiras (isto é: as operações situadas na esfera da circulação) *tornaram-se sob todos os sentidos hipertrofiadas e desproporcionais em relação à produção real de valores* — tornaram-se dominantemente *especulativas*. Os rentistas e os possuidores de capital fictício (ações, cotas de fundos de investimentos, títulos de dívidas públicas) extraem ganhos sobre valores frequentemente *imaginários* — e só descobrem isso quando, nas crises do "mercado financeiro", papéis que, à noite, "valiam" X, na bela manhã seguinte passam a "valer" –X ou, literalmente, a não "valer" nada, como foi o caso dos compradores de títulos da norte-americana *Enron*, num escândalo que explodiu em 2001 e que não foi o único, mas se inscreveu no quadro da abertura deste século nos Estados Unidos, assim descrito por um analista:

> Os escândalos corporativos se sucediam em cascata e impérios empresariais aparentemente sólidos se dissolviam literalmente da noite para o dia. Erros contábeis (bem como a corrupção pura e simples) [...] estavam desmoralizando Wall Street e as ações e outros ativos estavam despencando. Os fundos de pensão perderam entre um quarto e um terço do seu valor — quando não evaporaram de vez, como ocorreu com os fundos dos empregados da Enron [...]. (Harvey, 2004, p. 20)

Entretanto, entre uma crise e outra — e "bolhas financeiras" estouram inesperadamente, ao sabor dos interesses dos grandes especuladores e derivam em crises reais: 1995 (México), 1997 (Ásia), 1999 (Rússia), 2001 (Argentina) —, esses ganhos financeiros, além obviamente de fazerem a riqueza rápida dos especuladores, reforçam a percepção falsa e socialmente danosa de que a esfera da circulação gera valores e é autônoma em face da esfera produtiva. Tais ganhos generalizam a ideia de que a conversão de **D** em **D'** se opera sem a mediação da produção; na verdade, conduz-se ao limite a fetichização do dinheiro (cf. Capítulo 3, item 3.6), como se ele tivesse a faculdade de se reproduzir ampliadamente a si mesmo.

As finanças passaram a constituir, nos últimos trinta anos, o sistema nervoso do capitalismo — nelas se espelham, particularmente, a instabilidade e os desequilíbrios da economia dessa fase do estágio imperialista. Envolvendo interesses monumentais e instituições tentaculares,[18] a oligarquia que as controla (não mais que 500 "investidores") dispõe de um poder que desafia a soberania dos Estados nacionais e a autoridade dos seus bancos centrais;[19] deve-se a esse poder a *livre mobilidade* de que os capitais puramente especulativos ("capitais voláteis") passaram a desfrutar e, com ela, a sua capacidade de arruinar inteiras economias nacionais — especialmente através da sua ação sobre o mercado de divisas.[20] As dimensões desses "capitais voláteis" foram realçadas por um respeitado economista egípcio:

> Pode-se ter uma ideia da enormidade das [suas] dimensões [...] comparando duas cifras: a do comércio mundial, da ordem de 3 bilhões de dólares ao ano, e a dos movimentos internacionais de capitais voláteis, da ordem de 80 a 100 bilhões, vale dizer, trinta vezes mais importante (Amin, 2003, p. 32).

---

18. É paradoxal observar que entre os protagonistas da financeirização estão fundos originalmente constituídos para garantir rendas suplementares a assalariados na condição de aposentados (os "fundos de pensão") — alguns desses fundos têm dimensões e atuação mundial e, geridos por "profissionais das finanças", atuam do mesmo modo que os especuladores.

19. Um desses megaespeculadores — que a mídia apresenta como "grande investidor" —, George Soros (nascido na Hungria em 1930, conhecedor das ideias de Hayek, atuante nas finanças norte-americanas e cínico defensor de políticas filantrópicas), desestabilizou a libra em 1992, ganhando com isso US$ 1,6 bilhão e foi um dos responsáveis pela crise asiática de 1997. O poder desse senhor fica evidenciado quando se sabe que, em 1993, ele integrou o *Grupo de Apoio Internacional*, ao lado do Governo dos Países Baixos e do Banco para Pagamentos Internacionais (sigla em inglês: BIS), para "ajustar" a economia de unidades políticas resultantes da dissolução da Iugoslávia.

20. "Ataques especulativos" nesse mercado, dirigidos contra moedas nacionais, lesam economias inteiras — recorde-se que, em finais de 1998, o alvo foi o Brasil, que perdeu US$ 45 bilhões das suas reservas (então na casa dos US$ 70 bilhões) e desvalorizou o real.

É também no marco da financeirização do capitalismo que se tornam inteligíveis a questão da dívida externa de muitos países periféricos e também as propostas de "ajuste" de suas economias, através das "reformas" recomendadas e monitoradas por agências internacionais, notadamente o Fundo Monetário Internacional, que representam justamente os interesses da oligarquia das finanças.

Embora tenha origens bem anteriores, a dívida externa dos países periféricos e dependentes ganhou a dimensão que hoje possui a partir de meados dos anos setenta do século XX: volumosos capitais dos países centrais, tornados excessivos pela superacumulação e pela queda das taxas de lucro, foram postos ao alcance dos tomadores (devedores) a *juros variáveis*, determinados pelos credores. Só esta prescrição já aprisionava os devedores; mas ela não bastou aos credores: estes condicionaram largamente os empréstimos, de forma a compelir os tomadores a compras ou investimentos segundo os seus interesses. O resultado foi o seguinte: de uma parte, a taxa de juros oscilou em geral *a favor* dos credores; de outra, o *quantum* que efetivamente serviu aos interesses dos credores foi sempre *muito inferior* ao montante dos empréstimos (Kucinski e Branford, 1987; Mandel, 1990, cap. XXIX).

Nessas condições, a dívida cresceu astronomicamente e aos credores não interessa senão o pagamento dos juros — seu total acumulado ultrapassa de longe o principal da dívida — que, de tão significativos, muitas vezes implicaram novos empréstimos para saldá-los. O caso latino-americano é emblemático: se, em 1975, a dívida externa de nossos países era estimada em 300 bilhões de dólares, em 2005 ela chegava a 730 bilhões — apesar de, nos mesmos trinta anos, nossos países terem pago um total de 1 trilhão de dólares.

Os gastos estatais, quando não cobertos pelas receitas, resultam no chamado *déficit público* — em face do qual o Estado pode emitir sem lastro (cf. Capítulo 8, item 8.8), desencadeando diretamente processos inflacionários, ou pode lançar papéis (*títulos da dívida pública*) no mercado, oferecendo juros atraentes aos investidores. A oligarquia financeira é a principal detentora desses títulos e, naturalmente, utiliza todo o seu poder para, primeiro, manter elevados aqueles juros e, segundo, recebê-los pontualmente. Quando Estados periféricos e dependentes, por uma razão ou outra, encontram dificuldades para manter o fluxo de recursos para os detentores dos títulos, estes pressionam no sentido de reduzir os gastos estatais, de forma a constituir um *superávit* que lhes permita continuar succionando valores sob forma monetária. Não é preciso observar que esse *superávit* se obtém mediante a diminuição de investimentos (em infraestrutura, saúde, educação etc.), o que reduz as possibilidades de crescimento econômico. As propostas de "reformas" e "ajustes estruturais" apresentadas aos Estados periféricos e dependentes combinam a recomendação de "cortar gastos" com a da privatização — e, por isso, tais "reformas" e "ajustes" resultam sempre em ganhos para a oligarquia financeira e os grupos monopolistas, penalizando fortemente as massas trabalhadoras (Chossudovsky, 1999).

Levando em conta tudo o que anotamos até aqui, não há razão para o leitor espantar-se com o seguinte fato: nos últimos trinta anos, **os países dependentes e periféricos tornaram-se exportadores de capital para os países centrais** — segundo cálculos do sociólogo mexicano Pablo González Casanova, entre 1972 e 1995, *o volume dos excedentes transferidos da periferia capitalista para o capitalismo central "chegou à fabulosa cifra de 4,5 trilhões de dólares"* (Borón, 2002, p. 148).

9.6. O "mundo novo" do capitalismo contemporâneo

O mundo em que vivemos, na entrada do século XXI, é muito diferente daquele que despontava na segunda metade do século XX — se, cronologicamente, dele nos separam pouco mais de três décadas, do ponto de vista societário a impressão que se tem é a de que experimentamos um "mundo novo".

Além de haver surgido um "mercado mundial de bens simbólicos", mercadorias absolutamente novas se generalizaram (pense-se nos produtos e subprodutos da eletrônica, dos computadores de uso pessoal aos telefones celulares), mudaram muito as formas da sua circulação (do comércio disperso aos *shopping centers* e, agora, via *internet*) e hábitos e padrões de consumo se alteraram radicalmente — o fetiche do automóvel foi deslocado pelos *gadgets* eletrônicos numa *cultura de consumo* (Featherstone, 1995). Sobretudo, constata-se que o universo da mercantilização, já amplificado na fase anterior do estágio imperialista, cresceu até o limite do insondável: está longe do exagero afirmar que atualmente *tudo é efetivamente* passível de transação mercantil, dos cuidados aos idosos ao passeio matinal de animais domésticos

— em "serviços" (inclusive os sexuais)[21] que se inserem na *industrialização generalizada* antes mencionada.

A velocidade não envolve apenas a circulação de coisas e materialidades, mercadorias e pessoas: as *infovias* permitem que informações, imagens, sons e toda uma simbologia girem rapidamente pela Terra, agora sim transformada na *aldeia global* mencionada pelo canadense Marshall MacLuhan (1911-1980). Os recursos informacionais estimulam a constituição de referências culturais comuns, desterritorializadas, e novas modalidades de interação social, que se operam no plano da virtualidade, alteram relações e valores (equalizando, no limite, a guerra aos *games*).[22] Os mesmos recursos informacionais incidem em domínios diretamente relacionados à vida econômica — os exemplos mais óbvios são aqueles que afetam as atividades bancárias e financeiras (a "volatilidade" dos capitais referidos acima e sua ação especulativa explicam-se também por aqueles recursos). Essa velocidade é responsável pela emergência de uma nova percepção do espaço e do tempo — fenômeno que Harvey (1993, p. 219) caracterizou como *compressão do tempo-espaço*: "o espaço parece encolher numa 'aldeia global' de telecomunicações [...] e os horizontes temporais se reduzem a um ponto em que só existe o presente [...]".

Se, nos "anos dourados", as cidades se metropolizaram — na resultante de um processo de *urbanização geral* que revelou como as forças produtivas comandadas pelo capital "produzem o espaço" (Lefebvre, 1999, p. 177) —, no capitalismo contemporâneo elas passam por "reestruturações" pilotadas pela "reestruturação produtiva".[23] Urbanização e suburbanização se mesclam,

---

21. Pense-se, por exemplo, no *turismo sexual*, "de que é principal cliente [a camada dos executivos internacionais]. Nas Filipinas, as 'hospedeiras' (*hospitality girls*) registradas no Ministério do Trabalho e do Emprego ascendem a 100.000" (Santos, 1995, p. 304).

22. Em seu belo e sofisticado livro *Teoría acrítica. Posmodernismo, intelectuales y la guerra del Golfo* (Madri: Cátedra, 1997), Christopher Norris — tomando como pretexto a atitude de intelectuais em face de eventos como a guerra movida pelos Estados Unidos em 1991, no Oriente Médio — mostra o absurdo a que chegam os teóricos pós-modernos quando substituem a crua realidade da vida social pela "realidade virtual".

23. O crescimento dos estudos sobre o *espaço urbano* registra sobretudo pesquisas pouco críticas quanto à relação cidade/capital — uma exceção notável é a pesquisa de Terezinha Ferrari, *Fabricalização da cidade e ideologia da circulação* (São Paulo: Terceira Margem, 2005). Cf., ainda, A. F. A. Carlos e C. Carreras, orgs., *Urbanização e mundialização: estudos sobre a metrópole* (São Paulo: Contexto, 2005).

se confundem e se invertem e são refuncionalizadas segundo lógicas que concretizam processos de apartação socioespacial.

A experiência de um "mundo novo" é sobretudo impactante na esfera da produção. Se a fábrica fordista nem de longe desapareceu, é fato que em setores de ponta os processos de trabalho sofreram profunda metamorfose: além dos novos materiais, "a robótica, máquinas de comando numérico computadorizado, controladores lógico-programáveis (CLP's), sistemas digitais de controle distribuído (SDCD's) e demais aplicações da microeletrônica, da informática e da teleinformática" (Ferrari, 2005, p. 41), bem como as novas formas de controle e enquadramento da força de trabalho, configuram modalidades e espaços produtivos até então desconhecidos.

Justamente essa metamorfose está na base do conjunto de extraordinárias mudanças que sustentam o "mundo novo" — alterações no proletariado, no conjunto dos assalariados, na reconfiguração da estrutura de classes, nos sistemas de poder, enfim na totalidade social que é constituída pela sociedade burguesa. É impossível, aqui, sequer esboçar um resumo dos traços pertinentes ao "novo mundo". Importante e decisivo é assinalar que esse mundo resulta da **ofensiva do capital sobre o trabalho** e, por isso mesmo, **significa uma regressão social quase inimaginável há trinta anos**.

A ofensiva do capital, no processo da sua mundialização, não resultou apenas na criação do maior contingente histórico de desempregados, subempregados e empregados precarizados e na exponenciação da "questão social"; nem o anverso do "pós-fordismo" é somente a restauração de formas de exploração de homens e mulheres que o próprio capitalismo parecia ter superado. Igualmente, não resultou só na criação do mito da "sociedade de consumo"[24] nem numa retórica segundo a qual o *cidadão consumidor* deve ser o centro da atenção das empresas — resultou ainda na *realidade* das empresas que se valem, através da publicidade, de *todos* os recursos possíveis para *enganar e manipular* os consumidores, ocultando o fato de planejarem a *obsolescência* das suas mercadorias (Haug, 1997).

O capital parece vitorioso: em todas as partes, a *competitividade* e o *mercado* se impõem e, ao cabo de cerca de vinte e cinco anos da sua ofensiva, as

---

24. Nada é mais enganoso do que caracterizar o capitalismo contemporâneo como uma "sociedade de consumo" — quando se constata que massas humanas que se contam na casa de *centenas e centenas de milhões* vivem em condições infra-humanas, essa expressão torna-se uma trágica mentira. De fato, no capitalismo contemporâneo o que se desenvolve é uma *ideologia consumista*.

taxas de lucro voltaram ao patamar dos "anos dourados";[25] porém, não só as taxas de crescimento permanecem medíocres, mas as *crises se multiplicam, pulverizadas e frequentemente sob a forma de crises financeiras localizadas*: são as crises típicas da financeirização. E se as megacorporações adquiriram poder planetário, a contrapartida disso é que várias dezenas de Estados nacionais foram obrigados a renunciar a qualquer pretensão à soberania, tornando-se verdadeiros "Estados-anões".

O saldo da ofensiva do capital, apreciado brevemente, explicita as três questões que aparecem como próprias do "mundo novo": "o crescente alargamento da distância entre o mundo rico e o pobre (e [...], dentro do mundo rico, entre os seus ricos e seus pobres); a ascensão do racismo e da xenofobia; e a crise ecológica do globo, que nos afetará a todos" (Hobsbawm, *in* Blackburn, org., 1992, p. 104). **Nenhuma** dessas questões pode ser resolvida nos marcos do capitalismo contemporâneo.

Mas o capitalismo contemporâneo, ao exacerbar *todas* as contradições do modo de produção capitalista, criou também a *condição necessária* para a sua substituição por uma outra organização societária, capaz de efetivamente instaurar um — *sem aspas* — mundo novo. O florescimento das forças produtivas, com o suporte de um fantástico crescimento do acervo científico e técnico, elevou a níveis altíssimos a produtividade do trabalho e *socializou* ao limite a produção de riquezas; as relações sociais capitalistas, conservando a *apropriação privada* dessa riqueza, funcionam como um poderoso freio ao desenvolvimento social. Constata-se, portanto, que está posto o primeiro requisito para *uma época de revolução social* (cf. Capítulo 2, item 2.2). De fato, no capitalismo contemporâneo,

> o monopólio do capital torna-se um entrave para o modo de produção que floresceu com ele e sob ele. A centralização dos meios de produção e a socialização do trabalho atingem um ponto em que se tornam incompatíveis com seu invólucro capitalista. [...] Soa a hora final da propriedade privada capitalista (Marx, 1984, I, 2, p. 294).

---

25. Como nos "anos dourados", os monopólios dedicados à indústria bélica continuam sendo privilegiados: "O total previsto para as despesas militares americanas, no ano fiscal de 2002/2003, atinge [...] 379 bilhões de dólares, o equivalente à soma dos orçamentos militares das quinze potências que se seguem na ordem militar mundial [...]" (G. Achcar, in Amin e Houtart, orgs., 2003, p. 282).

Sugestões bibliográficas

O panorama histórico em que se desenvolve o capitalismo contemporâneo está delineado em E. J. Hobsbawm, *Era dos extremos. O breve século XX. 1914-1991* (São Paulo: Companhia das Letras, 1995, Parte Três). Elementos preciosos, em agradável autobiografia, o mesmo Hobsbawm oferece a partir do capítulo 15 de *Tempos interessantes. Uma vida no século XX* (São Paulo: Companhia das Letras, 2002).

As transformações científicas e tecnológicas contemporâneas são estudadas por Jean Lojkine, *A revolução informacional* (São Paulo: Cortez, 1995) e por R. A. Dreifuss, que explora amplamente sua assimilação pelas corporações transnacionais em *A época das perplexidades. Mundialização, globalização e planetarização: novos desafios* (Petrópolis: Vozes, 1996).

As mudanças no "mundo do trabalho" e no movimento sindical são analisadas nos livros de Ricardo Antunes e Thomas Gounet arrolados na bibliografia que sugerimos no Capítulo 8 e ainda em: F. J. Teixeira, G. Alves, J. Meneleu Neto e M. A. Oliveira (orgs.), *Neoliberalismo e reestruturação produtiva* (São Paulo/Fortaleza: Cortez/UECE, 1998); Alain Bihr, *Da grande noite à alternativa. O movimento operário europeu em crise* (São Paulo: Boitempo, 1998); Giovanni Alves, *O novo (e precário) mundo do trabalho* (São Paulo: Boitempo, 2000); R. Antunes (org.), *Neoliberalismo, trabalho e sindicatos* (São Paulo: Boitempo, 2002) e R. L. Batista e R. Araújo (orgs.), *Desafios do trabalho. Capital e luta de classes no século XXI* (Londrina/Maringá: Práxis/Massoni, 2003).

Proposições distintas acerca do "trabalho imaterial" encontram-se em M. Lazzarato e A. Negri, *Trabalho imaterial* (Rio de Janeiro: DP&A, 2001) e S. Lessa, *Para além de Marx?* (São Paulo: Xamã, 2005).

Fundamentais para a compreensão da economia contemporânea são os textos de F. Chesnais, *A mundialização do capital* (São Paulo: Xamã, 1996), e de M. Husson, *Miséria do capital* (Lisboa: Terramar, 1999). Valem, também, as leituras de R. Braga, *A restauração do capital. Um estudo sobre a crise contemporânea* (São Paulo, Xamã, 1996) e de D. Harvey, *O novo imperialismo* (São Paulo: Loyola, 2004). Uma crítica de fundo à "globalização" está disponível em *Globalização em questão*, de Paul Hirst e Grahame Thompson

(Petrópolis: Vozes, 2002). O ensaio de L. G. Belluzzo (*in* J. L. Fiori, org., *Estados e moedas no desenvolvimento das nações*. Petrópolis: Vozes, 1999) é elucidativo no tocante à financeirização, assim como ainda é útil a consulta, no que tange à dívida externa, ao livro de Bernardo Kucinski e Sue Branford, *A ditadura da dívida* (São Paulo: Brasiliense, 1987).

Abordagens distintas, mas críticas, ao conjunto de problemas postos pela crise do *Welfare State* e a emergência do neoliberalismo encontram-se em: R. Villarreal, *A contra-revolução monetarista. Teoria, política econômica e ideologia do neoliberalismo* (Rio de Janeiro: Record, 1984); J. P. Netto, *Crise do socialismo e ofensiva neoliberal* (São Paulo: Cortez, 1993); Gaudêncio Frigotto, *Educação e a crise do capitalismo real* (São Paulo: Cortez, 1995); A. C. Laurell (org.), *Estado e políticas sociais no neoliberalismo* (São Paulo: Cortez, 1995); E. Sader e P. Gentili (orgs.), *Pós-neoliberalismo. As políticas sociais e o Estado democrático* (Rio de Janeiro, Paz e Terra, 1995); Tullo Vigevani *et al.*, *Liberalismo e socialismo. Velhos e novos paradigmas* (São Paulo: UNESP, 1995); James Petras, *Neoliberalismo en América Latina. La izquierda devuelve el golpe* (Rosário: Homo Sapiens, 1997) e *Neoliberalismo: América Latina, Estados Unidos e Europa*-(Blumenau: FURB, 1999) e R. Passet, *A ilusão neoliberal* (Rio de Janeiro/São Paulo: Record, 2002).

Acerca da *crise ecológica*, Boaventura de Sousa Santos oferece uma síntese útil em *Pela mão de Alice. O social e o político na pós-modernidade* (São Paulo: Cortez, 1995, p. 296-299); elementos mais politizados comparecem nos textos acima citados de Bihr (1998, cap. 7), de Petras (1999, cap. 11) e no livro de M. Löwy e D. Bensaïd, *Marxismo, modernidade e utopia* (São Paulo: Xamã, 2000, p. 227-238); sobre este ponto, consultar ainda o belo ensaio de John Bellamy Foster, *A ecologia de Marx: materialismo e natureza* (Rio de Janeiro: Civilização Brasileira, 2005). Na documentação brasileira, vale ressaltar o texto de Ronaldo Coutinho, "Direito ambiental das cidades: questões teórico-metodológicas", incluído no volume organizado pelo autor e R. Rocco, *O direito ambiental das cidades* (Rio de Janeiro: DP&A, 2004).

Sobre a *criminalização* da "questão social", veja-se o livro de L. Wacquant, *Punir os pobres. A nova gestão da pobreza nos Estados Unidos* (Rio de Janeiro: Revan/Instituto Carioca de Criminologia, 2002) e o número 11 de *Discursos sediciosos. Crime, direito e sociedade* (Rio de Janeiro: Revan/Instituto Carioca de Criminologia, ano 7, 1º semestre de 2002).

Filmografia

Pão e rosas. Inglaterra. 2000. Direção: Ken Loach. Duração: 110 min.

Segunda-feira ao sol. Espanha. 2002. Direção: Fernando Leon de Aranoa.
Duração: 113 min.

A corporação. Canadá. 2004. Direção: Mark Achbar/Jennifer Abbott.
Duração: 145 min.

Conclusão

Na entrada do século XXI, a análise da história e das perspectivas do modo de produção capitalista põe a homens e mulheres talvez aquele que seja o maior dos desafios já enfrentados pela humanidade: a escolha entre uma *nova barbárie*, representada pela continuidade do capitalismo, ou a construção de uma ordem social que, "em lugar da velha sociedade burguesa, com as suas classes e antagonismos de classes", instaure "uma associação em que o livre desenvolvimento de cada um é a condição para o livre desenvolvimento de todos" (Marx e Engels, 1998, p. 31).

Com efeito, a organização social fundada no modo de produção capitalista — a sociedade burguesa — já explicitou, ao cabo de sua existência mais que secular, **o pleno esgotamento das suas potencialidades progressistas**. A liquidação das instituições opressivas da feudalidade, a emancipação política dos homens, a liberação e o fomento das forças produtivas, o estímulo à pesquisa científica e a incorporação de seus resultados à produção, a unificação da humanidade mediante a constituição de uma *economia-mundo* — todos esses processos de avanço foram promovidos pelo desenvolvimento capitalista. Nas páginas deste livro, vimos quão onerosas foram essas conquistas e os sujeitos sociais sobre os quais recaíram as maiores penalizações — os proletários e o conjunto dos trabalhadores. Contudo, a enormidade desse custo não pode obscurecer o papel *objetivamente progressista* que o capitalismo desempenhou.

Enquanto as relações sociais de produção burguesas estimularam o desenvolvimento das forças produtivas (lembre-se o leitor do que escrevemos no Capítulo 2, item 2.2), esse papel objetivamente progressista foi de extraordinária importância para a humanidade. **Mas este é um capítulo da história que parece definitivamente encerrado: na entrada do século XXI, as relações sociais de produção burguesa ou *travam* o desenvolvimento das forças produtivas ou, quando o estimulam, *restringem* fortemente as suas potencialidades emancipatórias**. Todas as contradições próprias ao modo de produção capitalista chegam ao auge no estágio imperialista e, na sua fase contemporânea, exibem o *caráter destrutivo* da produção capitalista (Mészáros, 2002, caps. 15 e 16), seja em face da própria sociedade, seja em face da natureza.

A *lei geral da acumulação capitalista* (que estudamos no Capítulo 5, item 5.5) revela a sua vigência de modo irretorquível: enquanto se exponencia a possibilidade da produção de riquezas, um terço da humanidade vive em condições animalescas. Enquanto, para as classes dominantes dos países centrais e das periferias, o "consumo conspícuo" e o esbanjamento em quinquilharias de luxo tornaram-se um modo de vida, os trabalhadores engrossam o contingente de subempregados, empregados temporários e desempregados e imensas massas populacionais (medidas na casa de centenas e centenas de milhões) subsistem no pauperismo. A pobreza vê-se naturalizada e já não se põe mais a questão de *suprimi-la*: o que a ordem burguesa tem a oferecer-lhe, para *reduzi-la*, é uma assistência social refilantropizada.

As barreiras e obstáculos que o dinamismo capitalista gera necessariamente, agora acentuados com a *acumulação* e a *concentração do capital* (que tematizamos no Capítulo 5, item 5.3) elevadas à enésima potência, expressam-se em crises cujos efeitos cumulativos introduzem na vida econômica elementos de insegurança e de instabilidade anteriormente desconhecidos. A *superacumulação* (observada no Capítulo 5, item 5.1) deriva hoje num turbilhão especulativo que transforma o mundo num verdadeiro cassino global. A natureza *parasitária* da burguesia contemporânea torna-se cada vez mais acentuada.

As garantias ao trabalho são reduzidas ou mesmo eliminadas. Formas de exploração do trabalho (infantil, feminino, de imigrantes) que pareciam relíquias da história são reatualizadas — inclusive o trabalho semi-escravo. Nos "porões da *globalização*" (Dreifuss), florescem as diversas máfias (a *Yakusa* japonesa, as italianas *Cosa Nostra, Camorra, N'drangheta* e *Sacra Corona Unita*, as associações criminosas surgidas da desintegração da União Soviética, os "senhores da guerra" no Extremo Oriente, os barões do narcotráfico norte-americanos e latinos-americanos), movimentando uma *economia cinzenta* que anualmente "lava", nos paraísos fiscais (Ilhas Cayman e Virgens), cerca de 1 trilhão de dólares. Ideias que já se comprovaram profundamente lesivas à humanidade (como o racismo, o chauvinismo, a xenofobia) retornam à cena política. O esvaziamento das instâncias democráticas acompanha a reconversão do Estado em serviçal de um mercado que, de fato, é manipulado por uma oligarquia financeira mundial. O "mundo novo" do capitalismo contemporâneo pode ser assim sinalizado:

> Os países ricos, que representam apenas 15% da população mundial, controlam mais de 80% do rendimento global, sendo que aqueles do hemisfério sul, com 58% dos habitantes da Terra, não chegam a 5% da renda total. Considerada, porém, a população mundial em seu conjunto, os números do *apartheid global* se estampam com maior clareza: os 20% mais pobres dispõem apenas de 0,5% do rendimento mundial, enquanto os mais ricos, de 79%. Basta para isso pensar que um único banco de investimento, o Goldman Sachs, divide anualmente o lucro de US$ 2,5 bilhões entre 161 pessoas, enquanto um país africano, como a Tanzânia, com um PIB de apenas US% 2,2 bilhões, tem de sustentar 25 milhões de habitantes. *A concentração [de riqueza] chegou ao ponto de o patrimônio conjunto dos raros 447 bilionários que há no mundo ser equivalente à renda somada da metade mais pobre da população mundial — cerca de 2,8 bilhões de pessoas.* (Mello, 1999, p. 260. Itálicos não constam do original; suprimimos as referências feitas pelo autor)

Esse quadro do capitalismo contemporâneo é determinado, em última instância, pelas relações sociais de produção burguesas e, na medida em que tais relações forem mantidas, ele será agravado e cronificado. Nenhuma reforma do capitalismo tem condições de revertê-lo: ele é a resultante, nas condições contemporâneas, do movimento do capital e do seu comando sobre a sociedade. E constitui, precisamente, a *nova barbárie* a que nos referimos.

A humanidade, porém, não está condenada inexoravelmente a essa barbárie. Albert Einstein (1879-1955), Prêmio Nobel de Física/1921 e um dos maiores gênios de toda a história, partiu de uma correta análise da barbárie e concluiu pela alternativa a ela:

> A anarquia econômica da sociedade capitalista, como existe atualmente, é, na minha opinião, a verdadeira origem do mal. [...] O capital privado tende a concentrar-se em poucas mãos. O resultado [...] é uma oligarquia de capital

privado cujo enorme poder não pode ser eficazmente controlado mesmo por uma sociedade política democraticamente organizada. [...] Estou convencido de que só há uma forma de eliminar estes sérios males, nomeadamente através da constituição de uma economia socialista [...]. Nesta economia, os meios de produção são detidos pela própria sociedade e são utilizados de forma planejada. Uma economia planejada, que adaptasse a produção às necessidades da comunidade, distribuiria o trabalho a ser feito entre aqueles que podem trabalhar e garantiria o sustento a todos os homens, mulheres e crianças [...].[26]

A alternativa apontada por Einstein, o socialismo — transição para uma sociedade que seja capaz de garantir *o livre desenvolvimento de cada indivíduo como condição para o livre desenvolvimento de todos os indivíduos* — não é uma utopia nem um sonho de teóricos. As suas bases objetivas foram preparadas pelo próprio desenvolvimento capitalista, e nisto reside mais uma contradição desse modo de produção: ao chegar à organização monopolista contemporânea, o capitalismo não apenas põe a humanidade no limiar de uma nova barbárie — também coloca as condições materiais para ser substituído por uma forma societária superior e mais avançada. Com efeito, o desenvolvimento das forças produtivas, a elevação do caráter social da produção ao seu clímax e o acúmulo científico e técnico propiciados pelo capitalismo criaram objetivamente a base material que permite a supressão da ordem social engendrada por ele. Na atualidade, o socialismo — para o qual não se dispõe de qualquer receita já pronta[27] — é uma **possibilidade,** uma **alternativa concreta** aberta à humanidade.

Entretanto, a conversão de uma *possibilidade* em *realidade* não obedece a nenhum determinismo histórico — ela é função de *escolhas conscientes* ope-

---

26. Einstein escreveu esse texto (que se encontra acessível em http:www.monthlyreview. org/598eisnt.htm.) para o número inaugural do periódico norte-americano *Monthly Review,* publicado em maio de 1949 — a revista, editada em Nova York e dirigida inicialmente por Paul M. Sweezy e Leo Huberman, continua a circular até hoje. O trecho aqui reproduzido (em tradução de Anabela Magalhães) foi extraído do *Jornal da ADUFRJ* (Rio de Janeiro, ADUFRJ, 29 nov. 2005).

27. Isso não significa, porém, que não existam parâmetros teóricos a orientar o caminho ao socialismo; está claro, por exemplo, que a transformação socialista — que só pode ser pensada em escala mundial — implica a supressão da dominação política da burguesia e da propriedade privada dos meios fundamentais de produção, a instauração e a extensão de mecanismos de democracia direta, a radical alteração das funções estatais etc. Também não significa que, do ponto de vista prático, tenha-se que partir do zero: há que se estudar as experiências de transição socialista realizadas ao longo do século XX, para delas extrair o que houve de válido (e não foi pouco) e criticar, para não repetir, os (muitos) erros que nelas foram cometidos.

radas por massas de milhões e milhões de homens e mulheres, escolhas que direcionam a sua *ação política* no marco complexo das *lutas de classes*. Historicamente, a condução da luta contra o capitalismo foi realizada pelo *proletariado*, liderando o conjunto dos trabalhadores — e não há nenhum indício de que o êxito da luta anticapitalista possa dispensar o protagonismo operário.[28] Mas é fato, *e nisto consiste um dos núcleos da problemática contemporânea*, que as organizações políticas que poderiam orientar o protagonismo operário, dos trabalhadores e de outros segmentos anticapitalistas experimentam grave crise.

De qualquer forma, a humanidade está diante de duas alternativas concretas, expressas numa fórmula clássica: *socialismo ou barbárie*. Trata-se de escolher entre elas — e nós sabemos (Capítulo 1, item 1.2) que a liberdade consiste precisamente na possibilidade de escolher entre alternativas concretas.

---

28. Mesmo um pensador assumidamente pós-moderno, que está longe de pensar a luta anticapitalista com radicalidade, reconhece esse fato — num escrito da última década do século XX, o sociólogo Boaventura de Sousa Santos, ainda que tecendo restrições aos limites do combate histórico do proletariado, nota que, se a "transformação não-capitalista" da "sociedade contemporânea" "não pode ser feita só com o operariado, *tão-pouco pode ser feita sem ele ou contra ele*" (Santos, 1995, p. 272; itálicos nossos).

Bibliografia

ABENDROTH, W. *A história social do movimento trabalhista europeu*. Rio de Janeiro: Paz e Terra, 1977.

ALMEIDA, N. L. T. de. Considerações para o exame do processo de trabalho do Serviço Social. *Serviço Social & Sociedade*. São Paulo: Cortez, n. 52, dez. 1996.

ALVES, G. *O novo (e precário) mundo do trabalho*. São Paulo: Boitempo, 2000.

AMIN, S. *Más allá del capitalismo senil*. Buenos Aires: Paidós, 2003.

_____; HOUTART, F. (Orgs.). *Fórum Mundial das Alternativas. Mundialização das resistências*: o estado das lutas/2003. São Paulo: Cortez, 2003.

ANDERSON, P. *Passagens da antiguidade ao feudalismo*. São Paulo: Brasiliense, 1989.

_____. *Linhagens do Estado absolutista*. São Paulo: Brasiliense, 1989 (a).

_____. *As origens da pós-modernidade*. Rio de Janeiro: Jorge Zahar, 1999.

ANTUNES, R. *Os sentidos do trabalho*. São Paulo: Boitempo, 1999.

_____. *Adeus ao trabalho?* São Paulo: Cortez/Unicamp, 2000.

_____ (Org.). *Neoliberalismo, trabalho e sindicatos*. São Paulo: Boitempo, 2002.

ARRIGHI, G. *O longo século XX*. Rio de Janeiro/São Paulo: Contraponto/Unesp, 1996.

ASSOCIAÇÃO BRASILEIRA DE ENSINO E PESQUISA EM SERVIÇO SOCIAL. *Temporalis*. Brasília: Abepss/Grafline, ano I, v. 1, n. 2, jul./dez. 2000.

_____. *Temporalis*. Brasília: Abepss/Grafline, ano II, n. 3, jan./jun. 2001.

BARAN, P. A. *A economia política do desenvolvimento*. Rio de Janeiro: Zahar, 1977.

_____; SWEEZY, P. M. *Capitalismo monopolista*. Rio de Janeiro: Zahar, 1974.

BATISTA, R. L.; ARAÚJO, R. (Orgs.). *Desafios do trabalho. Capital e luta de classes no século XXI*. Londrina/Maringá: Práxis/Massoni, 2003.

BEHRING, E. R. *Política social no capitalismo tardio*. São Paulo: Cortez, 1998.

_____. *Brasil em contra-reforma*. São Paulo: Cortez, 2003.

_____; BOSCHETTI, I. *Política social. Fundamentos e história*. São Paulo: Cortez, 2006.

BERNAL, J. D. *The Social Function of Science*. Cambridge/Londres: MIT Press, 1967.

BERTELLI, A. R. *Marxismo e transformações capitalistas*. São Paulo: IPSO/IAP, 2000.

BICALHO, L. C. *O capital. Resumo literal. Condensação dos livros 1, 2 e 3*. São Paulo: Novos Rumos, s.d.

BIHR, A. *Da grande noite à alternativa. O movimento operário europeu em crise*. São Paulo: Boitempo, 1998.

BLACKBURN, R. (Org.). *Depois da queda. O fracasso do comunismo e o futuro do socialismo*. Rio de Janeiro: Paz e Terra, 1992.

BOBBIO, N.; BOVERO, M. *Sociedade e Estado na filosofia política moderna*. São Paulo: Brasiliense, 1986.

BOCCARA, P. (Org.). *Le capitalisme monopoliste d'État*. Paris: Éditions Sociales, 1976.

BÖHM-BAWERK, E.; HILFERDING, R.; BORTKIEWICZ, L. *Economía burguesa y economía socialista*. Córdoba: Cuadernos de Pasado y Presente, 1974.

BORGIANNI, E.; MONTAÑO, C. (Orgs.). *La política social hoy*. São Paulo: Cortez, 2000.

BORÓN, A. *Império & imperialismo*. Buenos Aires: Clacso, 2002.

BOTTOMORE, T. (Org.). *Dicionário do pensamento marxista*. Rio de Janeiro: Jorge Zahar, 1988.

BRAGA, R. *A restauração do capital. Um estudo sobre a crise contemporânea*. São Paulo: Xamã, 1996.

BRAVERMAN, H. *Trabalho e capital monopolista*. Rio de Janeiro: Guanabara, 1987.

BRUNHOFF, S. de. *A hora do mercado*. São Paulo: Unesp, 1991.

BUKHARIN, N. I. *A economia mundial e o imperialismo. Esboço econômico*. São Paulo: Nova Cultural, 1986.

CABRERO, G. (Org.). *Crisis y futuro del Estado de bienestar*. Madri: Alianza, 1993.

CARLOS, A. F. A. e CARRERAS, C. (Orgs.). *Urbanização e mundialização*: estudos sobre a metrópole. São Paulo: Contexto, 2005.

CARR, E. H. *Vinte anos de crise. 1919-1939*. Brasília/São Paulo: Universidade de Brasília/ Imprensa Oficial do Estado de São Paulo, 2001.

CHESNAIS, F. *A mundialização do capital*. São Paulo: Xamã, 1996.

_____. A emergência de um regime de acumulação mundial. *Praga. Estudos Marxistas*. São Paulo: Hucitec, n. 6, 1997.

CHILDE, V. G. *A evolução cultural do homem*. Rio de Janeiro: Zahar, 1966.

_____. *O que aconteceu na história?*. Rio de Janeiro: Zahar, 1981.

CHOSSUDOVSKY, M. *A globalização da pobreza. Impactos das reformas do FMI e do Banco Mundial*. São Paulo: Moderna, 1999.

CLAUDÍN, F. *Marx, Engels y la revolución del 1848*. México: Siglo XXI, 1975.

COHN, G. (Org.). *Theodor W. Adorno*. São Paulo: Ática, 1986.

COLETIVO DA UNIVERSIDADE DE BERLIM. *Guia para a leitura d'O Capital*. Lisboa: Antídoto, 1978.

CONNOR, S. *Cultura pós-moderna*. São Paulo: Loyola, 1993.

CONSELHO REGIONAL DE SERVIÇO SOCIAL/7ª REGIÃO/RJ. *Assistente social*: ética e direitos. Rio de Janeiro: CRESS 7ª Região, 2001.

COUTINHO, C. N. *O estruturalismo e a miséria da razão*. Rio de Janeiro: Paz e Terra, 1972.

COUTINHO, R.; ROCCO, R. (Orgs.). *O direito ambiental das cidades*. Rio de Janeiro: DP&A, 2004.

DOBB, M. *A evolução do capitalismo*. Rio de Janeiro: Zahar, 1965.

_____. *Os salários*. São Paulo: Cultrix, 1972.

DOWBOR, L.; IANNI, O.; ANTAS JR., R. M. (Orgs.). *Estados Unidos: a supremacia contestada*. São Paulo: Cortez, 2003.

DREIFUSS, R. A. *A época das perplexidades. Mundialização, globalização e planetarização*: novos desafios. Petrópolis: Vozes, 1996.

EAGLETON, T. *As ilusões do pós-modernismo*. Rio de Janeiro: Jorge Zahar, 1998.

EATON, J. *Socialismo contemporâneo*. Rio de Janeiro: Zahar, 1963.

_____. *Manual de economia política*. Rio de Janeiro: Zahar, 1965.

ENGELS, F. *El anti-Dühring*. Buenos Aires: Claridad, 1972.

_____. *Do socialismo utópico ao socialismo científico*. Lisboa: Estampa, 1976.

_____. *A situação da classe trabalhadora na Inglaterra*. São Paulo: Global, 1986.

FALEIROS, V. P. *A política social do Estado capitalista*. São Paulo: Cortez, 1980.

FEATHERSTONE, M. *Cultura de consumo e pós-modernismo*. São Paulo: Studio Nobel, 1995.

FERRARI, T. *Fabricalização da cidade e ideologia da circulação*. São Paulo: Terceira Margem, 2005.

FIORI, J. L. (Org.). *Estados e moedas no desenvolvimento das nações*. Petrópolis: Vozes, 1999.

FOLEY, D. K. *Para entender "El capital". La teoría económica de Marx*. México: Fondo de Cultura Económica, 1989.

FOSTER, J. B. *A ecologia de Marx: materialismo e natureza*. Rio de Janeiro: Civilização Brasileira, 2005.

FRIGOTTO, G. *Educação e a crise do capitalismo real*. São Paulo: Cortez, 1995.

GERTH, H.; MILLS, C. W. *Caráter e estrutura social*. Rio de Janeiro: Civilização Brasileira, 1973.

GIOVANNI, B. de. *La teoría política de las clases en "El capital"*. México: Siglo XXI, 1984.

GOLDMANN, L. *Dialética e cultura*. Rio de Janeiro: Paz e Terra, 1979.

GORZ, A. *Adeus ao proletariado*. Rio de Janeiro: Forense, 1982.

GOUGH, I. *Economía política del estado de bienestar*. Madri: H. Blumes, 1982.

GOUNET, T. *Fordismo e toyotismo na civilização do automóvel*. São Paulo: Boitempo, 1999.

GRAMSCI, A. *Cadernos do cárcere*. Rio de Janeiro: Civilização Brasileira, 2001. v. 4.

GRANEMANN, S. Processos de trabalho e Serviço Social I. *Capacitação em Serviço Social e Política Social*. Brasília: CEAD/UnB, Módulo 2, 1999.

GROSSMANN, H. *La ley de la acumulación y del derrumbe del sistema capitalista*. México: Siglo XXI, 1984.

GRUPO DE LISBOA. *Limites à competição*. Lisboa: Europa-América, 1994.

HARVEY, D. *Los límites del capitalismo y la teoría marxista*. México: Fondo de Cultura Económica, 1990.

_____. *Condição pós-moderna*. São Paulo: Loyola, 1993.

_____. *O novo imperialismo*. São Paulo: Loyola, 2004.

HAUG, W. F. *Crítica da estética da mercadoria*. São Paulo: Unesp, 1997.

HELLER, A. *Sociología de la vida cotidiana*. Barcelona: Península, 1977.

_____. *O homem do Renascimento*. Lisboa: Presença, 1982.

_____. *Aristóteles y el mundo antiguo*. Barcelona: Península, 1983.

HILFERDING, R. *O capital financeiro*. São Paulo: Abril, 1985.

HIRST, P.; GRAHAME, T. *Globalização em questão*. Petrópolis: Vozes, 2004.

HOBSBAWM, E. J. *A era do capital*: 1848-1875. Rio de Janeiro: Paz e Terra, 1982.

HOBSBAWM, E. J. *A era das revoluções*: 1789-1848. Rio de Janeiro: Paz e Terra, 1988.

_____. *A era dos impérios*: 1875-1914. Rio de Janeiro: Paz e Terra, 1988(a).

_____. *Era dos extremos. O breve século XX*: 1914-1991. São Paulo: Companhia das Letras, 1995.

_____. *Tempos interessantes. Uma vida no século XX*. São Paulo: Companhia das Letras, 2002.

HOBSBAWM, E. J. (Org.). *História do marxismo*. Rio de Janeiro: Paz e Terra, 1989. v. 8.

HORKHEIMER, M.; ADORNO, T. W. *Dialética do esclarecimento*. Rio de Janeiro: Zahar, 1984.

HUBERMAN, L. *História da riqueza do homem*. Rio de Janeiro: Guanabara Koogan, 1986.

HUSSON, M. *Miséria do capital*. Lisboa: Terramar, 1999.

IAMAMOTO, M. V. *O Serviço Social na contemporaneidade*. São Paulo: Cortez, 1998.

_____. *Trabalho e indivíduo social*. São Paulo: Cortez, 2001.

_____; CARVALHO, R. *Relações sociais e Serviço Social no Brasil*. São Paulo: Cortez/Celats, 1983.

INFRANCA, A. *Trabajo, individuo, historia. El concepto de trabajo en Lukács*. Buenos Aires: Herramienta, 2005.

INSTITUTO CARIOCA DE CRIMINOLOGIA. *Discursos sediciosos. Crime, Direito e Sociedade*. Rio de Janeiro: Revan/Instituto Carioca de Criminologia, ano 7, n. 11, 1° semestre 2002.

KALECKI, M.; SRAFFA, P.; ROBINSON, J. V. *Teoria da dinâmica econômica. Produção de mercadorias por meio de mercadorias. Ensaios sobre a teoria do crescimento econômico*. São Paulo: Nova Cultural, 1985.

KEYNES, J. M. *Teoria geral do emprego, do juro e do dinheiro*. São Paulo: Abril Cultural, 1983.

KOFLER, L. *Contribución a la historia de la sociedad burguesa*. Buenos Aires: Amorrortu, 1997.

KOSIK, K. *Dialética do concreto*. Rio de Janeiro: Paz e Terra, 1969.

KOSLOV, G. (Dir.). *Curso de economia política*. Lisboa: Avante!, 1981. v. 1.

KRIEGEL, A. *Las Internacionales Obreras*: 1864-1943. Barcelona: Orbis, 1986.

KUCINSKI, B.; BRANDFORD, S. *A ditadura da dívida*. São Paulo: Brasiliense, 1987.

LABICA, G.; BENSUSSAN, G. (Orgs.). *Dictionnaire critique du marxisme*. Paris: PUF, 1985.

LANDES, D. S. *Prometeu desacorrentado*: transformação tecnológica e desenvolvimento industrial na Europa Ocidental, desde 1750 até a nossa época. Rio de Janeiro: Nova Fronteira, 1994.

LANGE, O. *Moderna economia política*. Rio de Janeiro: Fundo de Cultura, 1963.

LAPIDUS, I.; OSTROVITIANOV, K. *Princípios de economia política*. Belo Horizonte: Aldeia Global, 1979. 3 v.

LAURELL, A. C. (Org.). *Estado e políticas sociais no neoliberalismo*. São Paulo: Cortez/Cedec, 1995.

LAZZARATO, M.; NEGRI, A. *Trabalho imaterial*. Rio de Janeiro: DP&A, 2001.

LEFEBVRE, H. *A cidade do capital*. Rio de Janeiro: DP&A, 1999.

LÊNIN, V. I. *Obras escolhidas em três tomos*. Lisboa/Moscou: Avante!/Progreso, 1977. t. 1.

LESSA, S. Serviço Social e trabalho: do que se trata. *Temporalis*. Brasília: Abepss, v. 1, n. 2, jul./dez. 2000.

_____. *Mundo dos homens. Trabalho e ser social*. São Paulo: Boitempo, 2002.

_____. *Para além de Marx?* São Paulo: Xamã, 2005.

LEWIS, J. *O homem e a evolução*. Rio de Janeiro: Paz e Terra, 1968.

LOJKINE, J. *A revolução informacional*. São Paulo: Cortez, 1995.

LOSURDO, D. *Democracia ou bonapartismo*. Rio de Janeiro/São Paulo: EDUFRJ/Unesp, 2004.

LÖWY, M. *As aventuras de Karl Marx contra o Barão de Münchhausen*. São Paulo: Cortez, 1994.

_____; BENSAÏD, D. *Marxismo, modernidade e utopia*. São Paulo: Xamã, 2000.

LUKÁCS, G. *Marxismo e teoria da literatura*. Rio de Janeiro: Civilização Brasileira, 1968.

_____. *Per l'ontologia dell'essere sociale*. Roma: Riuniti, 1976-1981. 2 v.

_____. *Ontologia do ser social. Os princípios ontológicos fundamentais de Marx*. São Paulo: Ciências Humanas, 1979.

_____. *Prolegomini all'ontologia dell'essere sociale*. Milão: Guerini e Associatti, 2003.

_____. *História e consciência de classe*. São Paulo: Martins Fontes, 2004.

_____. *El trabajo*. Buenos Aires: Herramienta, 2005.

LUXEMBURG, R. *A acumulação de capital. Contribuição ao estudo econômico do imperialismo*. São Paulo: Nova Cultural, 1985.

LYOTARD, J.-F. *A condição pós-moderna*. Lisboa: Gradiva, s.d.

MACEDO, G. Aproximação ao Serviço Social como complexo ideológico. *Temporalis*. Brasília: Abepss, v. 1, n. 2, jul./dez. 2000.

MACPHERSON, C. B. *A teoria política do individualismo possessivo*. Rio de Janeiro: Paz e Terra, 1979.

MAGDOFF, H. *Imperialism*: from the Colonial Age to the present. Nova York: Monthly Review Press, 1978.

MANDEL, E. *A formação do pensamento econômico de Karl Marx*. Rio de Janeiro: Zahar, 1968.

_____. *Traité d'économie marxiste*. Paris: UGE, coll. 10/18, 1969. 4 v.

_____. *Iniciação à teoria econômica marxista*. Lisboa: Antídoto, 1978.

_____. *O capitalismo tardio*. São Paulo: Abril Cultural, 1982.

_____. *A crise do capital. Os fatos e sua interpretação marxista*. São Paulo/Campinas: Ensaio/ Unicamp, 1990.

_____. *"El capital". Cien años de controversias en torno a la obra de Karl Marx*. México: Siglo XXI, 1998.

MARCONDES FILHO, C. (Org.). *Dieter Prokop*. São Paulo: Ática, 1986.

MARCUSE, H. *Ideologia da sociedade industrial*. Rio de Janeiro: Zahar, 1982.

MARSHALL, T. H. *Cidadania, classe social e status*. Rio de Janeiro: Zahar, 1967.

MARTIN, H.-P.; SCHUMANN, H. *A armadilha da globalização. O assalto à democracia e ao bem-estar social*. Lisboa: Terramar, 1998.

MARX, K. *O capital. Crítica da economia política*. Rio de Janeiro: Civilização Brasileira, 1968. t. I e II; 1970, t. III; 1974, t. IV-VI.

_____. *Elementos fundamentales para la crítica de la economía política (borrador). 1857-1858*. Buenos Aires/Madri: Siglo XXI, 1971. v. 1; 1972, v. 2; 1976, v. 3.

_____. *Teorias da mais-valia*. Rio de Janeiro: Civilização Brasileira, 1980. v. I.

_____. *Formações econômicas pré-capitalistas*. Rio de Janeiro: Paz e Terra, 1981.

_____. *Miséria da filosofia*. São Paulo: Ciências Humanas, 1982.

_____. *Para a crítica da economia política. Salário, preço e lucro. O rendimento e suas fontes*. São Paulo: Abril Cultural, 1982a.

_____. *O capital. Crítica da economia política*. São Paulo: Abril Cultural, 1983. t. I, v. 1; 1984, t. I, v. 2; 1984, t. II, t. III, v. 1; 1985, t. III, vs. 2-3.

_____. *Teorias da mais-valia. História crítica do pensamento econômico*. São Paulo: Difel, 1983. v. II; 1985. v. III.

_____. *El capital. Libro I. Capítulo VI* (inédito). México: Siglo XXI, 1985.

_____. *Manuscritos econômico-filosóficos de 1844*. Lisboa: Avante!, 1994.

_____. *Para a questão judaica*. Lisboa: Avante!, 1997.

MARX, K.; ENGELS, F. *Obras escolhidas em três volumes*. Rio de Janeiro: Vitória, 1961. v. 1-2; 1963, v. 3.

MARX, K.; ENGELS, F. *Manifesto do partido comunista*. São Paulo: Cortez, 1998.

MATHIAS, G.; SALAMA, P. *O Estado superdesenvolvido*. São Paulo: Brasiliense, 1983.

MÉDA, D. *O trabalho. Um valor em vias de extinção*. Lisboa: Fim de Século, 1999.

MELLO, A. F. *Marx e a globalização*. São Paulo: Boitempo, 1999.

MÉSZÁROS, I. *Marx*: a teoria da alienação. Rio de Janeiro: Zahar, 1981.

_____. *Filosofia, ideologia e ciência social*: ensaios de negação e afirmação. São Paulo: Ensaio, 1993.

_____. *Para além do capital*. São Paulo: Boitempo/Unicamp, 2002.

_____. *O século XXI. Socialismo ou barbárie?* São Paulo: Boitempo, 2003.

_____. *O poder da ideologia*. São Paulo: Boitempo, 2004.

MILIBAND, R. *O Estado na sociedade capitalista*. Rio de Janeiro: Zahar, 1982.

MISHRA, R. *O Estado-providência na sociedade capitalista*. Oeiras: Celta, 1995.

MONTAÑO, C. *Terceiro setor e questão social*. São Paulo: Cortez, 2002.

MORAES, D. (Org.). *Globalização, mídia e cultura contemporânea*. Campo Grande: Letra Livre, 1997.

_____. *Planeta mídia*. Campo Grande: Letra Livre, 1998.

MORAES NETO, B. R. *Marx, Taylor, Ford. As forças produtivas em discussão*. São Paulo: Brasiliense, 1989.

MORISHIMA, M.; CATEPHORES, G. *Valor, exploração e crescimento*. Rio de Janeiro: Zahar, 1980.

MYRDAL, G. *O valor em teoria social*. São Paulo: Pioneira, 1965.

NAGELS, J. *Trabalho colectivo e trabalho produtivo na evolução do pensamento marxista*. Lisboa: Prelo, 1975. v. I; 1979, v. II.

NAPOLEONI, C. *Smith, Ricardo e Marx. Considerações sobre a história do pensamento econômico*. Rio de Janeiro: Graal, 1983.

NETTO, J. P. *Capitalismo e reificação*. São Paulo: Ciências Humanas, 1981.

_____. *Democracia e transição socialista*. Belo Horizonte: Oficina de Livros, 1990.

_____. *Capitalismo monopolista e serviço social*. São Paulo: Cortez, 1992.

_____. *Crise do socialismo e ofensiva neoliberal*. São Paulo: Cortez, 1993.

_____. Transformações societárias e serviço social — notas para uma análise prospectiva da profissão no Brasil. *Serviço Social & Sociedade*. São Paulo: Cortez, ano XVII, n. 50, abr. 1996.

NIKITIN, P. *Economía política*. Moscou: Lenguas Extranjeras, s. d.

NORRIS, C. *Teoría acrítica. Posmodernismo, intelectuales y la guerra del Golfo*. Madri: Cátedra, 1997.

OLIVEIRA, C. A. B.; MATTOSO, J. E. L. (Orgs.). *Crise e trabalho no Brasil*. São Paulo: Scritta, 1997.

OSÁDCHAIA, I. *De Keynes a la síntesis neoclásica*: análisis crítico. Moscou: Progreso, 1975.

PASSET, R. *A ilusão neoliberal*. Rio de Janeiro: Record, 2002.

PASTORINI, A. *A categoria "questão social" em debate*. São Paulo: Cortez, 2004.

PETRAS, J. *Neoliberalismo en América Latina. La izquierda devuelve el golpe*. Rosario: Homo Sapiens, 1997.

_____. *Neoliberalismo*: América Latina, Estados Unidos e Europa. Blumenau: FURB, 1999.

PERLO, V. *Militarismo e indústria*. Rio de Janeiro: Paz e Terra, 1969.

PERRAULT, G. (Org.). *O livro negro do capitalismo*. Rio de Janeiro: Record, 1999.

PICÓ, J. *Teorías sobre el Estado de Bienestar*. Madri: Siglo XXI, 1990.

POLANYI, K. *A grande transformação*. Rio de Janeiro: Campus, 1980.

PRZEWORSKY, A. *Capitalismo e social-democracia*. São Paulo: Companhia das Letras, 1991.

_____. *Estado e economia no capitalismo*. Rio de Janeiro: Relume-Dumará, 1995.

RAMOS, M. H. R. (Org.). *Metamorfoses sociais e políticas urbanas*. Rio de Janeiro: DP&A, 2002.

RAMOS, M. H. R.; GOMES, M. F. C. Trabalho produtivo e trabalho improdutivo: uma contribuição para pensar a natureza do Serviço Social enquanto prática profissional. *Temporalis*. Brasília: ABEPSS, v. 1, n. 2, jul./dez. 2000.

RICARDO, D. *Princípios de economia política e tributação*. São Paulo: Abril Cultural, 1982.

RIFKIN, J. *O fim dos empregos*. São Paulo: Makron Books, 1995.

RIVIÈRE, M. *Economia burguesa e pensamento tecnocrático*. Rio de Janeiro: Civilização Brasileira, 1966.

ROSDOLSKY, R. *Gênese e estrutura de "O capital" de Karl Marx*. Rio de Janeiro: Contraponto, 2002.

ROUANET, S. R. *Mal-estar na modernidade*. São Paulo: Companhia das Letras, 1993.

RUBIN, I. *A teoria marxista do valor*. São Paulo: Brasiliense, 1980.

SADER, E.; GENTILI, P. (Orgs.). *Pós-neoliberalismo. As políticas sociais e o Estado democráti-co*. Rio de Janeiro: Paz e Terra, 1995.

SALAMA, P. *Pobreza e exploração do trabalho na América Latina*. São Paulo: Boitempo, 2002.

_____; VALIER, J. *Uma introdução à economia política*. Rio de Janeiro: Civilização Brasileira, 1975.

_____; DESTREMAU, B. *O tamanho da pobreza*. *Economia política da distribuição de renda*. Rio de Janeiro: Garamond, 1999.

SANTOS, B. S. *Introdução a uma ciência pós-moderna*. Rio de Janeiro: Graal, 1989.

_____. *Pela mão de Alice*. *O social e o político na pós-modernidade*. São Paulo: Cortez, 1995.

SCHAFF, A. *O marxismo e o indivíduo*. Rio de Janeiro: Civilização Brasileira, 1967.

SCHUMPETER, J. A. *Fundamentos do pensamento econômico*. Rio de Janeiro: Zahar, 1968.

_____. *Teorias econômicas*: de Marx a Keynes. Rio de Janeiro: Zahar, 1970.

SERENI, E. et al. *Modo de produção e formação econômico-social*. Lisboa: Estampa, 1974.

SINGER, P. Trabalho produtivo e excedente. *Revista de Economia Política*. São Paulo, v. 1, n. 1, jan./mar. 1981.

SMITH, A. *Inquérito sobre a natureza e as causas da riqueza das nações*. Lisboa: Gulbenkian, 1999. 2 v.

SONNTAG, H. R.; VALECILLOS, H. (Orgs.). *El Estado en el capitalismo contemporáneo*. México: Siglo XXI, 1988.

SWEEZY, P. M. *Teoria do desenvolvimento capitalista*. Rio de Janeiro: Zahar, 1962.

_____ et al. *Do feudalismo ao capitalismo*. Lisboa: Dom Quixote, 1978.

TAUILE, J. R. *Para (re)construir o Brasil contemporâneo*. *Trabalho, tecnologia e acumulação*. Rio de Janeiro: Contraponto, 2001.

TEIXEIRA, A. Marx e a economia política: a crítica como conceito. *Econômica*. Programa de Pós-Graduação em Economia da Universidade Federal Fluminense, Niterói, v. II, n. 4, dez. 2000.

TEIXEIRA, F. J. S. *Trabalho e valor*. *Contribuição para a crítica da razão econômica*. São Paulo: Cortez, 2004.

_____; ALVES, G.; MENELEU NETO, J.; OLIVEIRA, M. A. (Orgs.). *Neoliberalismo e reestruturação produtiva*. São Paulo/Fortaleza: Cortez/UECE, 1998.

THOMPSON, E. P. *A formação da classe operária inglesa*. Rio de Janeiro: Paz e Terra, 1987. 3 v.

VARGA, E. *O capitalismo do século XX*. Rio de Janeiro: Biblioteca Universal Popular/Civilização Brasileira, 1963.

VÁZQUEZ, A. S. *Filosofia da práxis*. Rio de Janeiro: Paz e Terra, 1968.

VIEIRA, E. *Os direitos e a política social*. São Paulo: Cortez, 2004.

VIGEVANI, T. *et al. Liberalismo e socialismo. Velhos e novos paradigmas.* São Paulo: Unesp, 1995.

VILLARREAL, R. *A contra-revolução monetarista. Teoria, política econômica e ideologia do neoliberalismo.* Rio de Janeiro: Record, 1984.

VINCENT, A. *Ideologias políticas modernas.* Rio de Janeiro: Jorge Zahar, 1995.

WACQUANT, L. *Punir os pobres. A nova gestão da pobreza nos Estados Unidos.* Rio de Janeiro: Revan/Instituto Carioca de Criminologia, 2002.

WEBER, M. *A ética protestante e o espírito do capitalismo.* São Paulo: Pioneira, 1967.

WOOD, E. M. *A origem do capitalismo.* Rio de Janeiro: Jorge Zahar, 2001.

WOOD, E. M.; FOSTER, J. B. (Orgs.). *Em defesa da história. Marxismo e pós-modernismo.* Rio de Janeiro: Jorge Zahar, 1999.